目　次

例　言

一、本書は、緒論ならびに第六章を除き、すべて既発表の論文を収録した。その初出年代は巻末の「収録論文発表年次・収載書誌名一覧」を参照されたい。

一、本書に旧稿を収録するにあたり、論旨を変えない範囲で修正・加筆している。

一、本書の各章において、別の章を註記する場合は、最初の註記にのみ　長又高夫『御成敗式目の条文構成について』（『國學院大學日本文化研究所紀要』第九十四輯、二〇〇四年。本書第二章）の如く初出情報を記すが、次からは「本書第二章」と略する。

一、本書で付した傍線・傍点は特に註記しない場合、筆者による。

一、本書の註に引用した文献の成立年代は、すべて西暦に統一した。

一、本書で引用する律令の条文番号・条文名は、律については、律令研究会編『訳注日本律令　律本文篇』上・下（東京堂書店、一九七五年）により、令については、日本思想大系3『律令』（岩波書店、一九七六年）によった。

一、本書で引用する鎌倉幕府法は、特に註記しない場合、佐藤進一・池内義資編『中世法制史料集　第一巻 鎌倉幕府法』（岩波書店、一九五五年）によった。御成敗式目の本文を引用する場合は、該書第一部「校本　御成敗式目」にしたがい、条文番号は漢数字で表記した。追加法の条文番号も該書「第二部　追加法」にしたがったが、式目と区別する為に算用数字で表記した。

一、本書で引用する法曹至要抄、裁判至要抄、明法条々勘録は、特に註記しない場合、佐藤進一・百瀬今朝雄・笠松宏至編『中世法制史料集 第六巻 公家法 公家家法 寺社法』（岩波書店、二〇〇五年）によった。

一、本書で引用する吾妻鏡、百練抄は、すべて吉川弘文館の改訂増補国史大系本によった。

御成敗式目編纂の基礎的研究

緒論―『御成敗式目』の編纂に至る経緯

『御成敗式目』の編纂過程を考察するにあたり、まずはその経緯と前提を以下のように整理しておく。

一　軍事検断権の掌握と大田文の作成

承久の乱の勝利によって西国を中心に京方の貴族・武士達の所領三千余箇所を収公した幕府は、該没官領に新地頭を補任するとともに、西国支配の要として六波羅探題を設置し、全国政権へと発展することになる。治天の君である後鳥羽院を敗り、その権能を奪い継承することで[1]、鎌倉幕府は中世国家の主権者となったのである。入間田宣夫氏も指摘される通り、鎌倉幕府は軍事・警察権を自己の意思にもとづいて行使できる唯一の存在となったのである[2]。

しかし、国家権力の発動主体となった幕府は、戦後処分によって生じた荘園領主・地頭領主間あるいは新旧領主間の争訟に対し、積極的に対処せねばならなくなった（本書第六章）。幕府が裁判規範である『御成敗式目』を制定・公布したのはその故である。

北条泰時が、領有関係を明示した大田文の作成を貞応元（一二二二）年に全国的規模で国衙在庁に命じたのも、土地台帳を作成しておくことで[3]、在地での混乱を最小限度にとどめる狙いがあったはずである。大田文の作成は課税対象となる定田（＝公田）数を各国ごとに算出させるという主要な目的があった[4]。大田文作成の為の土地調査命令は、荘園の権利関係や田地面積を調査し確定するものであり、稲葉伸道氏が指摘される如く、それは「王朝にとっても、新しい国家秩序の出発点」（事後の荘園整理令の基準）となったのである。(5)

二　「執権―評定衆」制の確立

源家将軍が途絶えた後、幼い摂家将軍を迎え、政子を後見とするイレギュラーな体制のもとで、新たな政治体制が模索されていた矢先、承久の乱が勃発した。困難な局面を乗り切った北条義時は、姉政子のサポートを受けながら、北条一門が主導する政治体制の構築を目指した。ところが義時は元仁元（一二二四）年に急逝し、一門の柱石たる政子も嘉禄元（一二二五）年に他界する。(6)父義時が没した際にも、異母兄弟との間で家督争いが生じたが、政子の場合は、より深刻な事態となった。泰時は叔母政子から頼経の後見役を継承するが、その政治的立場はいまだ脆弱であった。そこで泰時は、まず集権化を図り、合議の上、政務を迅速に処理する評定制の採用を御家人達へ提案したはずである。祖父時政が採用した十三人合議制がその先蹤となるが、当時は祖父時政がそれを隠れ蓑に専制を行なっており、泰時が評定制を導入する際にもやはり独裁を被覆する為のものではないかと疑う御家人達が少なからずいたと思われる。

しかし、祖父の代の形式的な十三人合議制とは異なり、評定衆には幕府機構の中枢として、重要案件すべてを合議の上、決裁してゆく役割が与えられることを泰時は強調したのであろう。つまり、傍輩達が一定の妥当な意志決定を行なう手段と説明されたのであろう。強力な指導者を失い、混迷するなかで、幼少の鎌倉殿を補佐しながら、新たな体制を作り上げる必要があるという認識を首脳陣皆が持っていたはずである。かくの如き状況下で、鎌倉殿の後見人であり、実力、人格を兼ね備えた泰時がリーダーシップを取るのは当然の流れであった。そこで泰時は、評定衆と鎌倉殿のパイプ役となる執権職を新たに設け、これに就任したのである。評定衆の意見を集約して結論を導き（「理非決断」を下し）、その結果を鎌倉殿に報告し（「評定事書」として提出された）、裁可を仰ぐのが執権の役割であった。後見役として頼経との関係が良好であり、鎌倉殿の家政機関の長（政所別当）でもあった泰時であったからこそ、この「執権―評定衆」制の導入を実現できたのである。これにより泰時は鎌倉殿の家政機関の「執事」から幕府の「執権」へステップアップを遂げたのである。(7)

ただし、実際の政務の運営は、将軍を政務から遠ざけ、執権と評定衆とで事が決せられている点に問題があった。『沙汰未練書』に「執権トハ、政務ノ御代官ナリ」とある様に当該体制は、摂関政治に類似するものであった。(8)したがって泰時は、執権を二名とし、他の評定衆と同様、執権も傍輩であることを強調したのであろう。「慈悲無偏之志」で政務にあたり（嘉禎四年六月日付泰時起請文）、道理を重んじたのも、自らを戒め、批判を受けないように努力した結果であった（以上、本書第四章）。貞永元（一二三二）年に鎌倉幕府の裁判規範として制定された『御成敗式目』も、その末尾に付された起請の文言からも明らかな様に、「執権―評定衆」制度の公正さを担保する役割を担ったのである。

三　御家人統制と惣領制の採用

承久の乱の勃発は、御家人社会においても同族間での敵対関係を生み、深い傷跡を残した。(9)また泰時自らも父の家督を継承する為に、義母や兄弟達と争わざるを得なかった。このような事態に、泰時は家督権を強化し絶対化することで、求心性をもたせ家秩序の再建をはかった。泰時は、軍事統率権と公事分配権・徴収権を家督（惣領）に与えて、一族を統率させ、御家人社会の秩序を取り戻そうとしたのである（本書第五章）。

嘉禄元（一二二五）年に藤原頼経が新御所＝宇都宮辻子御所に移り元服し、将軍宣下を受けたのにともない、泰時は御家人役の制度を整えた。御家人役は、京都大番役や鎌倉大番役からなる軍役と幕府の関連経費を賄う為の関東御公事から成っていた。新体制のもとで、関東十五か国の御家人を対象とした鎌倉大番役が創設され、関東御公事諸役が、御家人統制策の一環として恒常的かつ普遍的に賦課されるようになるのである。それが鎌倉幕府の経済基盤を調えることになるのは言うまでもない。御家人役の賦課基準となったのは定田（＝公田）であり、その田数は、前述した通り、承久の乱後、幕府が全国の国衙在庁に命じて作成させた大田文によって確定された[10]。貞応年間に泰時が全国規模で大田文の作成を急がせたのは、御家人役を賦課する為にもそれが必要不可欠であったからである[11]。

泰時は、一族に賦課された御家人役の負担責任者として家督（惣領）を位置づけ、家督の権限と責任を強化しようとしたのであろう。

泰時は、家督の権限を強化するだけではなく、親権の強化も図った。『御成敗式目』では、男女を限らず、子に対する悔還権の行使を認めたし（第十八条）、泰時の晩年には、子が祖父母父母を告言する事を一切禁じ、親権をさらに強化しようと試みている（追加法143条）。

また、幕府は、御家人役の対象となる御家人領の減少を防ぐ為に、御家人領の売買・質入れを制限している[12]。これは、貴族を夫とする女子や夫家を離れた後家に相続権を認めなかったことと併せて評価する必要がある。これらの政策は、奉公に支障をきたすような、御家人領の流出を阻止するのが狙いであったと思われる[13]。

四　都市鎌倉の整備・発展

嘉禄元（一二二五）年に泰時は、鎌倉殿の御所を、鶴岡八幡宮寺に隣接する地に新設し[14]、鶴岡八幡宮寺と新しい御所を中心とした政治都市の建設をはじめた。これは嘉禄元年にはじまる政治改革の一環であった。都市鎌倉の整備という点でいえば平安京をモデルとした「丈尺制」や「戸主制」、「保制」が採用された。鶴岡八幡宮寺の参道である若宮大路（最大幅は三十三メートルと言われる）は鎌倉殿を中心に武家が儀式を執り行なうハレの場となり、平安京の朱雀大路と同じ役割を担った。六浦路をはじめとして鎌倉へ入る幹線道路は整備され、不便な悪路を切り開いた。尤も重要な西の玄関口である長谷には、鶴岡八幡宮寺の本地仏である阿弥陀如来像が像立された。(15) これは東下してくる都人に鶴岡八幡宮寺を中心とする都市づくりを印象づけたはずである。また海から鎌倉へ物資を搬入するために和賀江島が築造され、商品の流通も促進された。

鶴岡八幡宮寺が源家の氏神から護国を祈る東国の中心的な鎮守となったことは、鎮護国家の為の重要な法会である大仁王会が、承久の乱後、鶴岡八幡宮寺でも執り行なわれるようになったことからも窺える。一方、鎌倉御所では、関東十五箇国の御家人が輪番で警固する鎌倉大番役が開始されたのをはじめ、鎌倉殿を中心とする新たな祭祀が挙行されるようになった。そして主要な祭祀の諸経費を、関東御公事として御家人達に負担させるシステムが構築されていったのである。

泰時は、鎌倉殿を政務からは上手に遠ざけながら、対外的には鎌倉殿の権威を高める努力を怠らなかった（以上、本書第四章）。

五　泰時による道理の提唱

北条泰時は自ら道理を主張し、それを現実の政治に投影させた。(16) 道理とは、弟重時宛の書状で泰時自身が語ったように仁の実践であった。(17)『御成敗式目』においても、具体的に忠、孝、貞、信の実践が求められ、それが法理として示されている。それは即ち、君主、臣下、傍輩、家督、親、妻、子、兄弟といったそれぞれの立場で自覚せねばならぬ道理であった。(18) これは現実における秩序の退廃を前にして、「名」と「実」との食い違いを修正し、「名」を政治的な観点から捉え直そうとする荀子の名実論に近いものであったと思われる（『荀子』正名篇）。家督の権限強化を図った物領制の創出などはその最たるものであった（本書第五章）。荀子は、君子が礼儀や法制を明らかにすることで分界の別を民に理解させ、人間の性情を矯正して正常な方向へ導くことを説いたが（同性悪編）[19]、荀子の政策論は、鎌倉将軍家の儀式を調え、『御成敗式目』を制定した上で道義を示し、それを実践させようとした泰時の政策とも符合する（本書第四・五章）。また、泰時が時宜にかなう新法を定める際に、それが頼朝の先例や道理に従ったものである事を主張する所も荀子的である。

しかし、泰時は同時に、理世撫民の王道論も主張し、民の父母として慕われていた（これは後述する如く天人相関説との関係も考慮する必要がある）[20]。泰時が、無私無欲の正直な心を為政の衡として殊更に強調したのは先学が指摘する様に師とする明恵からの影響が考えられる[21]。

六　泰時の天変政策

承久の乱に勝利したことにより、実質的に国家権力を行使する立場となった鎌倉幕府は、徳治主義を標榜することで、公権力を担うことの正当性を主張した。

古代以来、政治の善悪と祥瑞・災異とを結びつける「天人相関説」由来のイデオロギーが天皇や朝臣達に広く受容されてきたが、実朝将軍期以降、鎌倉幕府においてもこの心性が共有され、朝廷と同様に天文観測や天変政策を積極的に実施するようになった（天変政策は、「徳政」と「祈禱」とに分類できる）[22]。泰時は実朝期の天変政策を継承・発展させ、攘災の為に、組織的に仏教祈禱や陰陽道祭、宿曜道祈禱等を行なわせている。

朝廷政治に介入し、幕府にも「執権―評定衆」制度を導入した泰時が、人々の煩費・憂愁を除く為の善政＝「徳政」

を積極的に行なったのも、このイデオロギーによるところが大きい。注目すべきなのは、当時の朝廷において「諸訴の決断」が「徳政之最要」と主張されていたことである（『平戸記』仁治元年二月廿日条）。承久の乱後、鎌倉幕府が訴訟を積極的に受理し、守護地頭の濫妨・押領を止める禁令を次々と発したのも（本書第六章）、「徳政」の一環として評価すべきであろう。したがって、嘉禄元（一二二五）年の政治改革から時を経ずして、寛喜の大飢饉という天災が発生したことは、泰時に衝撃を与えたはずである。天変は為政者の不徳に対する天譴であると考えられていたからである。戦々恐々とした泰時は、「徳政」や「祈禱」の実施を命じている（本書第七章）。

寛喜三（一二三一）年に、朝廷が攘災の為に新制発布を含む「徳政」や「祈禱」を行なった事に呼応するように関東においても治安維持の為の禁令を数多く発している。[23]その翌年に『御成敗式目』が公布されていることから、この法典編纂に徳政としての意味があったことは間違いない。[24]承久の乱後の在地における混乱を収束させる意味でも、また道理を明らかにする上でも、裁判規範の制定は必要なことであり、その為の準備を泰時は周到に行なっていたはずである。しかし、未曾有の飢饉に直面した泰時は、攘災の為に、裁判の興行（裁判規範の制定による）という、徳政の柱となる政策を急ぎこの時期に実施したのであろう。[25]編纂直後から原御成敗式目の内容の不備を補うように、泰時自身の手によって増補編纂作業が企画されているのも、公布を急がねばならない何らかの理由があったと理解すれば合点がゆく。

註

（1）貫達人氏「承久変論」（高柳光壽博士頌壽記念会編『戦乱と人物』吉川弘文館、一九六七年）。

（2）入間田宣夫氏「鎌倉時代の国家権力」（『体系日本国家史2中世』東京大学出版会、一九七五年、一一〇頁）。

（3）石井進氏（『日本中世国家史の研究』岩波書店、一九六〇年、一四一頁）や入間田宣夫氏（「鎌倉時代の国家権力」『体系日本国家史2中世』東京大学出版会、一九七五年、一五〇頁）、清水亮氏（『鎌倉幕府御家人制の政治史的研究』校倉書房、二〇〇七年、四七頁）等が史実としてみなしうると指摘したように、『太平記』巻三五「北野通夜物語付青砥左衛門事」（『日本古典文学大系36　太平記　三』岩波書店、一九六二年、三一九頁）には、北条泰時が「成敗ヲ正クセン為ニ」貞応年間に大田文の作成を全国へ命じたことが記されている。石井氏は、現存する大田文からその記載内容により、国内国衙領・荘園すべての田地面積を記すもの（A型）と、同じく田地面積プラス国衙領の応輸田の所当米を記すもの（A′型）、同じく田地面積プラス領有関係、特に地頭の氏名を記すもの（B型）の三種に区別できるとされ、幕府の命により作成された大田文がB型であることを明らかにされた。清水氏は、残存する淡路、石見、能登の大田文（『鎌倉遺文』二八二八号、三〇八〇号、三〇八八号）が、泰時の命を受けて作成されたものであると推測されている（清水氏前掲書四七頁）。

（4）中野栄夫氏は、承久の乱後、定田を「公田」と呼ぶことが幕府周辺で行なわれるようになったことを、承久以降に作成された大田文で確認している（同氏「鎌倉時代における「公田」について」『法政大学文学部紀要』第27号、一九八一年）。

（5）稲葉伸道氏「鎌倉後期の「国衙興行」・「国衙勘落」―王朝と幕府の国衙興行政策―」『名古屋大学文学部研究論集』110、史学37、一九九一年、二一七頁）。

（6）鎌倉幕府草創期以来、政務を主導してきた老臣大江広元も翌年に死没している。

（7）五味文彦氏は、この事を「理非決断の場は、将軍の「御前」から執権の「御前（評定）」に移った」と評している（『吾妻鏡の方法―事実と神話にみる中世』吉川弘文館、一九九〇年、二一三頁、初出は一九八八年）。

（8）建長六（一二五四）年に橘成季によって著された『古今著聞集』（巻第一）には、天皇の政治を扶翼する理想的な「大臣」として人口に膾炙する武内宿禰の後身が北条義時であったと明記されている（さらに泰時も「只人」ではないと記す）。この世評は、当時の人々が執権政治をどのように見ていたのかを物語っているのではないか。

（9）長村祥知氏は、承久の乱の際に、一族が分裂・敵対した事例を具体的に検討され、それは「京・鎌倉と東西各地の所領での活動を一族内で分担していた」ことに要因があると指摘された。そして「承久の乱時の一族分裂や一族同心は、一族内分業という武士の存在形態と上級権力による強力な軍事動員こそが規定要因と考えられる」と論じられている（同氏『中世公武関係と承久の乱』吉川弘文館、二〇一五年、一八六～一二八頁）。

（10）清水亮氏注（3）所引『鎌倉幕府御家人制の政治史的研究』四七頁。

（11）御家人役の具体的な内容については、七海雅人氏『鎌倉幕府御家人制の展開』第二章「鎌倉幕府の御家人役負担体系」（吉川弘文館、二〇〇一年）を参照されたい。

（12）御家人領は私領と恩領とに区別された。「恩領」については『式目』第四十八条で売買が禁じられ、延応二年四月令（追加法139条）において、その質入も禁じられている。一方「私領」についても、延応二年五月令（追加法145条）で御家人以外への売買を禁じている。

（13）延応元年九月令で、山僧、商人、借上等を地頭代にすることを禁じたり（追加法120条）、仁治二年十一月令で、幕府に許可なく出家しながら、所領を子孫へ譲与せず、御家人領をそのまま知行することや、関東の御恩に預かりながら京都や他所に居住し奉公しないことを厳しく禁じたのも（追加法169条）、御家人の果たすべき責務を自覚させる意味があったのであろう（本書一〇一頁参照）。

（14）これまで外港六浦へと続く幹線道路、六浦路沿いにあった大倉に御所があった。しかし承久元（一二一九）年四月に焼失したのちは再建されず、頼経の東下後は、義時邸内に仮御所が作られ、頼経はそこで後見人である政子と同居していた。

（15）高橋慎一郎氏『日本史ブックレット21　武家の古都、鎌倉』（山川出版社、二〇〇五年、三四頁）。

（16）『御成敗式目』の立法趣旨を弟重時に伝えた貞永元（一二三二）年九月十一日付書状に、「たゞ道理のおすところを被記候者也」と泰時自らが書き記している。また泰時が他界した際には、参議広橋経光によって「性稟廉直、以道理為先、可謂唐堯・虞舜之再誕」（『民経記』仁治三年六月二十日条）と評されている。

（17）貞永元（一二三二）年八月八日付重時宛書状。書状の内容については本書第三章を参照されたい。

（18）泰時が欽慕する明恵上人が説いた「あるべきよう」も、これに近似する思想である。

（19）「成相篇」には「治ノ経ハ、礼ト刑トナリ、君子ハ以テ修メ百姓ハ寧シ。徳ヲ明ラカニシ罰ヲ慎ミテ国家既ニ治マリ四海モ平ラカ」とあり、「栄辱篇」には「先王ハ案チ之ガ為ニ礼義ヲ制シテ以テ之ヲ分チ、貴賤ノ等・長幼ノ差・痴愚能不能ノ分アラシメ」とある。

(20) 泰時の死を伝える『百練抄』仁治三（一二四二）年六月十九日条には、「泰時朝臣去十五日事切畢云々。都鄙貴賤如喪考妣」と記されている。

(21) たとえば上横手雅敬氏は、「明恵の教えは、やがて作られる式目の中に、また泰時の政道の中に生きたのであった」と指摘されている（同氏『北条泰時』〈新装版〉吉川弘文館、一九八八年、一五〇頁、初出は一九五八年）。また、泰時を補佐した弟の重時晩年の家訓「極楽寺殿御消息」にも「上として名をあらはし、徳をしらせ給ふ事、憲法正直にすぎてはなし」（第四十七）と見えており（『中世政治社会思想上』岩波書店、一九七二年、三三三頁）、この思想が重時にも受け継がれていることがわかる。

(22) 下村周太郎氏「鎌倉幕府と天人相関説―中世国家論の視点から―」（『史観』第164冊、二〇一一年）、同氏「中世前期京都朝廷と天人相関説―日本中世（国家）試論―」（『史学雑誌』第121編第6号、二〇一二年）を参照されたい。なお下村氏は後掲論文において、「徳政」を①徳政意見・徳政議定、②行事中止・謹慎、③倹約・過差禁制、④恩赦、⑤叙位・除目、⑥裁判興行、⑦新制（制符）に分類し、「祈禱」を①仏寺、②陰陽道祭、③神事、④山陵使、⑤宿曜道祈禱、に分類している。

(23) 磯貝富士男氏『日本中世奴隷制論』第二部第二章「寛喜の飢饉と貞永式目の成立」ならびに第三章「寛喜の飢饉と公武の人身売買政策」（吉川弘文館、二〇〇七年）、西谷地晴美氏『日本中世の気候変動と土地所有』（校倉書房、二〇一二年）第三章第一節「寛喜の飢饉と幕府立法」、五味文彦氏「道家の徳政と泰時の徳政」（『明月記研究』12号、二〇一〇年、一四九頁）等を参照されたい。

(24) 『式目』の制定に徳政の意味を強調された論者に大山喬平氏（『日本の歴史9鎌倉幕府』小学館、一九七四年）、村井章介氏（「十三～十四世紀の日本―京都・鎌倉」『中世の国家と在地社会』校倉書房、二〇〇五年、初出は一九九四年）、西谷地晴美氏（註(23)前掲論文）、五味文彦氏（註(23)前掲論文）等がいる。

(25) 『荀子』王制篇には、「政令時ナレバ則チ百姓一トナリ賢良服ス」とある。

第一部　法典論

第一章　『御成敗式目』編纂試論

はじめに

貞永元（一二三二）年、我が国最初の武家の成文法典として、五十一箇条からなる『御成敗式目』（以下『式目』と略称）が制定された。『式目』が、武家法の権輿、基本法として永く権威を有し、公家法にも少なからざる影響を及ぼしたことは周知のことであろう。しかし貞永元（一二三二）年に『式目』が武家により制定されたその歴史的意味は、必ずしも明らかにされているとはいえない。

鎌倉幕府が『式目』を立法化したことについては、鎌倉幕府が独自の公権力（「国家」権力とまで考える歴史家が多い）としての立場を宣言したものであるとか、あるいは政治上のみならず法律上からも公家から独立したことを示すものであったなどと先学によって高い評価が与えられてきた。しかしその反面、『式目』の法典としての出来映に関しては、体系性の欠如などが殊更に強調され、概して低い評価が与えられてきたといえよう。

『式目』の先駆的研究を為した三浦周行氏も、法規の欠闕を指摘した上で、条文排列の不規則性を指摘され、これを立法者の組織的分類能力の欠如に起因するものと評されたのである。(1)また瀧川政次郎氏も昭和九年に発表された論文「日本法律思想の特質」（『岩波講座　東洋思潮　第八巻　東洋思想の展開』）の中で次の様に述べられている。

　鎌倉時代には、御成敗式目なる成文法が造られたが、この成文法は、例又は先例、傍例等の語によつて呼ばれる慣習法の明確ならざる所を明かにし、又慣習法の不備を補つたものに過ぎない。故に御成敗式目の條文は、何れも具體的、例外的であつて、律令の條文の何れも抽象的、原則的であるのと正反對である。又御成敗式目は、例外法なるが故に僅々五十一箇條より成り、律令は、原則法なるが故に約一千五百條の條文から成つてゐる。又律令法は、一定の理論によつて、一つの首尾一貫せる法律體系を作り上げたものであるが、式目法は、唯だ實際の必要に応じてその明確にすべきものを明確にしたのみであつて、全體として體系を為して居らないことは言ふ迄もない。

即ち、瀧川氏は『式目』は「慣習法の明確ならざる所を明かにし又慣習法の不備を補つたものに過ぎない」と論じられ「全體として體系を為して居らない」と結論づけられた。(2)「御成敗式目の條文は、何れも具體的、例外的であつて律令の條文が何れも抽象的、原則的であるのと正反対である」とその特徴を挙げられ、律令法が約一千五百条からなるのに、『式目』がわずか五十一箇条からなるのも例外法なるが故であると説明される。瀧川氏の見解の根底には

「鎌倉時代の法律に於いて、主位を占めるものは慣習法であつて、成文法ではない」という考えがあることに注意する必要があろう。

『式目』を慣習法の一部を成文化した例外法と評価する見方は、細川亀市氏、石井良助氏等[3]に引き継がれ、近年では笠松宏至氏、新田一郎氏[4]が基本的に同じ立場にたって式目論を展開している。

これに対し『式目』の形式自体を積極的に評価する研究者もいる。佐藤進一氏、石母田正氏、河内祥輔氏など[5]がその代表的な論者と言えるであろう。なかでも公家法の法書、『法曹至要抄』を参照したとする佐藤説、律令法典自体を参照したとする河内説は、公家の法典や法書との形式的類似性を説くもので、新しい視点を式目論にもたらした。石母田氏は、佐藤説を首肯しながら更に公家新制との関連をも指摘した[6]。佐藤・石母田両氏は、「泰時らが朝廷の法典・法規に学んで、それと対比しうる幕府の基本法典を制定しようとした」ことを主張されたのである。石母田氏は、昭和四十七年に発表された岩波日本思想大系『中世政治社会思想　上』の解説の中で次の様に述べられている。

式目の制定は日本の法史上画期的な事件であった。その一つの理由は国家の主権または統治権に関連する問題を含んでいたからである。それは式目の個々の条文、ことに行政法に当たる諸条が、国家の統治権にふれる内容をもっているという意味においてでなく、『御成敗式目』という法典を制定したという事実自体から起こる問題である。式目は律のように一定の原理にしたがって体系的に編纂された法典ではない。しかし式目は、それ以前に幕府が出した単行法令のたんなる集成でもないのである。承久の乱後の政治状況にたいする幕府の利害関心をふくむ一定の基準にもとづいて、過去の単行法令のなかから選択をおこない、さらにそれを法として一般化したばかりでなく、新しい条文を加え、編纂にあたっては幕府の公的機関の審議と決裁を経て制定され、条文の配列についても前記のような配慮（『法曹至要抄』や公家新制を参照したこと等を指す）がみられるとすれば、律令に比較した場合の非体系性を理由として、それを法典でないとはいえまい。それは律令とは異質の類型に属する新しい中世的法典であり、中世の法意識においてもそのようにみなされていたのである。かかる意味での法典の制定は、幕府にとってけっして単純なことがらではなかった。それは古代以来天皇の大権に属することであったからである。『式目』は律令法的な体系性を有しないけれども、当該法典がかくの如き構造となるのは中世期の法典として当然のことであるとして、（東国）国家の統治権の在り方を示す、武家の基本法であると佐藤・石母田両氏は評されたのである(7)（石母田氏が、『式目』を「律令とは異質の類型に属する新しい中世的法典」であると評価されていることにも注意されたい）。

そこで本稿では、『式目』の編纂過程を追うことで当該法典の性格を明らかにし、その上で、立法者が『式目』の編纂を我が国の法典編纂の歴史の中でどのように位置づけようとしたのか考察を加えたい。

一　編纂方法をめぐる研究史

『式目』研究の先駆者である三浦周行氏は、『式目』を「武家が公家の法制から獨立して、此立派な固有法を有するに至った所の一大記念碑」として高く評価されたが(8)、こと内容に関しては、法の欠闕や非体系性を強調されている(9)。三浦氏は、『式目』の内容批判を行ない、条文数を五十一箇条にする為に、複数の条文を強引に一条に併合した跡が確認できること(10)、制裁規定を欠く刑事規定が存すること（氏はこれを無意味であるとする）(11)、五十一箇条のなかにその趣旨の重複するものがあることなどを指摘された(12)。また条文の排列についても、三十一条までの排列順序には一定の理解を示されたが、三十二条以下は不規則であるとし、立法者の組織的分類能力の欠如がその要因であると指摘されている。

後半部の条文排列が不規則であることを、増補編纂された故であると説かれたのは佐藤進一氏である。[13] 佐藤氏は、三十六条以下の条項の中に貞永元（一二三二）年以降に立法された追加法と同趣旨のものが存することを明らかにされ、三十六条以下の条文排列が不規則であるのは、当該部分が、後に増補された為であると結論づけられたのである（三十二条〜三十四条の三箇条は本来十一条と十二条の間にあったはずであり、錯簡であるという）。現在の『式目』に認められる複数の条文を一条に併合した痕跡、これこそが増補編纂の事実を雄弁に物語っているという。

佐藤氏の想定する編纂過程を整理すると以下の様になる。即ち、『式目』は当初から五十一箇条であったが、何らかの理由で十六箇条を増補する必要が生じた為に、五十一箇条を三十五箇条に統合整理し、その後に十六箇条を付加編入したというのである。したがって『式目』本来の構成、『式目』制定の趣旨等を論ずるのであれば、一条〜三十五条について考察すべきであるというのが佐藤氏の主張である。佐藤氏によれば「一条から三十五条まではつぎのような内容区分と順序を以て整然と配列される」という。[14]

一条　　神社
二条　　仏寺
三―六条　幕府と朝廷・本所との関係
七・八条　裁判上の二大原則
九―十一、三十二―三十四、十二―十七条　刑事法
十八―二十七条　家族法
二十八―三十一、三十五条　　訴訟法

また佐藤氏は、自説の増補編纂論・錯簡論を補強する為に、法曹至要抄参照説を打ち出された。即ち、原『式目』の条文排列（即ち一条から三十五条までの条文排列）は、十二世紀初めに明法博士坂上明兼によって著された公家法の法書『法曹至要抄』を参考とした可能性が高いと指摘されたのである。新しい法典を編纂する際には、必ず何かしらの法律書が参考とされているはずであるから、式目編纂の際の参考法律書を究明することは、式目の性格を考える上でも、ぜひとも必要なことであった。

その佐藤氏の増補編纂論に異を唱えられたのは河内祥輔氏である。河内氏も佐藤氏と同様、『式目』を体系的な法典であると評価されておられるが、編纂方法については佐藤氏の増補編纂論を否定されている。貞永元（一二三二）年の制定当初から『式目』の条文構成は変わっていないと河内氏は理解されたのである。しかし、河内氏も佐藤氏と同様、前半部（一条～三十六条）と後半部（三十七条～五十一条）とでは性格が異なることを認められ（ただし河内氏は三十七条以下を後半部としている）、独自な分類を試みられた。即ち、律令の篇目に準拠する条文を集めた前半部とそれに付随する条文を集めた後半部で『式目』が構成されているという案である（これを仮に「律令法典準拠説」と名付けておく）。

河内氏は『式目』の成立によって「式条法」という新しい法形式が出来上がったとされ[15]、「式条法」たる『式目』と律令格式との関係を、格式と律令との関係に置き換えて説明された。氏の唱える「式条法」という法形式の独自性については問題を残すが、『式目』が立法化されたその歴史的意味を、既存の法体系（律令格式）との関係から説明している点は高く評価されるべきであろう。

けれども、河内氏の「律令法典準拠説」には問題点が多い。律令編目との対応関係にかなり無理がある上、後半部にまとめられているはずの付属規定が前半部にも存するからである[16]。

河内氏は、佐藤氏の増補編纂説を否定するにあたり、佐藤氏が延応元（一二三九）年四月に立法された追加法の編入であると指摘された条文四箇条（三十七条、三十八条、三十九条、四十条）に関して、これらが『式目』の条文の再施行であることを明らかにされた。確かに、河内氏のこの四箇条再施行説は支持されるべきものであると思われるが、佐藤氏は、四十九条や五十一条に関しても追加法の編入であると指摘されているのであり、この点に関しては河内氏は十分に反証されていない(17)。また複数の条文を強引に一つに併合した形跡が現在の『式目』に認められるという事実を如何に説明するのかという点も河内氏に残された課題となっている(18)。

二　内容およびその形式

複数の条文を一つに統合した形跡が随所に認められ、しかも『式目』の条文として今に伝わるものの中に、貞永元（一二三二）年以降に立法された追加法と同趣旨のものを確認できるのであれば、やはり『式目』は増補編纂されているると考えざるをえない。条文統合の跡が確認できることについて三浦氏は、貞永元（一二三二）年の編纂の際に、条文の整理統合が為された跡であると考えられ（五十一箇条とするため）、これを立法技術の稚拙さによるものと理解されたのであるが、原『式目』の編纂段階における統合と考えるよりも、増補編纂の際に、原『式目』と同じ五十一箇条に調整する為に条文の統合が強引に為されたと考える方が穏当である。

『式目』が増補編纂されていることは間違いないとしても、現在の一条から三十五条までが原『式目』の条文で構成されているとする佐藤説には問題はないのだろうか。一条から三十五条までの条文の中に貞永元年以降に立法された追加法の条文が存するか、あるいは三十六条から五十一条までの条文の中に、原『式目』の条文が存するならば、佐藤説は成立しないこととなる。佐藤氏が貞永元年以降に立法された追加法と同趣旨であると指摘されたのは、三十七条〜四十一条、四十九条、五十一条の七箇条であるが（だが河内氏が既に指摘されている如く、追加法106〜109条の四箇条は『式目』の条文〔三十七〜四十条〕の再施行である可能性が高い）、管見の限りでも追加法と同趣旨であると思われる条文として他に十四条、二十五条を挙げることができるのである。(19) これらの条文はいずれも前半部の条文であり、佐藤説に支障を来すものである。また追加法を集成したはずの後半部においても四十四条の様に、原『式目』の条項であったと思われるものが存するのである。三十五条までの前半部が原『式目』の条文を圧縮したものであり、三十六条以下の後半部がすべて追加法で構成されているという佐藤説は明快ではあるが、再考の余地がありそうである。

全体にわたり修正が為されているとするならば、我々は増補修正後の姿である現在の『式目』の構造から原『式目』の構造を復元するしか方法はない。そこで現在の『式目』の条文構成を明らかにしておこう。

A　一・二条　祭祀・仏事に関する禁制
B　三〜五条　守護・地頭に対する禁制
C　六〜八条　裁判上の原則
D　九〜十一条、十二〜十五条　刑事法に関する規範
（G　三十二〜三十四条）
E　十六〜二十七条　所領所職の相論に関する規範
F　二十八〜三十一条　幕府の裁判秩序を維持する為の規範
H　三十五・三十六条　右同
I　三十七〜四十条　幕府の身分秩序を維持する為の規範

J　四十一～四十三条　　財物に関する規範
K　四十四～五十一条　　その他の規範
＊Gは錯簡であると思われる。

右の様に一部錯簡（G）は認められるが、現在の『式目』の条文構成も一応整然としたものとなっている。三十六条以下についても特に問題はない。三十七～四十条においては幕府の身分秩序を維持する為の規範が、四十一～四十三条においては財物に関する規範がまとめられている。そして四十四条以下には、A～Jの分類から洩れた重要な規範がまとめられているのである。四十四条以下は内容的にまとまりがないと考えるむきもあろうが、当時の国法たる律令法典も、後尾に雑律・雑令を置き（但し雑律は律十巻のうちの第九）、それ以前の編目に収めきれなかった条文を集成しているのであり、この形式に倣ったと考えることができよう。

右の様に現在の『式目』も、条文の内容ごとに分類され、排列されているとするならば、条文構成自体は原『式目』の条文構成と顕著に異なるものではなかったと考えるのが穏当であろう。これは増補編纂が何時どの様な目的で為されたのかということと密接に関わることであるが、貞永元（一二三二）年の原『式目』編纂からさほど時を経ずして増補編纂が為され、それを企画したのが、原『式目』の編纂者である北条泰時その人であったとするならば（編纂過程については後述する）、その内容区分までも見直す様な全面的な修正は為されなかったと考えざるを得ない。もし以上の見解に誤りがないとすれば、新しい条文を追加編入する作業は次の様に進められたはずである。即ち、追加条文の意味内容を考え、『式目』の分類にあてはめ最も相応しい箇所に編入する。そして編入する際には、もとある条文を整理統合することで、全五十一箇条となる様に調整する、というのが一連の作業であったのではないだろうか。

原『式目』の条文構成が、現在のものと基本的に異ならないという前提に立って『式目』の性格を考えるならば、裁判規範が集成されているということを当該法典の第一の特徴として挙げねばならないであろう。[20] また、全五十一箇条を通じて共通の特徴を挙げるとするならば、立法内容が概念的・抽象的ではなく具体的であるということであろう。この特徴は、立法者である北条泰時が六波羅探題北条重時に宛てた書状の中で、地頭御家人にも理解できる様な具体的な裁判規範を『式目』として立法したと説明していることとも符合する。「唯だ実際の必要に応じてその明確にすべきことを明確にしたのが」『式目』であるという瀧川氏の見解は正鵠を射ている。

たとえば守護・地頭に対する禁制事項を規定した三～五条の内容を詳細に見ると、三条においては、守護に対し、①職権を濫用してはならないこと、②非御家人に守護役を課してはならないこと、③代官を一人とすること（二人以上置かないこと）等が定められており、四条では守護が検断権を行使する際に禁じられるべきことが次の様に規定されている。即ち、④実否決せざる容疑者の所領等を没収してはならないこと、⑤犯科人の田宅・妻子・雑具を私に没収してはならないこと、⑥贓物無く罪状を決してはならないこと、等である。そして五条では地頭に対して「年貢所当」の抑留を厳格に禁じている。

幕府の組織を支える守護・地頭に対する禁制の後には、裁判手続き（六条）をはじめとして、不易法（七条）、知行年紀法（八条）といった武家裁判上の一般原則が示されている。しかし、一般原則とはいっても決して抽象的な内容ではなく、具体的な事例によって説明されている所に特徴がある。

そして九条から十五条（錯簡部分の三十二～三十四条を含める）には、謀叛、殺害、刃傷、強盗、窃盗、放火、姦通、辻取、悪口、殴人、謀書といった犯罪を対象とした刑事法が列挙されている。重罪から軽罪へという条文排列になっており、法典としての形式が整えられている。また縁坐（十一条）、連坐（十四条）、犯人蔵匿罪（三十二条）についても規定がある。

十六条から二十七条には所領相論に関する規範が列挙されている。さらにその内容により、イ 承久の乱の戦後処分の原則、ロ 悔還に関する規定、ハ 相続に関する規定、ニ その他の規定、の四つに分類することができる。承久の乱の戦後処分の原則がなぜ所領相論に関する規範の冒頭に挙げられているのかといえば、当該問題の解決が幕府にとって最も重要な政治課題となっていたからである。イに関する規範が冒頭に排されているという事実は、『式目』が制定されたことの歴史的意味を考える上でも看過できないことであろう。承久の乱の際に後鳥羽上皇に加担した者は、幕府によって処罰され、それにより三千箇所以上の没官領が生まれた。皇族を含む権門勢家の本家・領家職をはじめとし、多くの荘官職、地頭職が没官の対象となったのである。大量に生じた西国の闕所地には東国の御家人が地頭として入部することとなる。[21] しかし、幕府の戦後処分は在地社会に波紋をもたらした。特に西国では、闕所処分の不当を訴える者、京方与同の罪を後日に問われることを懸念し怯える者が巷に溢れた。幕府は在地社会の秩序を保つ為にも戦後処分の原則を明確にする必要があったのである。つづく十八～二十一条には悔還に関する規範が集められている。ここでは①女子（十八条）、②郎従（十九条）、③逝去せる相続人（二十条）、④咎ありて離別された妻妾（二十一条）等を対象とする悔還規定が列挙されている。二十二～二十四条はいずれも相続に関する規範であるが、①無足の兄（二十二条）、②女人養子（二十三条）、③改嫁せる後家（二十四条）の相続権の有無だけが問題とされている所に特徴がある。[22] そして二十八条以下には、幕府の裁判秩序を維持する為の規範（訴訟法とも言えよう）、幕府の身分秩序を維持する為の規範、財物に関する規範等がそれぞれ具体的に列挙されているのである。

全五十一箇条の内容を検討して違和感を覚えるのは、やはりEの所領所職相論に関する規範群である。一般原則的な規範ではなく、むしろ特殊な規範が列挙されているという印象を受ける。たとえば、悔還に関する規定においては、もっとも一般的であるはずの、男子に対しての悔還規定が存しないし、相続に関する規定においても、相続順位や遺産分割法などは存しない。この様に一般的な規範が『式目』中に見えないということを、我々は一体どの様に理解したらよいのであろうか。相続人である男子に対しての悔還規定や遺産分割法の規定が『式目』に存しないその理由は、いまさら幕府が裁判規範として明示する必要がなかったからであろう。当時の武家社会において、男子に対し悔還権を行使することは親の当然の権利と考えられていたのであり（勿論無条件ではないが）、幕府が干渉する問題ではなかった。(23) 相続法の諸規定に関しても、悔還規定と同じことが言えるであろう。当時の社会においては、相続人や相続分は、子供達の器量を見定めて親が生前に決しておくべきもので、やはり幕府が干渉すべき問題ではなかった。幕府は、幕府に忠勤を尽くしながら遺産相続に預かれなかった兄に嫡子分の五分の一という僅かばかりの相続分を認めてやることでしか親権に介入しなかったのである（二十二条）(24)。二十七条には遺産分割の方法が規定されてはいるが、この場合も被相続人が相続法を定めずして逝去するという特殊なケースを想定して立法されているに過ぎない。やはりＥの所領所職相論に関する規範群も、他と同様に幕府法廷における裁判規範として採るべきものが採られていると言えよう。

ところで、所領所職相論に関する規範の中に地頭の所務に関する規範が存しないということをどの様に解すべきであろうか。所領所職をめぐる相論の中で最も争われることの多かったのが、実は地頭の所務をめぐる問題であった。承久の乱後、西国に生じた三千余箇所にも及ぶ没官地（闕所地）に新地頭が補任されたことは前述したが、この新地頭と荘園領主との間で地頭の得分をめぐる相論が絶えなかったのである。新地頭には「新補率法」（所領十一分の一の免田と反別五升の加徴米収取）が適用されたのだが、闕所地となる前に地頭や下司が既に置かれていた場合には、そのときの先例に従わなければならないという原則があった（ただし、その先例たる得分が余りに僅少なる場合は新補率法に従うことが許された）。新補率法の定める得分より前任者の得分の方が少ないケースが多かった為に旧例を無視する新地頭が後を絶たず、荘園領主側は再三再四このことを幕府に提訴していたのである。地頭は、各々が荘園領主の定めた本所法にもとづき職務（所当官物の収納、勧農等）を遂行していたのであるから（少なくとも建前は）、地頭の所務内容を鎌倉幕府が立法化することなど不可能であった。しかし、新補地頭（新補率法が適用される新地頭）については、「新補率法」を始めとする所務法が一律に規定されていたのだから、これを武家の基本法として『式目』に掲載してもよかったはずである。だがこれが為されなかったのは、新補地頭の所務法が、貞応二（一二二三）年の宣旨によって既に立法化されていたからに違いない。[25]すでに上位規範である朝廷法で立法化されている事柄を幕府が裁判規範として再び取り上げる必要はなかったのである。[26]曖昧な幕府の裁判規範を成文化＝立法化することが『式目』制定の目的であったのであるから。

三　立法の目的

『式目』の編纂過程については、鎌倉幕府が自身で編んだ歴史書『吾妻鏡』貞永元（一二三二）年五月十四日条に「武州専政道給之余。試御成敗式条之由。日来内々有沙汰。今日已令始之給云々。偏所被仰合玄蕃《（三善）》允康連也。法橋円全執筆。是関東諸人訴論事。兼日被定法不幾之間。於時縡亘両段。儀不一揆。依之固其法。為断濫訴之所起也」と見えている。即ち、「内々の沙汰」を経て、貞永元（一二三二）年五月十四日から本格的な編纂作業が開始されたという。泰時は三善康連をパートナーとして条文の選定を行ない、その結果を法橋円全に執筆させたというのである。『式目』の編纂に際し、評定衆がどの様に関わったのか不明であるが、問注所執事職を世襲する三善家の役割が大きかったことは窺えよう。問注所は御家人を対象とする訴訟を一括して取り扱い、幕府の訴訟実務を管掌した役所であるから、三善家には重要な法令や訴訟文書等が集積されていたはずである。それらを主たる法素材として『式目』が編纂されたことはほぼ間違いないであろう。法規や判例の整理、候補条項の選択まで、すべてが執権北条泰時の指示のもとで進められた様だが、起草開始以前の「内々沙汰」とは一体どのようなものであったのだろうか。『式目』の古写本や式目注釈書の中には、評定衆である三善倫重、佐藤業時、斎藤浄円等が草案の作成に携わったことを記すものがある(27)。彼等はいずれもその高い実務能力を評価され評定衆となった文士達であるので、彼等が泰時を助け、準備段階（「内々沙汰」）から編纂作業に携わった可能性はきわめて高いと思われる。

『式目』巻首の「於前々成敗事。不論理非。不能改沙汰。至自今以後者。可守此状也」という文言は、当該法典が武家の裁判規範であることを雄弁に物語っているのであるが(28)、なぜ当該期に武家の裁判規範を成文化しなければならなかったのだろうか。北条泰時は、承久の乱後の元仁元年（一二二四）執権に就任する。承久の乱で後鳥羽上皇軍を打ち破った幕府は、自らの力で全国の治安維持を図らねばならなくなる。乱後、すぐに幕府が京都に六波羅探題を設置したのも朝廷並びに西国を監視する為であった。戦後処分によって西国に大量の承久新恩地頭が生まれたことは前述したが、彼ら新地頭が在地で濫妨・狼藉を行なう様であれば、幕府は公権力として彼らをも取り締まらねばならなかったのである。東国に対する行政支配権のみならず、全国の軍事警察権を実質的に掌握した幕府は、公的機関としての組織づくりが急務となった（北条泰時にしてみれば、内外を問わず、幕府の政策に対する不平不満が執権に集中することだけは何とか回避させねばならなかった）。複数（二人）執権制（叔父の時房を連署とした）を採用し、評定衆十一人を任命し、執権・連署・評定衆からなる合議（＝評定会議）を経なければ重要政務事項は決裁できないというシステムを作りだしたのもその為であろう（評定は、鎌倉将軍の邸内で行なわれ、決定事項は将軍の裁可を仰ぐのが原則であった(29)）。権力の組織化・制度化は、幕府が公的機関としての社会的信用を得る為にぜひとも必要なことであったことは言うまでもない。したがって武家の基本法典が作られた意味もこの一連の流れの中でとらえる必要がある。『式目』の末尾に評定衆の起請文が付されているのは、当該法典が評定衆の責任のもとに制定されていることを明示したものであるが、その起請文の文面から我々は立法者が直面していた課題を窺い知ることができるのである。起請文には、①評定会議で判決を導く際には、各人が傍輩を憚らず、権門を恐れず、ひたすら道理にもとづき見解を述べること、②判決の責任は評定衆全員で負うこと、の二点が特に強調されているのである。合議体制を整えた後に泰時がなすべきことは、新しい体制・組織に見合う規範を確立させることであったのである。

次に訴訟制度が整備される過程で『式目』の編纂を評価すると、どの様になるのであろうか。『式目』制定後に発布された単行法令を集成した「追加集」の中には、『式目』施行以前に出された単行法令をも併せ収めるものが多い。しかし、その場合でも承久三（一二二一）年以降に発布された単行法令で占められているという特徴が認められる。その内容をみると、新地頭や守護に対する禁制がほとんどであり、承久の乱後に新地頭が入部したことによる在地の混乱を鎮めんが為に、これらの法令がたて続けに発布されていたことが窺える。[30] この政策の延長線上に裁判規範＝『式目』の制定があることは疑いのない所である。[31] 古澤直人氏は、幕府が「第三権力」として本所訴訟を実質的に審理するようになるのは『式目』制定以降であるという注目すべき見解を示されている。幕府が公権力として本所訴訟を取り扱い、理非を判定する様になるのは『式目』制定以降のことであるというのである。[32] 確かに承久の乱以前においては、本所訴訟の審理は朝廷（記録所）で行なわれており、その判決の執行を本所が幕府に要請するという形が一般的であった。

公家法廷に出廷を命じられた御家人が、難解で理解できぬ「法意」（律令法）によって裁かれる姿を泰時は「時にのぞみて、ほうりやう《(法令)》にひきいれてかんか《(勘)》へ候は丶、鹿あな《(穴)》ほりたるやま《(山)》にいり《(入)》て、しら《(知)》す《(ず)》しておち《(落)》いらんがこと《(ご)》くに候はんか」と形容したが、これは承久の乱以前の朝廷裁判の実体を示したものであった（貞永元年八月八日付北条重時宛書状）。

ところが承久の乱以後は、本所代官（沙汰雑掌）が朝廷にではなく幕府へ直接提訴し、幕府の判決を求めることが多くなる。朝廷の権威失墜がその理由であると思われるが、本所の命に従わない新地頭を抑え込む為には、幕府へ直接提訴するしか方法はなかったのであろう。公家法、本所法に通暁し、口頭弁論などにも巧みな沙汰雑掌が訴訟当事者として幕府法廷に出廷することとなれば、幕府としても訴訟手続きを整備し、裁判規範を明確にする必要が生じてくる。本所側の不当な訴えを斥け、地頭御家人の権利を守る為にも、幕府は裁判規範を確立せねばならなかったのである。

以上述べてきた様な状況下で『式目』は貞永元（一二三二）年に立法化される。全体を通じて、訴訟手続きに関する規範や裁判秩序を守る為の規範が多いのも、訴訟制度を早急に整備しなければならなかった当時の幕府の事情を考えれば納得のゆくものであろう。

それでは、増補編纂作業は何時如何なる目的で行なわれたのであろうか。その時期については後述することとして、まずはその目的から考えてみたい。貞永元（一二三二）年以降に発布された追加法の編入ではないかと疑われる条文は、重科を犯した代官の罪が主人におよぶか否かを規定した十四条、公事（雑税）の負担義務に関する二十五条（御家人の婿となった貴族、将軍御所に仕える女官等も公事を勤仕する必要があることを規定）、訴訟当事者の理非顕然なるときには当事者を召喚せずに判決を下すことを定めた四十九条、訴人が問状（召喚状）を以て狼藉を行なうことを固く禁ずるとともに、訴人に問状を与えるときには事前に提訴内容を確認することを規定した五十一条、となっている。[33] 勿論、他にも追加法が編入された条文は存すると思われるが、今その蓋然性が高い右の四箇条からは共通した特徴が看取できる。いずれもが原『式目』を運用することによって明らかとなった法規の欠闕を補うものであったといえよう。しかも審理手続上の不備を補うものが大半を占めている所に特徴が認められる。原『式目』を編纂・立法した北条泰時は、貞永元（一二三二）年に原『式目』を発布する際に、「これにもれ《漏》たる事候はゝ、おう《追》てしる《記》しくわ《加》へらるへきにて候」と述べているが、『式目』の増補編纂は、まさに原『式目』編纂者の思惑通りに為されているといえそうである（貞永元年八月八日付北条重時宛書状）(34)。

次に問題となるのはいつ誰によって増補編纂作業が為されたのかということであろう。原『式目』編纂後に追加編入されたと思われる右の四箇条に関して、その法素材となった追加法の発布年次を追うと、何れもが泰時執政期に該当するのである(35)。したがって原『式目』編纂者である泰時自身が右の文言通りに補遺・修正作業を行なったという推論が成り立つであろう。『式目』に編入すべき追加法をリストアップしておいて、一時にまとめて補遺・修正が為されたものと思われる。勿論、泰時没後に、その意思を継いだ者が、泰時執政期に発布された追加法の中から基本法として相応しいものを取捨選択し、原『式目』に編入させたと考えることもできる(36)。しかし、もしそうであるとしても、泰時執政期に発布された追加法を法素材として増補編纂が為されているという事実は変わらないのである。『式目』はやはり名実ともに北条泰時の法典であったと評価できそうである。

四　立法の正当化

次に、武家独自の法典を編纂発布する際に、北条泰時がどの様な法概念を用いてこれを正当化したのかという問題について検討したい。即ち、立法者が既存の法システムである律令法体系の中に『式目』をどの様に位置づけようとしたのかという点について考察を加える。

『式目』を発布する際に、北条泰時はこの新法典の性格をどの様に内外に説明したのであろうか。当時の国法は依然として律令法であったのであるから、新法を発布する際には、律令法との関係を明らかにする必要があった。泰時自身が『式目』の立法趣旨を公家側に説明した書状が二通伝わっているので（①「貞永元年八月八日」付と②「貞永元年九月十一日」付の六波羅探題北条重時宛の書状である）、これを手懸りに、泰時が如何なる法概念を用いて、新法典の性格を説明したのか明らかにしておきたい[37]。

②の書状には、『式目』と律令法との関係が次の様に説明されている。

この状は法令のおしへに違するところなど少々候へども、たとへば律令格式はまなを知りて候者のために、やがて漢字を見候がごとし。かなばかりをしれる物のためには、まなにむかひ候時は人の目をしいたるがごとくにて候へば、この式目はただかなをしれる物の世間におほく候ごとく、あまねく人に心えやすからんせんために、武家の人への計らひのためばかりに候。これによりて京都の御沙汰、律令のおきて聊も改まるべきにあらず候也。

右の文章で、泰時は、『式目』が「武家の人への計らひのためばかりに」定められたものであること、この新法が律令法を聊かも否定するものでないことを強調している。

泰時は律令法と『式目』との関係を、「まな」（漢字）と「かな」との関係に置き換えて説明する。明法道を修めなくては到底理解しえない律令法と、具体的で理解容易な『式目』といった対比がここでは為されているのである。右の文章からは、『式目』が律令法体系に属さない、武家独自の新法典であるかの如き印象を受けるけれども、右の文章が、公家側に『式目』を認めさせるために綴られているということを理解しておかねばならない。

『式目』の性格を考える上で重要なことは、成立当初の法典名が『御成敗式目』ではなく、『御成敗式条』（あるいは『関東式条』もしくは『式条』のみ）であったということである[38]。②の書状の文頭で泰時が

御成敗候べき条々の事注され候状を、目録となづくべきにて候を、さすがに政の躰をも注載られ候ゆへに、執筆の人々さかしく式条と申字をつけあて候間、その名をことゞ、しきやうに覚候によりて式目とかきかへて候也。

と述べている様に、②の書状は、「ことごとしき」法典名である「式条」という名称を「式目」に改めることを公家側に知らせるものであった。「御成敗式条」という法典名にクレームをつける公家達に対して、その弁明のために記されたのが②の書状だったのである。

「式条」という、この当初の法典名にこそ、立法者である泰時の意思が反映されていると考えるべきであるが、なぜこの法典名をすぐさま改名せねばならなかったのであろうか。我々は、そのことをまず明らかにしておく必要がある。

②の書状において泰時は、「政の体」を規定したものであるから、「式条」と名付けたのであると弁解するが、当時において「政」の要諦を規定する「式条」と言えば、律令格式法体系上の「式」以外、考えられなかったはずである。「式条」という法典名は大げさなものであったので、すぐさま「式目」に改名したという彼の言葉からも、泰時が律・令・格・式の式に准えて法典名を勘案したことがわかる(39)。

律・令・格に洩れたる法度を拾い補うのが式であるというのが式に対する一般的な理解であろう（弘仁格式序に「式則補闕拾遺」とある）。有司の常に行なうべきことの中で「法令」を裨補すべきものや、永例とすべきものが、式典の条項となったのである。式と律・令・格との関係をもうすこし丁寧に説明すれば、律・令の規定を改廃・補充する法令の中から永続的な効力を付与すべきものを取捨選択し、事の旨のやや大なるものを格典に入れ、事の旨のやや小なるものを式典に入れたということになろう(40)。律・令・格・式四者の関係を定義づければ右の様になるが、わが国の式典は、実務に必要な法を官司別に集成した「諸司式」としての性格、つまり特別法としての性格が強かったのである(41)。

一般法と特別法との関係は、一般法では覆い切れない事項を、特別法が詳しく規定し、これを補うという関係であるが、もしも両者が抵触するならば、当然のことながら、特別法が一般法に優先すると考えなくてはならない。この式の性格に目をつけたのが北条泰時であった。おそらく「諸司式」の形式に准らえて、幕府の式として、御成敗式条（式目）を立法しようとしたのであろう。『建武式目』（室町幕府の基本政策を定めたもの）の編纂にも携わったことでも著名な中原是円（明法官人）は正和元（一三一二）年に式目注釈書「是円抄」を著し、律令法と『式目』との関係を次の様に説明している。[42]

格制者是雖破律令、皆為律令之条流。式目者亦雖非法意、遂帰法意之淵奥云々。

右の中原是円の理解こそ、北条泰時の公家側に対する主張と一致するものであったはずである。時宜に応じた新法を形成している『式目』を正当化する為には、『式目』自体が式に連なる法典であることを強調する必要があったのである。

なお、『式目』の法理が「法意之淵奥」に帰するという理解は、六波羅奉行人斎藤基茂（唯浄）が正応二（一二八九）年に記した式目注釈書（『唯浄裏書』）の奥書からもうかがうことができる。

此式目者武家明鏡政道之要機也。而近来弁源底、知読様之人是小歟。仍僕引合法意勘本説。（中略）[43]

佐藤氏は原『式目』の立法者が条文の排列を決定する際に、公家の法書『法曹至要抄』を参考としたのではないかと指摘されたが、具体的な規範が類聚編纂されているというその構造面においても、『式目』は『法曹至要抄』や「裁判至要抄」といった公家法の法書と相通ずる所がある。[44]おそらく公家法の法書の体系性を意図的に模倣した結果であると思われる。

公家法の法書に近い形式をとることで、法律書としての体裁を整えると共に、公家法曹にも評価される様な裁判規範の確立をめざしたのであろう。

武家の道理に基づき、時宜に応じた新法を形成しているのが『式目』であるが、泰時は、武家の道理を当時の一般的な道徳規範を用いて公家側に説明している（①の書状）。これは武家の道理が、当時の社会通念から（もちろん公家社会の価値観からも）かけ離れたものでないことを示す意味があったと思われる。立法者がこのことに注意を払っていたことは、『式目』の法文自体からも窺える。立法内容が律令法に抵触する様な場合に特に顕著なのであるが、在地の法慣行と一致すること、或いは儒教倫理に適っていることが、立法の正当性の根拠として示されているのである。なかには二十三条の如く、評定会議で正当性の根拠（在地の法慣行と一致する事実）が確認されたことを明示している条文さえある。このことは立法に際して、その根拠を内外に示しておく必要があったことを物語っている（とくに外部の公家に対して）。我々が特に注目すべきなのは、儒教の倫理に適うことが、立法の正当性の根拠として示されている場合である。十八条と二十四条がそれに該当するが、どちらも公家法曹から異論が出ることが予想される立法内容である（事実、十八条には「法家之倫。雖有申旨」と記されている）。立法者は、武家法の法解釈を正当化する為に、公家法（律令法）の根本原理である儒教の倫理を持ち出して、やんわりと公家法の法解釈を否定しているのである。この主張こそまさに前掲の「式目ハマタ法意ニアラズトイヘドモ。遂ニ法意ノ淵奥ニ帰ス」という中原是円の理解と一致するものである。この様な法解釈の技法も実は当時の公家法曹から学んだものであった。泰時は執権就任当初から政道興行の為に毎朝一度は「明法道目安」を読んだと『吾妻鏡』は伝えるが（『吾妻鏡』元仁元年十二月二日条）、泰時の編纂した『式目』からもその成果が窺えるのである。(45)

ところで『式目』において武家独自の立法を行なう際に、その立法上の理由づけとして「右大将家（源頼朝）の例」が引かれていることは著名であるが、武家の法解釈が公家の法解釈とは異なり、しかもその理由を公家側へ十分に説明することができない場合にも、泰時は「右大将家の例」を立法上の根拠として用いた様である。おそらく源頼朝の権威を用いて公家からの批判をかわそうとしたのであろう。

また五十一箇条という条文数にも、やはり立法者の法思想が反映されていると理解するべきであろう。五十一箇条という条文数が増補編纂後も堅持されているのはその現れである。[46]『式目』の古注釈書が解説せる如く、[47]『式目』の条文数は、厩戸皇子の十七条憲法に因むものであったと考えられる（十七箇条を天・地・人の三才に排した）。十七条憲法が後世に至るまで我が国の国法の起源として尊重されていたことは、室町幕府の基本方針を記した『建武式目』や徳川家康の『禁中並公家諸法度』等が十七箇条にまとめられていることからも看取できよう。[48]それではなぜ泰時は、十七条憲法を範としたのであろうか。勿論それは十七条憲法が国家制法の始まりであったからであろうが、より正確に述べるならば、当時の公家法曹の重んじた弘仁格式序[49]に「推古天皇十二年。上宮太子親作憲法十七条。国家制法自茲始焉」とある様に、十七条憲法が我が国の律令法の原点であり、日本律令の上位規範であったからに違いない。泰時が十七条憲法に因む条文数としたのも、当該法典が十七条憲法の基本精神を引き継いでいることを示す意味があったのではないだろうか。

以上の様に、北条泰時は公家側の意向をおもんぱかりながら『式目』を制定・公布したのであるが、すぐさま法典名を「関東（もしくは御成敗）式条」から『御成敗式目』に改名せねばならないほど公家側からの反発は大きかった。承久の乱に勝利し、全国の軍事警察権を掌握したとはいえ、法典制定の主体となるということは幕府にとって単純なことがらではなかった。たとえ幕府の裁判規範であったとしても、幕府がこれを公権力として立法するとなれば、大きな問題が生ずるのである。なぜならば天下に公布される法は天皇の勅旨によるものでなくてはならないという大原則があったからである（勅旨は宣旨・太政官符によって公布された）。権力の伸長にともない、法制定の主体となることを目論んだ幕府は、諸司式に準ずるものとして「御成敗式条（式目）」を制定したけれども、それに対する公家側の批判はやはり厳しいものがあった。その立法行為が天皇の大権を犯すことになるのであるから当然と言えば当然の反応であった。幕府は、「式条」という「ことごとしき」法典名を直ちに改め、『式目』が「武家の人々への計らひのためばかりに」定められた法典であることをひたすら強調するしかなかったのである（②の書状）。頼朝期以来、幕府は朝廷の宣旨・官符類を承けてこれを行政支配下の地域、御家人達に伝達施行してきた。朝廷に立法を要請することはあっても、自らが法制定の主体となることはなかった（勿論、幕府の内部規律は定めている）。前述せる如く、新補地頭の所務法でさえ宣旨によって全国に公布されているのである。ところが延応元（一二三九）年四月に幕府が嘉禄元（一二二五）年の宣旨を再施行する際には（『吾妻鏡』延応元年四月十四日条）、「条々制符」として、宣旨だけではなく、『式目』の条文四箇条（三十七～四十条）も併せて再施行しているのである（水戸部正男氏はこの「条々制符」を武家新制の最初のものであると評価しておられる[50]）。そして延応二（一二四〇）年についに幕府は、自らが立法した禁制六箇条（追加法131～136条）を「制符」＝「新制」（「関東新制」とも呼ばれる）として発布する（『吾妻鏡』仁治元年三月十八日条）。当時「新制」と呼称されていたのは、勅旨に基づく禁制法であり、法形式で言えば、単行法令としての「格」であった。延応二（一二四〇）年の武家の「新制」が、公家の「新制」を模したものであることは言うまでもない[51]。当該期はいまだ泰時執政期であり、これが泰時の政治的決断であることは間違いない。「式条」という法典名さえ憚った泰時であったが、延応二（一二四〇）年に至ると武家が立法した追加法を「新制」とまで表現する様になっていたのである。『式目』を制定公布した自信が、意識の変化を生んだのであろう[52]。

おわりに――『御成敗式目』編纂の歴史的意味――

『式目』の数箇条には、裁判権者が「時宜」に任せ判決を下すべきことが明記されているが、実は、『式目』そのものが、時の宜しきに従って編纂された法典だったのである。『式目』は、鎌倉幕府の裁判規範として立法化されたが、当時の在地社会の法慣行を斟酌し、裁判規範として採るべきものを採っているという点で社会全体に及ぼした影響は少なくなかった。『式目』が速やかに在地社会に受け入れられたのは、勿論、在地の人々が武士達を糾弾するルールを求めていたからに違いないが、在地社会には普遍的な規範が存しなかったということにも要因がある。武家以外の人々が、『式目』のことを「当時式条」、「関東御式条」「御式条」、「関東貞永元年御式条」と称したのは、『式目』を当該期の式条、すなわち式典と高く評価したからに他ならない。当時の人々は、律・令の補充法・例外法として機能する式の役割、すなわち、基本法典の条文を動かさないままで社会の変化に即して実質的に法を変動させる副次法典としての役割を、『式目』にも期待したのであろう。

幕府は、時宜に応じて幕府の基本法を編纂したのであるが、その後の社会の変化に対応する為には臨時の単行法令（追加法）を制定・施行する必要があった。これらの中には当然のことながら『式目』の補充法・例外法として規定されたものも多く含まれていた(53)。かくの如き性格の追加法と『式目』との関係は、まさに前述せる格・式（ここでは単行法令としての格・式を意味する）と律・令との関係に近似するものであった。追加法の中でも永例とすべき様な重要なものは奉行人達によって集積・整理され「追加集」としてまとめられていた(54)。しかし、「追加集」はあくまでも追加法を集成したものであったから、基本法としての『式目』とは截然と区別されていたはずである（『式目』の条文のみが「本条」、「本法」と呼ばれた）。基本法典の条文をそのままにしておきながら、副次法典、単行法令によって法を動かしてゆくという律令法体系の基本システムは、鎌倉幕府の法システムの中にそのまま継承されていったのである(55)。かつて、その成立当初、律令法系の式典的地位にあった『式目』は、やがて追加法との関係では律・令的地位に上昇し、律令法体系の仕組みは、この様にして武家法の中に再生産されることになったのである。

既存の法や制度との整合性をはかりながら、それらを内部から変革して、社会の変動に応じた新法が形成されてゆく過程を、我々は『式目』の編纂過程からも窺うことができるのである。

註

（1）三浦周行氏「貞永式目」（『続法制史の研究』所収、岩波書店、一九二五年、初出は一九一九年）。

（2）しかし、瀧川氏は、昭和三十年刊の『日本人の歴史』（新潮社、一三四頁）においては「貞永式目は、太子の憲法十七条に天地人三才の三を乗じた五十一箇条より成り、これを律令の條文千五百條に較ぶれば、その十分の一にも満たないが、これは立法の趣旨が律令と異なつてゐるからであつて、これを以て式目は不完全な法典であるといふのは當つてゐない」と述べられている。

（3）細川亀市氏『日本固有法研究』（南郊社、一九三六年、八八頁）、石井良助氏『日本法制史概説』（創文社、一九四八年、二〇九頁）。

（4）笠松宏至氏「中世の法典」（『日本中世法史論』、東京大学出版会、一九七九年、初出は一九七二年）、新田一郎氏「中世前期の法と社会」（水林彪氏等編『法社会史』山川出版社、二〇〇一年、一三六頁）。

（5）佐藤進一氏「御成敗式目の原形について」（『日本中世史論集』岩波書店、一九九〇年、初出は一九七六年）、同氏『日本の中世国家』第二章第二節（岩波書店、一九八三年）、石母田正氏「『中世政治社会思想　上』解説」（『中世政治社会思想　上』岩波書店、一九七二年）、河内祥輔氏「御成敗式目の法形式」（『歴史学研究』五〇九号、一九八二年）。

（6）佐藤進一氏も註（5）所引『日本の中世国家』においては、公家新制からの影響を強調している。

（7）佐藤進一氏も註（5）所引『日本の中世国家』一一四頁において「制定当時の原形としての式目（現在の1～35条）は、当然のことながら幕府の統治権に関する基本法典であって、幕府（厳密に言えば将軍）のもつ他の機能である主従制的支配権にはかかわらぬ性質のものであった。式目を基礎とする法の支配は専ら幕府の統治権の確立に、より具体的に言えば裁判権を通して表現される統治権の客観化に奉仕したと言えるのである」と述べておられる。
（8）三浦周行氏『法制史の研究』（岩波書店、一九一九年、一二〇七頁）。
（9）以下の三浦氏の『式目』の内容研究は、註（1）所引論文による。なお三浦氏は、『式目』の内容を近代法の概念を用いて説明され、行政法に属する規定、訴訟法に関する規定、刑法に関する規定、物権法に関する規定、債権法に関する規定、親族法・相続法に関する規定に分類することができるとされた。
（10）三浦周行氏註（1）所引論文九六九頁。
（11）三浦周行氏註（1）所引論文九八六頁。
（12）三浦氏は、その例として、七条と十六条第三項の内容が重複するというが（同氏註（1）所引論文九七〇頁）、七条は裁判上の原則、十六条は所務相論に関する規範（承久の乱の戦後処分の原則）であるので、趣旨が重複するとはいえない。詳細は拙稿「御成敗式目の条文構成について」（『國學院大學日本文化研究所紀要』第九十四輯、本書第二章）を参照されたい。
（13）佐藤進一氏註（5）所引論文。
（14）佐藤進一氏註（5）所引論文三〇八頁。
（15）式条法の形成は、御成敗式目の登場に始まり、本所法・官衙法の領域に及んだ（その一例が弘長三年四月十八日付の『広田社検断式条』であるという）と氏は指摘される。氏は、『御成敗式目』と『広田社検断式条』とを例として、式条法の特徴を次の様に説明する。①みずから「式条」と称すること。②条文配列が律令の篇目に則っていること。③太政官以外の機関によって、立法され、施行されていること。④律令格式法の限界が認識され、真に有効な法の定立が施行されていること（河内氏註（5）所引論文一三頁）。
（16）具体的な説明は、本書第二章を御参照頂きたい。
（17）河内氏は註（5）所引論文一五頁の註（24）において「佐藤氏は、式目49条・51条についても、それらが貞永元年よりはるか後年の立法であることを示すという史料を挙げておられるが、それらの史料も、その証明に足るものではない」と述べられているだけである。

(18) 佐藤進一氏も、「現在の式目には、条文構成に甚だしい無理を犯して複数の規定を一カ所にまとめてある箇所がいくつもあり、これは本来独立した条文を合成した結果であると考えられるが、河内説ではこの点をどのように説明されるかがまず疑問であって遽かに従いがたいものがある」と述べておられる（同氏註（5）所引『日本の中世国家』一二七頁）。

(19) 詳細は、本書第二章を参照されたい。

(20) 原『式目』の構造を現在の条文の一～三十五条から復元された佐藤氏は、前半部（一～六条）と後半部（七～三十五条）とでは内容が異なるとされた。前半部に式目の理念（＝東国政権の統治権の在り方）が示され、後半部に裁判規範が示されているというのである。冒頭の一・二条に「神社仏事条章」が置かれたことに関して佐藤氏は、令法典や三代格、公家「新制」等の形式に倣ったもので、当該法典が公家の法典に比肩する武家の法典であることを内外に示すものであると評価された。佐藤氏と同じ立場に立つ石母田氏も「『関東御分国々幷庄園』における鎌倉殿の祭祀権を法によって画定した」と述べておられる。確かに公家の法典の形式に従って冒頭に社寺に関する条文が排された可能性は高い。しかしその法形式を以て公権力として独立した武家政権の理念を示したとまで言えるかどうかは疑問である。周知の如く、『式目』の末尾には、編纂に携わった評定衆の起請文が付載されているのであり、法典に起請文を付する立法者の思想をもってすれば冒頭に神仏への尊崇の念を示す条文（具体的には幕府行政支配下の神官・僧侶・御家人に対して、神事・仏事の励行、社殿・寺院の管理を命じ、違犯者には罰則を科すというものである）を排するのも当然といえよう。なお三条以下の内容については本文で述べた。

(21) 承久の乱後の新地頭補任地をこと細かく検証された論文に、田中稔氏「承久方武士の一考察―乱後の新地頭補任地を中心として」、同氏「承久の乱後の新地頭補任地〈拾遺〉―承久京方武士の一考察・補遺―」（ともに同氏『鎌倉幕府御家人制度の研究』所収、吉川弘文館、一九九一年）。また宮田敬三氏は、田中氏が指摘しなかった京方与同者を『大日本史料』から検出し、その本拠地を推定している（同氏「「承久京方」表・分布小考」『立命館史学』22号、二〇〇一年）。

(22) 鎌倉幕府法の悔還規定に関しては拙稿「中世法書における悔還の法理について」（『日本中世法書の研究』汲古書院、二〇〇〇年）を参照されたい。

(23) 同じ親権の問題でありながら、女子に対する悔還権に関しては、なぜ一項が設けられたのであろうか。十八条において女子に対する悔還権の有無が論じられているのは、当該期にはじめて、女子への悔還権が全面的に認められたからかもしれない。ここで確認しておくべきことは、条文中に「法家ノ倫、申ス旨アリトイヘドモ」とある様に、公家法との違いが鮮明になったという点である。

(24) 拙稿「北条泰時の道理」(日本歴史学会編『日本歴史』第774号、二〇一二年、本書第五章)を参照されたい。

(25) 笠松宏至氏も、貞応二(一二二三)年の宣旨により立法されたものであったから、新補率法を「式目の一法として収むべき当面の必要性をもた」なかったと指摘している(註(5)所引『中世政治社会思想上』四八三頁の「解題」)。

(26) 貞応二(一二二三)年六月十五日付の宣旨は、幕府によって直ちに施行されている(追加法10条)。

(27) 鎌倉後期に六波羅奉行人斎藤氏によって記された式目註釈書「関東御式目」には、清原教隆、法橋円全、三善倫重、太田康連、佐藤業時、斎藤浄円の名が挙げられ、「已上六人武州禅門御時。兼日下給条々篇目。於私宅註所存綴文章。後日持参其草。用捨治定之後。被部類五十一箇条」と記されている(『中世法制史料集　別巻　御成敗式目註釈書集要』一九七八年、一二三頁)。また「平林本御成敗式目(康永二年写)」には三善倫重、佐藤業時、斎藤浄円の三人が準備段階で特に重要な役割を果したことが記されている(『御成敗式目』古典保存会、一九三〇年)。

(28) 新法不遡及の原則は、『式目』二十四条の適用について論じた『吾妻鏡』仁治二(一二四一)年六月二十八日条(「為式目以前改嫁之間、不及罪科」)でも確認できる。

(29) 幕府評定制については佐藤進一氏註(5)所引『日本の中世国家』一一七—一二一頁を参照されたい。

(30) これらの幕府法には禁制事項がかなり詳細に規定されているので、それによって守護や新補地頭の職務内容等が明確になっている(この中には新補地頭の得分を定めた貞応二年六月十五日付官宣旨も含まれている)。『式目』施行前の単行法令を追加集に載せたのは、それらが『式目』二・三条の適用と密接に関係する内容であったからではないかという佐藤進一、池内義資両氏の見解は支持されるべきものであろう。

(31) 羽下徳彦氏もこの点を強調され、「式目は、幕府の基本法典とは言い条、立法に際して直接念頭におかれたのは、承久の乱に勝利を収めた幕府の存在自体からくる混乱の矯正であったことが明かである」と指摘されている(同氏「領主支配と法」

『岩波講座日本歴史5中世1』岩波書店、一九七五年、一八四頁）。

(32) 古澤直人氏「鎌倉幕府法の成立—御成敗式目の歴史的位置—」（同氏『鎌倉幕府と中世国家』所収、校倉書店、一九九一年、初出は一九八五年）。

(33) 詳細は本書第二章を参照されたい。

(34) 従来、右の文言は「追加法立法の意志をあらかじめ明かにしたもの」（『中世政治社会思想　上』三九頁頭註）という理解が一般的であったが、実際、泰時の手により増補編纂作業が着手されている事実からしても、文意通りに、もし、この度、編纂された『式目』に遺漏する所があれば書き加え修正する、と解釈すべきであろう。

(35) 本書第二章九八頁。

(36) 『蘆雪本御成敗式目抄』は「五十一ヶ条ニテ不レ定《(足カ)》ガ故ニ、追加ヲハ、八十八代ノ時后深草院ノ時添ラル」と後深草院の治世（執権北条貞時執政期）に式目の追加編纂がなされたとの説を伝える（『中世法制史料集　別巻　御成敗式目註釈書集要』一一八頁）。

(37) 『中世政治社会思想　上』による。なおこの二通の書状の内容については、拙稿「『御成敗式目』成立の背景—律令法との関係を中心に—」（『國學院大學日本文化研究所紀要』第九十五輯、本書第三章）において詳説した。

(38) 現存する『式目』の諸本の中で、天理図書館本（奥書天文十七年五月八日）、群書類従本は、「御成敗式条」という法典名を冠する（池内義資氏『御成敗式目の研究』二九頁。平楽寺書店、一九七三年）。しかし両本とも増補改訂本である。

(39) 永仁四（一二九六）年に著された式目註釈書『関東御式目』には「代々律令格式《アリ》、而《ヲ》此《ノ》内《ニ》式《ヲトリ》目《ト》セラル、然者式《ハ》漢室《ヨリ》我朝伝《ニリ》、公家《ヨリ》武家至《ニルト》知《ヘシ》」とある（『中世法制史料集　別巻　御成敗式目註釈書集要』一一八頁）。なお義江彰夫氏は「『関東御式目』作者考」において『関東御式目』の著者を六波羅奉行人斎藤基茂（唯浄）であると推定されておられる（石井進編『中世の法と政治』所収、吉川弘文館、一九九二年）。

(40) 弘仁格式序。なお格・式の性格については虎尾俊哉氏『延喜式』〔日本歴史叢書8〕（吉川弘文館、一九六四年）を参照されたい。

(41) 勿論、特定の目的の為に編纂された式（儀式・交替式等）もある。

(42)「是円抄」は現在伝わっていないが、その逸文が式目註釈書に引用されている。当該部分は『清原宣賢式目抄』（『中世法制史料集　別巻　御成敗式目註釈書集要』五五二頁）に引用されている。なお「是円抄」については植木直一郎氏『御成敗式目の研究』（名著刊行会（復刊）、一九七六年、五二九頁、初出は一九三〇年）を参照されたい。

(43)『中世法制史料集　別巻　御成敗式目註釈書集要』一六頁。

(44)『法曹至要抄』や『裁判至要抄』の性格については拙著註（22）所引『日本中世法書の研究』を参照されたい。

(45) 泰時が毎朝読んだ「明法道目安」とは『法曹至要抄』の如き法書であったと思われる。『法曹至要抄』を読むと公家法曹の解釈技法が如何なるものであったのかがよくわかる。『法曹至要抄』中巻第三十三条「以田宅不可為質事」にみる公家法曹の解釈技法について小林宏氏は次の様に述べておられる。「右の条文（三十三条）は、田宅の質入れに関し、これを禁止すべきか、容認すべきかについて論じたものである、質入れを禁じた前述の天平勝宝三年の格に対し、「法曹至要抄」の著者は次のようにいう。田宅の質入れを禁じた格の趣旨は、そもそも百姓の生活を安堵させる為のものである。従って質入れしても、民の生活に何ら支障がないとすれば、田宅の質入れを認め、弁済期まで田宅を債権者の許に留め置いて、債務を弁済させるべきであると、ここに見られる明法家の議論の進め方は、次の通りである。先ずこの格の立法上の理由づけを探求して、「百姓安堵」を発見する。次にその理由づけを特に必要としない場合を想定して、この場合に限って、この法の効力を否定するというものである。この格の立法上の理由づけである「百姓安堵」とは、民の苦しみをすくい、民をいつくしむという儒教の済民主義、撫民主義の思想に由来するものであり、律令法のよって立つ理念であり、原理であった。明法家の論理は、この済民主義、撫民主義という理念、原理が現実に維持されている限り、この法は適用しないというものである。ここでは一定の要件が満たされている場合には、その場合に限って実定法規の効力を否定しているのであり、その為に律令法の理念や原理がその論拠として用いられているのである。これ即ち、田宅質入禁止の理由づけをいわば逆手にとって、質入禁止の例外的措置を作り出し、事実上、質入禁止の規定を骨抜きにしかねない技法である」（同氏「因准ノ文ヲ以ッテ折中ノ理ヲ案ズベシ—明法家の法解釈理論—」『日本における立法と法解釈の私的研究　第一巻古代・中世』汲古書院、二〇〇九年、一一七頁、初出は一九九一年）。

(46)　現存する『式目』諸本は、いずれも増補改訂を経た後の姿を今に伝えるものであるが、条文数は原『式目』と同じく五十一箇条からなっている。現在の『式目』の諸本には強引に条文を統合整理した痕跡が認められるのだが、これは増補編纂をてがけた者が、原『式目』編纂者の意思を引き継ぎ、五十一箇条という条文数にこだわった為である（本書第二章）。この強引な統合により結果として、法意がわかりづらくなってしまったのであるが、増補編纂者が、法典に求められる平易簡明さを犠牲にしてまでも、五十一箇条という条文数に固執していたと評価できるのではないだろうか。

(47)　『御成敗式目註　池邊本』、『清原業忠貞永式目聞書』、『清原宣賢式目抄』等がこの説を記す（いずれも『中世法制史料集別巻　御成敗式目註釈書集要』所収）。

(48)　十七条憲法の後世への影響については坂本太郎氏『聖徳太子と菅原道真』（著作集第九巻、吉川弘文館、一九八九年）第二編第三章「聖徳太子と憲法十七条」を参照されたい。

(49)　後鳥羽上皇の命により、明法博士坂上明基が撰した『裁判至要抄』の奥書にも、貞観格序と共に、弘仁格式序が引用されているが、これは『裁判至要抄』を権威づける為のものであった（拙著註（22）所引『日本中世法書の研究』所収「『裁判至要抄』の成立をめぐって―『法曹至要抄』との関係を中心にして―」を参照されたい）。

(50)　水戸部正男氏『公家新制の研究』（創文社、一九六一年、二四七頁）。

(51)　野田武志氏は、「新制」の語義を検討され、これまで「格」と呼ばれていた新定の単行法令類が、十世紀以後「新制」と呼ばれるようなると結論づけられた（「格」には、もともと既存の法を補足・修正する単行法令を指す場合と、単行法令中で永続的効力を有すべきものを集成した法典を指す場合とがあったが、十世紀なかば以後、「格」の語義が、格法典をさし示すものへと限定化された為に、新定の単行法令類を「新制」と呼ぶようになったという）。また氏は、少なくとも鎌倉後期までは人々が「新制」を新たな法類型として認識することはなかったとも述べられている（同氏「新制について―研究史の整理と史料の再検討―」『國學院法研論叢』第二十七号、二〇〇〇年）。しかし延応二（一二四〇）年に幕府が敢えて「新制」の語を用いたのは、武家側が「新制」を、公家法の一つの法類型として認識していたからであろう。

(52)　石母田正氏『中世政治社会思想　下』五八四頁の解説において「式目制定にさいして「式条」という用語をもちいること

さえ憚った幕府が、延応元年（一二三九）に六条の「制符」を制定したとされ（吾妻鏡）、仁治三年（一二四二）にはみずから「関東新制」と称する法令を制定施行している（追加174条以下）。ここに法制定権にかんする意識が認められるとすれば、承久の乱または式目制定がその画期であったろう」と述べられている。

(53) 追加法は『式目』の補充法として立法されているものが多い。

(54) 「追加集」の性格についてはさしあたり『中世法制史料集 第一巻 鎌倉幕府法』（岩波書店、一九五五年）の解題を参照されたい。

(55) 基本法典と副次法典との関係は、たとえば江戸幕府の基本法典である『公事方御定書』と判例集としての『添候例書』との関係にも見出すことができるのである。やはり江戸幕府法も律令法体系の枠組みの中にあったと考えるべきであろう（國學院大學日本文化研究所編『法文化のなかの創造性—江戸時代に探る』［創文社、二〇〇五年］第2部「シンポジウム」一九八—二〇三頁の小林宏氏の発言を参照されたい）。

第二章　『御成敗式目』の条文構成について

はじめに

『御成敗式目』（以下『式目』と略称）は、貞永元（一二三二）年八月に武家の基本法典として発布されたものである。その謄本が守護・地頭を通じて諸国の地頭御家人に普く頒布通達されていることからもわかる様に、『式目』は厳格にその施行が図られた（貞永元年八月八日付北条重時宛北条泰時消息）。

鎌倉・室町両時代を通じて武家法の根幹とされた『式目』について論じた研究は数多いが、その大半は、貞永元（一二三二）年に制定されたその政治的意味を明らかにせんとするもの、或いは武家法制の流れの中でこの立法を評価しようとするものであった。『式目』について考える場合、かくの如き歴史的な評価が不可欠であることは勿論であるが、実は、その前提となるべき法典そのものの性格が未だ十分に論議されていないのである。即ち、『式目』の法形式や条文排列の規則性の有無といった法典自体の基本的な性格が十分に明らかにされていないのである。むしろ、『式目』の法典としての性格を明らかにすることによって、初めて我々は『式目』が制定されたことの政治的意味や歴史的意味を知ることもできるのである。

『式目』の法典論に先鞭を付けられた三浦周行氏や植木直一郎氏が、『式目』の編纂方針の杜撰さを強調し体系性を否定された為に[1]、後学も『式目』の構造論を軽視してきたという傾向がある様に思われる[2]。

しかし、立法者自身によって「関東の鴻宝」であると宣言された『式目』が[3]、何の理念もなく編纂されたとは考え難く、やはり明確な編纂方針のもとに立法作業が進められたと考える方が自然であろう。

これまでに『式目』の編纂方針を鮮明に示されたのは、佐藤進一氏と河内祥輔氏である[4]。両者の主張の中で特に注目されるのは、当該法典の条文排列についての見解である。佐藤氏は原『式目』の条文排列を想定された上で、法曹至要抄参照説を提唱されたのに対し、河内氏は律令法典準拠説を示されたのである。

『式目』の法典としての性格を明らかにする為には、多角的な考察が必要であるが、まずその構造を理解することが求められよう。

そこで本稿では、佐藤・河内両氏の条文構成をめぐる所論を整理した上で、条文内容を再検討し、当該法典の構造を探ってゆきたい。

一　研究史の整理

a　三浦周行氏の所論

佐藤進一氏と河内祥輔氏の所論を整理する前に、まず学術的な『式目』研究の先駆者である三浦周行氏の見解を示そう。

三浦氏は、五十一箇条からなる『式目』の条文構成に言及され、その内容を今日の法概念を用いて以下の様に分類された（重複もあることに注意されたい）。

行政法に属する規定（1～3条、16条、38～40条、44～46条）
刑法に関する規定（4条、9～15条、17条、28条、32～34条、43条、47条、50条）
訴訟法に関する規定（6～7条、12条、14条、29～31条、35～36条、49条、51条）
物権法に関する規定（5条、8条、14条、19条、37条、41～43条、48条）

債権法に関する規定（19条、42条、48条）

親族法・相続法に関する規定（18条、20～27条）

そして条文排列については、次の如き試案を出された。

一～二条　神社、寺院の規定

三～五条　守護、地頭の職権を正当に履行せざりし場合につきての規定

六～八条　所領に関する民事的規定

九～十五条　重き刑事上の犯罪に関する規定

十六～十七条　承久の乱の戦後処分に関する規定

十八～二十七条　御家人所領の譲与に関する規定

二十八～三十一条　訴訟法に関する規定

三浦氏は、一条～三十一条までは、右の様に条文の排列順序に規則性を見出すことができるが、三十二条以下については規則性を見出すことができないと指摘された。氏は、三十二条以下の条文排列の不規則性を立法者の能力不足、即ち、組織的分類能力の欠如に帰してしまったのである。しかし、三十一条まで分類整理を行なった立法者が、三十二条以下で行き詰まりを見せ、それを放棄したとは考え難い。

仮に『式目』の構造が、排列順序に規則性を見出すことができる前半部とそうではない後半部から構成されているとするならば、それは立法者の分類能力に帰すべき問題ではなく、編纂方法の問題と解すべきものではないだろうか。

b　佐藤進一氏の所論

前半部と後半部とでは編纂方法が異なることを明確にしたのは佐藤進一氏である。「式目の原形は、現在の諸写本に見られるものとは相当ちがっていたと考えるべきではないのか」というのが佐藤説の趣旨である。(5) 氏は、三十五条までと三十六条以下を鮮明に区別し、三十五条までが原『式目』の条文であり（ただし式目の原形そのものではない）、三十六条以下は、「後日、式目に編入された追加法」であったと結論づけた。この結論は『式目』の編纂過程を以下の様に考えたことによる。即ち、『式目』は当初から五十一箇条であったが、何らかの理由で十六箇条（現在の式目の三十六条以下）を増補する必要が生じた為に、まず五十一箇条を三十五箇条に統合整理し、十六箇条を編入させたと。

三十五条までの条文構成が原『式目』の条文構成を今に伝えるものであることは、条文排列の規則性からも窺えるという。それに対して三十六条以下は、三十五条までの様な条文排列上のまとまりが認められないと指摘されるのである。佐藤説によると「一条から三十五条まではつぎの様な内容区分と順序をもって整然と排列される」という。(6)

一条　神社
二条　仏事
三条―六条　幕府と朝廷・本所との関係
七・八条　裁判上の二大原則
九―十一、三十二―三十四、十二―十七条　刑事法
十八―二十七条　家族法
二十八―三十一、三十五条、訴訟法

ただし、右の如く整然と分類する為には、前半部にも錯簡があるという前提に立たねばならない。佐藤氏は、三十

二条～三十四条を十一条と十二条との間に組みこむことによって一条から三十五条までの条文排列に規則性を見出したのである。

また、刑事法に関する条文の排列順序についても、新たな視点で法曹至要抄参照説を示されたが、これは自らの錯簡説を支えるものでもあった。

それでは、三十六条以下が後日の編纂になることを佐藤氏はどの様に論証されているのであろうか。如上の条文排列の不規則性も有力な論拠となり得るが、氏は更に『式目』制定以降の個別立法（追加法）の中に、三十六条以下の条文と同文のものや、同趣旨のものが多数認められることを以てその証左としたのである。

C　河内祥輔氏の所論

河内祥輔氏は、『式目』を制定するのに際し、編纂者達が依拠したのは『法曹至要抄』の如き法書ではなく、当時最も権威のあった律令法典そのものであったという説を打ち出された。

河内氏は、佐藤氏の増補編纂説を否定され、『式目』の条文排列の順序は律令法典の篇目に倣ったものであり、現在の排列のままで何の問題もないと主張されたのである。「佐藤説の成否は」、「三十二～三十四条の処理如何に懸かっているといえるが、ここに、その錯簡たることを根拠付けるものが何もない」と河内氏は述べられている(7)。

佐藤氏の増補編纂説を支えるのは、三十六条以下の条文の中に『式目』制定以降の追加法と同文もしくは同趣旨のものが多数含まれているという理解であるが、これについても河内氏は、『式目』の条文の一部が後日に再施行されたに過ぎないとして退けた。

けれども、河内氏も三十七条以下については、三十六条までとは性格が異なること（＝律令法典の排列と一致しない）

を認められ、新たに「二部構成」説を示された。「後半部の条文は、前半部の条文についての関連条項、付属規定又は施行細則として理解しうる様に思われる」とされ[8]、三十六条までが律・令の篇目に準拠した本編で、三十七条以下はその附編であると理解されたのである。河内氏の考える条文構成を次に示しておく。

1　可修理神社専祭祀事
2　可修造寺塔勤行仏事等事

職制律
- 3　諸国守護人奉行事
- 4　同守護人不申事由没収罪科跡事
- 5　諸国地頭令抑留年貢所当事

↑（3〜5）
- 37　関東御家人申京都望補傍官所領上司事
- 38　惣地頭押妨所領内名主職事
- 39　官爵所望輩申請関東御一行事
- 40　鎌倉中僧徒恣諍官位事
- 42　百姓逃散時称逃毀令損亡事

6　国司領家成敗不及関東御口入事
7　右大将家以後代々将軍并二位殿御時所充給所領等依本主訴訟被改補否事
8　雖帯御下文不令知行経年序所領事

↑（8）
- 41　奴婢雑人事
- 43　称当知行掠給他人所領貪取所出物事

賊盗律
- 9　謀叛人事
- 10　殺害刃傷罪科事
- 11　依夫罪過妻女所領被没収否事

闘訟律
- 12　悪口咎事
- 13　殴人咎事
- 14　代官罪過主人否事

↑（9〜14）
- 44　傍輩罪過未断以前競望彼所帯事
- 45　罪過由披露時不被糺決改替所帯事

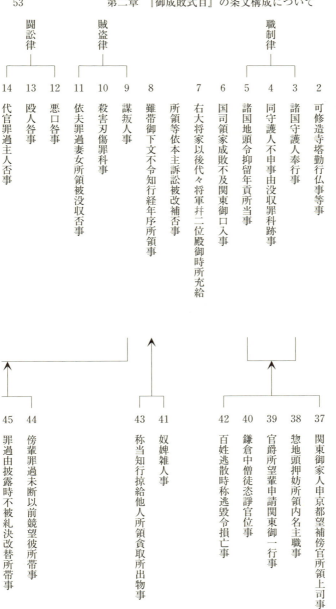

詐偽律
15　謀書罪過事

捕亡律
16　承久兵乱時没収地事
17　同時合戦罪科父子格別事

戸令
18　譲与所領於女子後依有不和儀其親悔還否事
19　不論親疎被眷養輩違背本主子孫事
20　得譲状後其子先父母令死去跡事
21　妻妾得夫譲被離別後領知彼所領否事
22　父母所領配分時雖非義絶不譲与成人子息事
23　女人養子事
24　譲得夫所領後家令改嫁事
25　関東御家人以月卿雲客為婿君依譲所領公事足減少事
26　譲所領於子息給安堵御下文後悔還其領譲与他子息事
27　未処分跡事

公式令
28　構虚言致讒訴事
29　閣本奉行人付別人企訴訟事
30　遂問註輩不相待御成敗執進権門書状事
31　依無道理不蒙御成敗輩為奉行人偏頗由訴申事

捕亡令
32　隠置盗賊悪党於所領内事

46　所領得替時前司新司沙汰事

47　以不知行所領文書寄附他人事
48　売買所領事

49　両方証文理非顕然時擬遂対決事

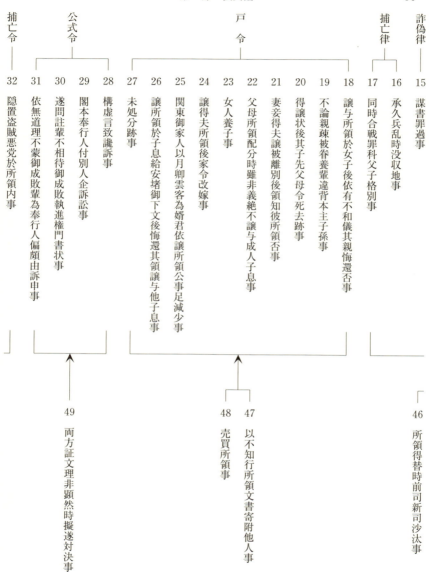

獄令——33 強窃二盗罪科事 ←— 50 狼藉時不知子細出向其庭輩事
雑律——34 密懐他人妻罪科事
雑令——35 雖給度々召文不参上科事 ←— 51 帯問状御教書致狼藉事
　　　　36 改旧境致相論事

二　条文内容の再検討

前節において、条文構成についての佐藤・河内両氏の所論を簡単に整理した。制定当初の『式目』の姿をどの様なものと想定するのかという点が、両者の見解を隔てる根本問題となっている。原『式目』の条文構成が明らかにされなければ、条文の排列基準を検討することも無意味となる。

そこで本章では、原『式目』の条文構成を明らかにする為に、各条文の内容を再検討し、その趣旨を確認しておきたい。なお便宜上、一条から順次考察を加えるが、条文間の関係にも留意する。

Ａ　第一条・第二条

佐藤氏は、「1条神社の事、2条仏寺の事は、大宝令、養老令が神祇令から始まり、光仁・貞観・延喜の三代の格が、神社・仏寺・諸司の順に編序せられ、格の一種として十二世紀頃より現れる朝廷発布の新制が、首条に神社、次条に仏寺の条章を設けるを例としたのに鑑みての立条であることは疑いない」と述べられている。[9] 鎌倉幕府が社寺を積極的に保護し、神事の励行を御家人達に対しても促したことは周知の事実である。[10] 一条本文に「代々の符に任せ」と記されている様に、これまで度々発布されてきた太政官符に準拠する形をとっているが、[11] 神社、仏事の事が『式目』

冒頭に排列されたのは、佐藤氏が指摘される通り、新制の形式に準拠したものであろうし、神仏への尊崇の念を示す意味があったことも間違いないであろう。評定の際に、まず神仏関係の事から審議されたのもこの事と符合しよう。(12)

しかし、我々が注意せねばならないのは、ただ単に神仏への畏敬から『式目』の冒頭にこれらの条文が置かれているわけではないということである。実際に恒例の祭祀・仏事を滞りなく行なわせると共に、それらの行事を執り行なう為の社殿や寺院の管理も祭祀者達に責任を以て行なわせることが本条の趣旨であった。懈怠の神官や僧侶に対しては、職の改易という刑罰を科すことが明示されている点も看過できない。(13)言うまでもないが、当時においては、神仏の加護を得ずして政治は行なえないと考えられていたので実質的な意味があったのである。

また、一・二条の対象についても注意を払う必要がある。やはりその直接の対象は、祭祀、仏事を主催する神官や僧侶であったが、一条に「地頭神主等各存其趣、可致精誠」とある如く、祭祀費用を賄い、行事に参加する御家人達もその対象に含まれている。

B　第三条〜第五条

三条〜六条は、「幕府と朝廷・本所との関係」をまとめたものであると佐藤氏は評価された。そして更にその内容を区分すると、「3・4・5条が幕府行政の根幹である守護・地頭の権限を朝廷・本所との関係において規定し、6条は逆に国司領家の訴訟に幕府が関与しないことを示し」たものであると言う。(14)

しかし、佐藤氏も認識されている様に、六条は幕府裁判権の問題であり、守護地頭のことを論じた三・四・五条と六条とを、ひとまとまりに論ずることには違和感を覚える。やはり三・四・五条を一つのグループとして考えるべきであろう。

三・四条は守護職の、五条は地頭職の職権に関する立法である。佐藤氏は三・四・五条を「幕府行政の根幹である守護・地頭の権限を朝廷・本所との関係において規定」せるものと評価されているが、これらの条文は既に三浦氏が指摘されている様に「守護・地頭の職権を正当に履行せざりし場合につきての規定」であった(15)。

三条は、守護に対し、①職権を濫用してはならないこと(16)、②非御家人に守護役を課してはならないこと、③代官は一人とすること等を命じたもので、四条は、守護が検断権を行使する際に④実否決せざる容疑者の所領等を没収すること、⑤犯科人の田宅、妻子、雑具を私に没収すること、⑥贓物無く罪状を決すること等を禁じたものである。

また五条は、地頭に対して「年貢所当」の抑留を厳格に禁じたものである。つまり三・四・五条は、守護・地頭に対する禁制であったと言える。

三・四・五条が守護・地頭の職務上の権限を明確にすることを目的としていなかったことは、地頭の職掌が何ら明らかにされていないことからも理解できよう。承久の乱後に新たに補任された地頭に対し、所務の先例がはっきりしない場合に適用を命じた「新補率法」（貞応二年の立法）が定められたが、これには、イ　免田・加徴米といった地頭の得分をはじめ、領家・国司との間で問題となることが予想される、ロ　山野河海からの産物の配分方法（領家・国司と地頭とで折半）や、ハ　犯罪者の財産を没収した場合の処分方法（領家・国司がその三分の二を、地頭がその三分の一を受け取る）等が含まれていた。もし、地頭の権限を「朝廷・本所との関係において」明らかにすることが五条の目的であるならば、ロ・ハの問題に関して何らかの規定があって然るべきではないだろうか。またこの事は守護についても言えるのであり、守護が管国内で行使しうる検断権や裁判権の具体的内容については何も明らかにされていないのである。「朝廷・本所との関係」で言えば、如何なる場合に守護使の荘園への入部が許されるのかといった職務執行上明確にしておかねばならない原則についてもまったく触れる所がないのである（たとえ全く許されなかったとしてもその事を明記しておく必要があろう(17)）。

C　第六条～第八条

六・七・八条は、裁判上の原則を示したものである。

六条第一項では、たとえ御家人を被告とする裁判であっても国司領家の裁判には干渉しないという裁判管轄の原則が示され[18]、第二項では、御家人の違法行為を荘官等が幕府へ訴えるときには、本所（領家等の荘園領主）にまず提訴し、その裁可を経てから（「挙状」を得てから）幕府に上訴すべしという裁判手続きが規定されている。「挙状」とは、「本所固有の裁判権の委譲を明示する」ものであろう[19]。本所の「挙状」を得ることで幕府へ上訴することが認められる右の上訴手続きは、下級裁判所の「不理状」を得ることで、上級裁判所へ上訴することが認められる律令上訴制度を想起させるものである[20]。

六条に続く、七条八条は、それぞれ「不易法」、「知行年紀法」と呼ばれる条項である。

七条第一項では、頼朝から政子の時代に将軍から与えられた所領に関しては、たとえその所領に由緒ある者が本主であると主張し、当知行者に返還を求めて提訴してきたとしても、それを棄却することが宣言されている。ただし、その当知行者が罪を得て、闕所地となった場合は、本主が正当な手続きを経て出訴することは妨げない。そして第二項では、敗訴した者が濫訴を行なった場合には、その際に提出してきた証拠文書を無効とする手続きを取ることが明示されている（「須以不実之子細被書載所帯証文」）。七条の第一項と第二項との関係であるが、所務に関する「代々の御成敗」を尊重するという点で関連すると言えるが、やはり何らかの事情で、強引に一つの条文にまとめられたという印象を受ける。

八条は、幕府の下文を掠め給わった輩が、当知行者に所領の返還を求める行為が想定されている為に、その趣旨がわかりづらいのであるが、本条の綱要は「雖帯御下文不令知行。経年序所領事」という事書に記されていると思われる。八条の趣旨は次の如きものであろう。即ち、現在知行はしていないが、確かな由緒があり下文によってもその権利が認められている甲と、その権利を認めるものは何もないが、現在に至るまで二十年以上継続して知行している乙とが争った場合には、乙の権利が優先される、というものであろう。(21)

当知行者の権益を擁護することを目的とする点で七条（第一項）と八条とは、共通の性格をもつのである。(22)七条（第一項）は、将軍から拝領したという事実をもとに、また八条は、二十年以上占有を続けているという既成事実をもとに、当知行者の権利を認めているのである。

D　第九条～第十五条

九条から十五条は、刑事法に関する規定と考えてよい。

九条は「謀叛」罪の、(23)十条は「殺害・刃傷」罪の、十二条は「悪口」罪の、十三条は「殴人」罪の、十五条は「謀書」罪の、それぞれ法定刑を定めたものである（ただし謀叛罪は「時議」によるとされているが）。

そして十一条、十四条は佐藤氏の指摘せる如く、前条数箇条の付属規定となっている。

十一条は、九・十条の付属規定、即ち、謀叛・殺害罪等の縁坐規定である。(24)ただし、十条も、殺害・刃傷罪に関する父子縁坐規定があり（「父子咎相互被懸否事」という事書附文に対応する）、何らかの理由で一箇条に集約された印象を受ける。(25)また十四条は、九条から十三条までのすべてに懸かる付属規定と考えられる。この十四条は、重科を犯した代官の罪が主人にまで及ぶか否かを規定した条項である。第一項では、主人である御家人が代官の罪を隠蔽した場合にのみ主人も罰せられる（所領没収）という一般原則がまず示され、第二項では、代官が本所の年貢を抑留した場合、或いは、所務の先例（＝率法）に違背した場合には、隠蔽の有無にかかわらず主人も連坐することが規定されている。

刑事法に関する九～十四条の排列順序は、「最も重い犯罪から次第に軽い方へという一定の順序が与えられ」ていると考えてよいであろう。(26)しかし、これが原則であるとすれば、「悪口」罪を規定せる十二条が、「殴人」罪を規定せる十三条の前に排されている事実をどのように理解すればよいのであろうか。錯簡により十二条と十三条の順序が入れ替わってしまったと理解するのが穏当かもしれないが、立法者が「悪口」罪を通常の「殴人」罪より重きものと考えて意図的にこの様な排列にしたとも考えられよう。『吾妻鏡』等を見ても、「悪口」を吐いたが為に刃傷沙汰に発展するケースが非常に多く、当時の社会問題となっていたことが窺える（十二条本文にも「闘殺之基起自悪口」とある）(27)。名誉を第一とする御家人に対し「悪口」を浴びせるということは、私闘を挑むことに他ならなかった。たとえ闘乱に及ばなくとも遺恨を残すことは確実であり、これを見逃せば御家人社会の秩序を乱すことにもなりかねない。十二条「悪口咎事」が十三条「殴人咎事」の前に排列されたのは、その様な理由によるのであろう。

また「謀書罪」を規定した十五条が、一連の刑事法関係の条項の最後に排されたのは、「謀書」が特殊な犯罪であったからであろう。九～十四条の犯罪は、その発生がわかりやすく、検断権を行使する者が取り締まるものであるのに対し、「謀書罪」は、裁判権者が証拠文書の鑑定を行なうことにより初めて明らかとなる犯罪である。文書（特に幕府が発給した文書）に対する社会的信用を失墜させる様な詐欺行為を禁めることが十五条の目的であった(28)。

九～十五条の刑事法関係の条項で看過しえないことは、犯人の社会的身分によって量刑が異なっている点である。十三条は「侍」と「郎従以下」とを分けているし、十五条も「侍」と「凡下」とで区別している。ここでは『式目』が、御家人のみならず、郎従（家来）、凡下（一般人）をもその適用対象としていることを確認しておきたい。

E　第十六条～第二十七条

三浦氏が、十六・十七条を「承久の乱戦役に関する」規定と、十八～二十七条を「御家人所領の譲与に関する規定」と理解されたのに対し(29)、佐藤氏は十六・十七条を刑事法関連の条項と、十八～二十七条を家族法関係の条項であると評価された[30]。

三浦氏の分類は納得のゆくものであるが、佐藤説の如く、十六・十七条を十五条までと同様に、刑事法に関する条文と考えることには問題がある。佐藤氏はこの二箇条を、前条数箇条の付属規定であるとされているが（具体的にどの条文に懸かるかは明らかにされていない。もしかすると刑事法関係条項全体に懸かる付属規定と考えられたのかもしれない）、この二箇条は、承久の乱後の戦後処分（＝所領政策）の原則を示したものであって、京方与同の罪を改めて明示しようというものではない。

十六条は、第一項では京方武士との誤認により所領を没収された者へ当該所領を返付することが（それと同時に没収地の恩給を受けた御家人に対しても相当の替地が与えられた）、第二項では今後京方であったことが露見した場合でも、「寛宥」の処分として所領の五分の一の没収にとどめる事を定めている（ただし御家人でない「下司・庄官」は不問とする）。また第三項では承久の乱直後の戦後処分で所領を没収された者が、「本領主」であると称して所領の返還を求める行為を禁じている。

続く十七条は、承久の乱の際に、父子が別行動をとった場合の処分規定である。これは承久の乱の戦後処分の中でも問題となった縁坐の対象を明らかにした条項である。十六・十七条の性格を端的に述べれば、承久の乱後の処分規定に過ぎないのであるが、この事案は単なる戦後処理の問題ではなかったのである。三千余箇所と言われる没官領の処分を如何にするかということが当時の最も大きな社会問題であったことを我々は忘れてはならない[31]。幕府の戦後処理が在地社会に波紋を投ずることとなったことは、十六条の内容からも看取できよう。承久の乱後の御家人達の所領相論の大半は、京方与同の罪で没収された所領の帰属をめぐるものであった[32]。羽下徳彦氏が「式目は、幕府の基本法典とはいい条、立法に際して直接念頭におかれたのは、承久の乱に勝利を収めた幕府の存在自体からくる混乱の矯正であった」と指摘された点は肝要である。[33] 十六・十七条は、七・八条と同じく、当知行者の権益を重視するという基本方針のもと、[34] 在地の治安維持の為に承久の乱の戦後処分を穏便なものとすることを宣言したのであった。したがって該二箇条を十五条までの刑事法関係の条項とひとまとめにすることはできない。よって十六・十七条の性格は、十八条以下の内容と比較検討して考える必要がある。

十六条～二十七条をその内容により細かく分類すると次の様になる。

イ　十六・十七条　承久の乱の戦後処分の原則
ロ　十八～二十一条　悔還に関する規定
ハ　二十二～二十四条　相続に関する規定
ニ　二十五～二十七条　その他の規定

右の如く、イ～ニという内容区分を行なったが、いずれもが「所務[35]」についての規範であるという点において、イ～ニは一つのグループを形成している。

イに関しては既に論じたので、ここではロ、ハ、ニについて説明を加えたい。

十八～二十一条の「悔還に関する規定」は、以下の様な内容となっている。

十八条では、女子に譲与した所領も男子に譲与した場合と同様、悔還の対象となり得ることがまず規定されている。

そして十九条では、郎従に譲与した所領であっても、譲与した本主ならびに本主の子孫に敵対したならば悔還すべしとする。二十条は、相続人である子が、被相続人である父母に先立ちて死去した場合には、その子の相続財産を父母が悔還しうることを規定している。そして二十一条では、咎ありて離別された妻妾が前夫の所領を知行している場合は、当該所領が悔還の対象となること等が示されている（ただし、咎なく離別された場合は、悔還されない）。

また二十二〜二十四条の「相続に関する規定」は以下の様な内容となっている。

二十二条は、もし嫡子に「無足」の兄（父母の遺産を相続できなかった兄）がいる場合、嫡子は、自らの相続分の五分の一を割き、その兄に分け与えよというもので（ただしその兄が幕府に奉公していることと、親に義絶されていないということが必要条件となる）、続く二十三条では、女人の養子も相続人となりうることが、二十四条では、後家が改嫁したときには亡夫遺領の相続権を失うことがそれぞれ規定されている。

二十五条から二十七条までは、前記以外の内容で、所務相論の際に争点となることが多い問題を整理したものと思われる。二十五条は、所領に応じた公事（雑税）を負担しない者は、たとえ貴族を婿とする女子であっても、あるいは将軍の御所に仕える女官であっても所領の知行を認めないという条項であり（女官が直接の対象となっていることに注意されたい）[36]、二十六条では、二十条を前提に、譲状が複数作成された場合は、一番最後に作成された譲状のみが効力を持つという「後状有効説」の立場が確認されている。また二十七条は、未処分のまま被相続人が死亡した場合は、幕府への忠節の度合やその器量を斟酌して相続人とその相続分を決定せよ、というものであった。

以上、十八〜二十七条（ロ〜ニ）の内容を検討したが、これらは、所領所職の譲渡や相続に関する規範、あるいは所領所職に付随する公事についての規範であった。ただしここで注意せねばならないことは、それぞれの規範が網羅的に列挙されているわけではないということである。たとえばロの「悔還に関する規定」を見ても、男子に対する悔還規定はなく、①女子（十八条）、②郎従（十九条）、③逝去せる相続人（二十条）、④咎ありて離別された妻妾（二十一条）、に対する悔還規定のみが存するのである[37]。ハの「相続に関する規定」においてもやはり相続法の原則が示されているわけではなく、①「無足」の兄（二十二条）、②女人養子（二十三条）、③改嫁せる後家（二十四条）の相続権の有無だけが明らかにされている。また二十五条は、公事の滞納を禁しめる条項であるが、その直接の対象は、貴族を婿とする女子と鎌倉将軍の御所に仕える女官といった特別な存在であった。

如上の考察から、十八〜二十七条が「所務」の基本法であったわけではないということが明らかとなったと思われる。それでは、立法者は、どの様な基準で、十六〜二十七条の条項を選択したのであろうか。結論から先に述べると、「所務」をめぐる裁判の際に、争点となることが多かった事案についての法規範を整理し、排列したのが十六〜二十七条であったと考えられる。その規範群の冒頭に承久の乱の戦後処分についての原則が示されたのは当然と言えよう。

有夫の女子や非血縁の従者に譲渡したものを悔還しうるかといった問題(38)や、離別された妻妾や他家へ改嫁せる後家にも前夫の所領の相続権があるのかといった問題は(39)、立法の過程でも、或いは裁判の過程でも、度々議論の対象となっていたのである。この様な事案を整理し、立法者の統一見解を裁判規範という形で明らかにしたのが、十六〜二十七条であったのではないだろうか。

F　第二十八条〜第三十一条

二十八条から三十一条は、「所務」沙汰に関する訴訟法の条項ということができる(40)。

二十八条は、「虚言ヲ構へ、讒訴ヲ致ス」、まさに誣告の罪を規定したものである(41)。二十八条では、人を罪に陥れ、それにより所領を自分のものにしようとする誣告と、他人の任官昇進を妨げようとする誣告（その大半は自分の任官昇進の為であろう）とが例として挙げられているが、所領没収を法定刑とする前者に重きが置かれていることは間違いない。

二十九条では、二重の提訴が禁じられ、三十条では、訴訟当事者が判決を有利に導く為に権門勢家から得た書状を法廷に提出することが禁じられている。

そして三十一条では、道理なく敗訴した者が、「偏頗」（えこひいき、不公平）ありとして、担当奉行人を誣告した場合の法定刑が明らかにされている。

二十八条～三十一条は、訴訟手続上の違法行為を明示したものと言えよう。これらはいずれも幕府の審判作用を害する行為として禁じられたのである。

G　第三十二条～第三十四条

佐藤氏は、「今日伝わる『式目』には錯簡があって、現在の形での32 33 34の三ヵ条は本来11条と12条の間にあったと考えられる」と指摘された。(42) 佐藤氏はもともとD群（九条～十五条）の一部であった三箇条（現在の三十二条～三十四条）が、錯簡によって現在の位置に混入したと理解されたのである。この錯簡説の当否を論ずる為には、この三箇条の条文内容をまず明らかにする必要がある。

三十二条は、地頭もしくは地頭代が領内に「悪党」（殺害・強盗等の狼藉行為を繰り返す者達）を隠し置いたときの罰則規定である。泰時は、強窃盗、博奕、刃傷、殺害を生業とする「悪党」の取締りには厳格で、暦仁元（一二三八）年には、寺社領・権門勢家領であろうとも、遠慮なく入部しこれを捕縛するように命じている。(43) 立法者は、「悪党」を取り締まる為には、これと結託する地頭代等も厳罰に処さねばならないと考えており（地頭代自身が悪党である場合も多かった様である）、地頭代が「悪党」を隠し置いた場合には、地頭代を「悪党」と同罪に処することが宣言されている（地頭代が「悪党」の身柄の引き渡しを拒んだ場合は、幕府は守護に「悪党」の追捕を命じ、地頭に地頭代の解任を命ずるとしている）。

ただし、三十二条は、「悪党」を領内に蔵匿する者の処分規定であり、「悪党」そのものの処分を規定せる条項ではない。「悪党」とは、具体的には十一条に見える「謀叛・殺害并山賊・海賊・夜討・強盗等重科」の者で、これらの罪を直接論ずる条項は、Ｄ群の九・十条であった。つまり三十二条は、十一条と同じく、九・十条の付属規定という性格を有するのである。よって三十二条を十一条の直後に位置づけた佐藤氏の見解は、その内容からも首肯しうるのである。(44)

つづく三十三・三十四条の内容は如何なるものであろうか。三十三条では強窃盗の罪と放火の罪が、三十四条では姦通罪と辻取の罪（路上での強姦、犯人の身分〔「御家人」「郎従以下」「法師」〕により量刑が異なる）が、それぞれ規定されている。三十三・三十四条も、やはり刑事法に関する規定であり、Ｄ群の条項と性格を同じくする。

三十二〜三十四条が原『式目』においてもまとまった三箇条であったとすれば、原『式目』における刑事法関係の条文排列は次の様に復元できよう（佐藤氏の復元案に準拠したものである）。

九条　　謀叛人
十条　　殺害・刃傷
十一条　九・十条の付属規定　其の一（縁坐）
三十二条　九・十条の付属規定　其の二（犯人蔵匿罪）
三十三条　強盗・窃盗・放火
三十四条　姦通・辻取
十二条　悪口
十三条　殴人
十四条　九〜十三条の付属規定（連坐）
十五条　謀書

右の復元案では、悪口罪（十二条）、殴人罪（十三条）の条項の前に、姦通罪の条項（三十四条）が排されているが、罪の軽重から言えば、姦通罪の条項は、殴人罪の条項の後に排されるべきではないだろうか。その点に問題を残すが、その他の排列は重罪から軽罪へと順序づけられている様に思われる。取り敢えず、右の条文排列を現時点での復元案としておきたい。

H　三十五・三十六条

三十五条は、幕府裁判所の召喚に応じない論人を処罰する規定である。論人が召文（召喚状）による召喚命令を三度にわたり無視した場合は、訴人の主張に基づき、論人欠席のまま裁判を行なうことがまず規定されている。そしてもし裁判の結果、訴人に理があらば、訴人勝訴の判決を直ちに下すべしとする。もし訴人に理なく、論人に理があることが判明したとしても、幕府は召文違背の科で論所を論人から没収し、第三者へ与えるというのである。三十五条の事書の「雖給度々召文不参上科」とは、右の制裁処分を指している。幕府の審判作用を妨げる者に対しては厳しい態度で臨むことがここでも宣言されている。(45)

三十六条は、所領の境界につきて濫訴を行なった者に対する罰則規定である。幕府裁判所は、濫訴者が不当に領有を主張せる面積を算出し、これを濫訴者の知行分から割き取り、他方当事者に与えるという。三十六条本文に「雖不預裁許無指損之故。猛悪之輩企謀訴。成敗之処非無其煩」とある如く、所領の境界を確定する訴訟は、たとえ敗訴しても、損害を蒙ることが無かったので、濫訴する者が後を絶たなかったのである。かくの如き濫訴をやめさせる為に考えられたのが、右の制裁処置であった。(46)

以上の様に、三十五・三十六条は、ともに幕府の審判作用を害する犯罪の規定であり、F群（二十八条～三十一条）の条項とその性格を同じくする。

三十二〜三十四条が錯簡であるとすれば、三十五・三十六条は、二十八条〜三十一条と共にF群を構成することとなり、すっきりとした条文構成となることは間違いない。

I　第三十七条〜第四十条

三十七条から四十条は、いずれも禁制である。

三十七条は、御家人が、傍輩（同僚）たる御家人の上司（一般的には預所職）に補任されることを望んで荘園領主に働きかけることを禁じたものであるし、三十八条は、惣地頭（御家人）が、独立性を認められている名主（小地頭とも言われる御家人を指す）に対して、自らの進止下にあると称し、濫妨することを禁じたものである（但し、名主が先例を顧みず、地頭に違背した場合は名主職を改易するという）[47]。

三十九条は、御家人が朝廷の官職位階を何とか得んとして、幕府に「挙状」（推挙状）を申請することを禁じている。朝廷が「成功」[48]の希望者を募った際に、それに応じることで任官・叙爵を求める御家人達をリストアップし、これを朝廷に注申することは「公平」な措置であるが、「成功」も行なわずに、官位を求め、鎌倉殿や幕府要職者に阿って「挙状」の発給を求めることは「公平」ではないので、貴賤を論ぜず、一切禁じるというものである。つまり幕府として、「成功」以外に官位昇進の推挙状を朝廷に発することはないという原則を示したものといえる。だが後段では、別ルートの任官方法として、受領、検非違使への任官については、特例として「挙状」を用いず、「理運」によってこれを認めるという[49]。

つづく四十条は、三十九条に関連させ、幕府の行政支配下にある鎌倉の僧徒に対しても、僧位・僧官の昇進をむやみに望むことを禁じている。たとえ将軍の帰依する僧であっても、幕府の許可なく、僧位・僧官を進めてはならないと規定されている。

さて、三十九条と四十条との関連は右の通りであるが、三十七条から四十条までの関係は如何であろうか。御家人が傍輩の上司にあたる荘官に任命されるということは、その傍輩に対し指揮命令権を持つこととなり[50]、傍輩であるはずの両者の関係に歪みが生ずることとなろう。また広域の地頭である「惣地頭」に任命された御家人が、その中の小域の地頭御家人に対し従属することを強いれば、両者の関係は傍輩同士という関係ではなくなる。御家人や僧侶達が頻りに位階等を求めたのは、社会的地位を得ることによって、傍輩より少しでも優位な立場に立とうとした為であり、その様な争いを止めさせることが三十九条・四十条の眼目であった。

右の解釈が首肯されるならば、幕府の身分秩序を乱す様な行為を禁ずる、という点で三十七条〜四十条は相通ずる性格を有しているといえよう。

J　第四十一〜第四十三条

四十一条から四十三条の三箇条は、今日の法概念を以てすれば、物権法に関する規定であると三浦氏が評価されたものである。そこでそれぞれの内容を検討してみよう。

四十一条は、当時、財産の一部と見なされていた「奴婢」「雑人」に対する所有権についての条項である[51]。第一項では、十年という奴婢の取得時効が、第二項では、異なる家に帰属する奴・婢間に生まれた子の所有権をめぐる原則――男は父方の主人の、女は母方の主人の所有権が認められる――が明らかにされている。第一項、第二項共に、頼朝期の先例が法的根拠となっている。

四十二条は、まさに事書の如く「百姓逃散時。称逃毀令損亡事」を禁じた条項である。「逃散」した際などに（領主に対する抗議行動として百姓等が領内から退去した際などに）、地頭等が逃亡跡としてその妻子・資財等を没収する行為を固く禁じたものである[52]。この立法は四十二条本文にも記されている如く、「於去留者宜任民意」という基本原則に基づくも

のであった。ただし退去した百姓に年貢所当の未納分があれば、これを弁済させせなければならないとも規定している。(53)

四十三条は、これも事書の如く「称当知行掠給他人所領。貪取所出物事」を禁じたものである。第一項は、当知行と偽って他人の所領を押領し、年貢等の「所出物」を掠奪した場合の罰則規定である。その内容は、押領物を返還させた上、その掠奪者の本領をも没収するという厳しいものであった（所領無き場合は遠流が科される）。それに続く第二項は、「私曲」（邪な行為）の原因になるとして、幕府に当知行安堵の申請をむやみに行なってはならないとしたものである。笠松宏至氏が指摘される通り、承久の乱の戦後処理や執権の代替り（義時から泰時へ、泰時の就任は元仁元年）などが要因となって、当知行安堵の申請者が急増したことが立法の背景にあると思われる。(54) ここで問題となるのは、第一項と第二項との関係である。第一項は、当知行者でない者が、当知行と偽って押領を行なうことを禁ずるもので、第二項は、当知行者が安堵の申請を行なうことに制限を加えたものである。よって両者は、直接には何の関係もないこととなる。しかし、四十三条の事書の「掠め給はり」という文言から、立法者が第二項に見る「私曲」を次の様に理解していたと考え得るのである。即ち、当知行者と偽る者が、幕府へ安堵を申請して下文を騙し取り、それをかざして、「所出物」を貪り取っていると。したがって下文を悪用しての押領行為を少しでも食い止める為に、第二項の如き予防策が勘案されたといえよう。よって第二項は、第一項の付属規定と考えられる。

以上、四十一条から四十三条までの内容を検討してきたが、四十一条は奴婢の帰属をめぐる相論を、四十二条は百姓の領内退去後の財産処分をめぐる相論を、四十三条は所領とその果実をめぐる相論をそれぞれ想定したものと思われる。奴婢も財物と見なせば、四十一条から四十三条はいずれも財物に関する裁判規範であったといえよう。

K　第四十四条～第五十一条

四十四条から五十一条までは、様々な内容の条項となっている。

四十四条は、裁判で「傍輩」（同僚）の罪状が確定していないのにもかかわらず、その罪科を理由に傍輩の所領を賜りたいと幕府へ申請することを禁じたものである。本文に「就彼申状有其沙汰者。虎口之讒言蜂起不可絶歟」とある如く、この立法は、所領を得んとする者が行なう讒言をやめさせることが、その目的であった。

四十五条は、十分な審理を行なわず、犯罪の嫌疑のみで判決を下し、所領所職の没収等を行なってはならないと規定したものである。四十五条は、裁判権者に対する規範であった。

四十六条は、知行人が交替した時には、「新司」（新しい知行人）がその年の年貢を沙汰すべきであるが、「私物雑具幷所従馬牛等」は「前司」（前の知行人）が管理せよという条項である。本条は、知行人の円滑なる交替を図ったものと言えるであろう。

四十七条は、第一項で、現在知行していない所領の証文を以て（過去に何らかの由緒を有していたものと思われる）、他人に寄附したならば、追放刑に処することをまず規定し、第二項で、自らが所有する名主職を本所の許可なく権門に寄進する行為を禁じている。その場合には名主職を没収し地頭に与えるとしている。四十七条は、寄進に関する禁制ということができよう。

四十八条は、「恩領」（勲功等により、幕府から特別に給与された所領）の売買を禁ずるものである。本条の対象が幕府から所領（恩領）を給与されている御家人であることは間違いない。

四十九条は、訴訟当事者が提出する証文の審査により理非が明らかとなった場合は、両当事者を法廷で対決させずに判決を下せ、というものである。迅速な裁判を行なう為に、審理手続きの合理化が図られたのである。本条も四十五条と同様に、裁判権者を対象としていることは明白であろう。

五十条は、喧嘩狼藉の現場に居合わせた者が、どちらかに荷担したならば、罪科に処することを明らかにした条項である。

五十一条は、訴人が「問状」（論人に対する陳状の提出命令）を以て、狼藉を行なうことを禁じたものである。後半の文章で、もし訴状の内容に僻事があれば、その訴人に今後一切「問状」を与えないと規定されているのも、「問状」を悪用する者がいかに多かったかを物語っている。当時の「問状」は直接論人に下されたのではなく、訴人に下されたので（訴人が論人の所に持参する）、これを悪用する訴人がいたのである（「問状」をかざして、それを自らの権利を幕府が認めた文書であると偽り、狼藉を働いたのであろう）[55]。

以上、四十四条から五十一条までの内容を検討してきたが、グループとしては、その内容にまとまりがなく、これまでのA～Jの分類に属さないものが末尾にまとめられたという感がある。

このK群には、御家人を対象とした条項ばかりではなく、幕府の裁判権者を直接の対象とした条項も含まれており、それがK群の特徴といえるかもしれない。

四十五条や四十九条は、あきらかに裁判権者を直接の対象とするものであったし、五十条も裁判権者の判断基準を示したものであった。また訴状に僻事を記した訴人には問状を与えないという五十一条の規定なども、訴人を戒めるというよりはむしろ裁判権者に対する規範という性格が強い様に思われる。

三　条文構成をめぐって

a　河内説の当否

前節において各条文の趣旨を明らかにしたので、本節では、それをもとに原『式目』の条文構成を考えてゆきたい。

原『式目』の条文構成を考える為には、現在の『式目』の形が、貞永元（一二三二）年の編纂当初の姿そのままであるのか否かをまず明らかにせねばならない。佐藤氏が増補編纂説を提唱されたのに対して、河内氏は、制定当初の姿を今に伝えていると反論されたのである。

河内氏は、現在の『式目』の条文構成が、今のままで律・令法典のそれに準拠したものとなっていることを論拠に、増補編纂説を否定されたのである。

しかし、河内氏も、五十一箇条すべてが、律令法典にならって排列されていると主張されたわけではない。律・令の編目順に排列されているのは三十六条までの前半部のみであり、三十七条以下の後半部は、前半部の関連条項がまとめられているという。そこで河内説の当否を検討する為に、『式目』の前半部が、今の形のままで、律令法典の編目の排列に準拠しているのかどうかを最初に考えてゆきたい。

氏によると、十七条までは、律法典の編目順に排列されており、十八条以下は（三十六条まで）、令法典の篇目順に排列されているという。そこで河内氏の想定された両者の対応関係を次に示そう。

律・令の篇目	『御成敗式目』
職制律	三～五条
賊盗律	九～十一条
闘訟律	十二～十四条
詐偽律	十五条
雑律	三十四条
捕亡律	十六・十七条

戸令　十八～二十七条
公式令　二十八～三十一条
捕亡令　三十二条
獄令　三十三条
雑令　三十五・三十六条

守護・地頭を幕府の地方官と考えれば、三～五条を職制律に対応させることも可能であろう。また謀叛、殺害、闘乱等の罪を規定せる九～十四条を賊盗律と闘訟律とに比定し、謀書の規定である十五条を公私文書の偽造ということで詐偽律（13詐為官私文書条ヵ）に比定させることも問題はないであろう。財産の相続・処分に関する規定として十八条～二十七条を戸令に対応させ、姦通罪と辻取の罪を規定せる三十四条を雑律の姦罪に対応させることも妥当である。

ただし、両者の関係が明白なのは、右の事例のみであり、両者の対応関係には多くの点で問題を残すと言わざるを得ない。

たとえば、十六・十七条を「承久京方人の追捕と処罰に関する条項」であるとし、これを「捕亡律の罪人逃亡の追捕・処罰に関係する条文に対比しうる」と理解することには疑問がある。[56] なぜなら、十六・十七条は、如上の如く、逃亡せる罪人の追捕・処罰規定ではなく、承久の乱後の所領政策の原則を明示したものであったからである。

また二十八～三十一条の四箇条を以て「訴訟に関することであり、公式令（訴訟条）に対応させることができる」と氏は評価されておられるが、[57] これらの条文を敢えて律・令の条文に比定するならば、二十八条・三十一条は誣告の罪を規定した闘訟律41誣告人条に、二十九条は、序次を踏まえずに提訴した者を罰する闘訟律58越訴条に、それぞれ比定するべきではないだろうか。

河内氏が、三十二条を捕亡令に対応させていることにも疑問がある。悪党等の引渡し方法にも言及している本条第二項の内容から、本条を捕亡令に比定したのではないかと推測するが、本条の趣旨は、第一項に記されている如く、領内に「盗賊悪党」を隠し置く者を厳罰に処すことであった（第二項は、第一項の付属規定としての役割を担った）。もし三十二条を敢えて律・令の条文に比定するとすれば、「情ヲ知ッテ罪人ヲ蔵匿スル」罪を規定せる捕亡律18知情蔵匿罪人条あたりが適当なのではないだろうか。

続く三十三条を獄令に比定した点もよく理解できない。三十三条は強窃盗と放火の罪の規定なのであるから、前者は賊盗律に、後者は雑律44故焼官府廨舎条に比定されてしかるべきである。

氏が、三十四条を雑律の姦罪に比定させたことは異論のない所である。しかし、もしそうであるとすれば、三十三条の第二項（放火罪の規定）と併せて、雑律に比定しうる条項が後半部に続いて排されていることとなろう。

最後の三十五・三十六条を雑令17訴訟条に対応させたことにも問題がある。雑令17訴訟条は、訴訟の提訴期間（十月一日から三月三十日まで）を定めた条文である。それに対して三十五条は、裁判所の召喚に応じなかった論人を処罰する規定である。よってこれを律・令の条文に比定するとすれば、雑令17訴訟条ではなく、訴訟当事者が裁判所の召喚に応じない場合の規定である公式令64訴訟追摂条こそがそれに相応しいと思われる。(58) ただし律・令には、召喚に応じない訴訟当事者を罰する規定はなく、公式令64条の義解に「両限不参対者。即須検発判決」とある如く、欠席裁判を行なうことになっている。三十六条をなぜ雑令17訴訟条に比定することができるのか、その理由はまったく不明である。(59)

以上、河内氏が律・令の篇目と対応関係にあると指摘された部分のみを取り上げ、その問題点をいくつか指摘してきたが、問題点は他にもある。たとえば、巻頭の一・二条と裁判上の原則を示した六～八条の存在が無視されている。また『式目』の一箇条もしくは二箇条をもって、数十箇条の条文からなる律・令の各篇の篇目に対応させる手法についても、恣意的であるとの批判を免れ得ないであろう。『式目』の条文排列が、律令法典に倣って排列されているといいながらも、律法典で対応関係にあるのは、全十二篇中の、職制、賊盗、闘訟、詐偽、雑、捕亡の六篇に過ぎないし（しかも雑律、捕亡律は、後半部の条文に対応している）、令法典に関していえば、全三十篇中わずかに戸と公式の二篇に過ぎないのである。

したがって、律・令法典との関係から『式目』の構造を説明することにはかなりの無理があると言わざるを得ない。河内氏は、現在の排列のままで律令法典の篇目に対応しているという理由から、G群（三十二条から三十四条）が錯簡であることを否定された。しかし、この律令法典準拠説が成り立たないのであれば、G群錯簡説を否定する理由もない様に思われる。G群の条項は、その内容からも、また前後の条文構成から考えても、本来D群と一体であったと考える方がより自然である。もともとD群の一部であったG群が錯簡により、現在の位置に移動したと理解する方がやはりよいのではないだろうか。

それでは次に、三十七条以下の後半部について考えてみよう。

河内氏は、三十七条以下の後半部には、前半部の関連条項がまとめられていると理解された。そこで氏が想定された対応関係を次に示そう。

前半部	後半部
三～五条	三十七～四十・四十二条
八条	四十一・四十三条

九〜十七条　四十四〜四十六条
十八〜二十七条　四十七・四十八条
二十八〜三十一条　四十九条
三十二〜三十四条　五十条
三十五・三十六条　五十一条

しかし、上述せる様に、少なくとも四十三条までは、内容的にまとまりがあるのであり、これを右の様に、分解して構造を論ずることには抵抗を覚える（しかも順番さえ入れ替わっている）。三十七条から四十条までは、身分秩序を維持する為の規範が（I群）、四十一条から四十三条までは財物に関する規範が（J群）まとめて排列されているのである。

また、D群（九〜十五条）とE群の一部である十六・十七条とを一つのグループにしてしまい、そのグループの施行細則をまとめたものが四十四〜四十六条であると説明されても、その見解には従いかねる。

河内氏は、律・令の篇目に準拠する条文を集めた前半部（一条〜三十六条）とそれに付随する条文を集めた後半部（三十七条〜五十一条）という構成を以て『式目』が編纂されたと主張されたのであるが、律令法典の条文構成を研究し、その体系性を式目にも取り入れようとした『式目』編纂者が、果たしてかくの如き二部構成の条文排列を考えるであろうか。

しかも河内氏の指摘せる前半部と後半部の対応関係を見ても、数箇条まとめての対応関係にあるというのはごく一部で、前半部の数箇条に対して、一箇条しか対応していないものも多いのである。氏は、すべての付属規定が後半部にまとめられていると指摘されるが、付属規定というのであれば、前半部の十一条、十四条、三十一条（錯簡部分）

こそ付属規定と呼ぶに相応しい条文である。これらの条文は、それぞれが前条もしくは前条数箇条の付属規定となっているからである。

従って、前半部に基本条文をまとめ、後半部にその付属条文をまとめるという基本原則自体も厳格なものではなかったということになろう。法典の体系性ということにまで注意を払った編纂者が、どうしてかくの如き杜撰な条文編成を行なったのであろうか。以上が河内氏の二部構成説に従い得ない所以である。

b　佐藤説の当否

現在の『式目』に錯簡が認められるとするならば、佐藤氏が指摘された通り、『式目』の原形は、現在のそれとは相当異なっていたということになる。そこで佐藤氏の増補編纂説がクローズアップされてくるわけである。佐藤説の当否を検討する為には、氏の増補編纂説が如何なる所論であるのかをまず確認しておく必要がある。佐藤氏が増補編纂説を主張された論拠を次に示しておこう。

イ　現在の『式目』を見ると、三十五条までは内容的にまとまりがあり、排列にも規則性が認められるのに対し、三十六条以下には、それが認められない。

ロ　三十六条以下の条項には、貞永元年以降に立法された追加法と同文のもの、或いは同趣旨のものが多数認められる。

ハ　事書の下に「付……事」という形式の付注があって、本来二箇条であったものを一箇条にまとめた形跡をのこす箇条があり、また事書と本文とを対照検討すると、やはり本来は別々の箇条であったものを一つに合わせたと認められるものがいくつかある。

佐藤氏は、右のイ～ハから、「追加法（現在の式目の三十六条以下）を式目に編入する際に、もとの式目五十一ヶ条を三十五ヶ条に統合整理して、その後に十六ヶ条を付け加えたのであろう」という結論を導き出された(60)。そこでこの結論の前提となるイ～ハについて考えてみたい。

まずイについてであるが、氏は三十六条以下については、三十五条までの様な条文排列上のまとまりが認められないと指摘されている。しかし如上の様に、四十三条までは内容的なまとまりを確認できるのである。三十六条は、内容的に見て、直前の三十五条と共に、二十八条～三十一条と同一のグループに属するものと評価できるし（三十二条～三十四条は錯簡）、三十七条から四十条までの各条項、或いは四十一条から四十三条までの各条項は、それぞれが内容的に関連するものである。したがって「三十五条までは、条文排列上のまとまりが認められるのに、三十六条以下にはそれが認められない」という氏の指摘をそのまま受け入れるわけにはいかないのである。

次にロについてはどうであろうか。

佐藤氏が、貞永元（一二三二）年以降に立法された追加法と同文もしくは同趣旨とされたのは以下の条文である。

①三十七条、②三十八条、③三十九条、④四十条、⑤四十一条、⑥四十九条、⑦五十一条

佐藤氏は、次の史料から、①～⑤が延応元（一二三九）年四月に立法された追加法106～109条、111条（左の(1)(2)(3)(4)(6)）と同内容であると指摘された。

『吾妻鏡』延応元（一二三九）年四月十四日条

十四日癸丑。為信濃民部大夫入道（二階堂行盛）、大和前司（伊東祐時）、山代前司（本間元忠）、甲斐前司（大江泰秀）、太田民部大夫（太田康連）、内記太郎等奉行、被下条々

制符

(1) 一、関東御家人申京都、望補傍官所領上司事

(2)一、惣地頭押妨所領内名主職事

(3)一、官爵所望輩申請関東御一行事

(4)一、鎌倉中僧徒恣諍官位事

以上可停止者。

(5)一、可令搦禁勾引人幷売買人倫輩事

守嘉禄元年十月廿九日　宣旨、可有其沙汰者。

(6)一、奴婢雑人事。付所生男女事

寛喜三年餓死之比。為飢人於出来之輩者、養育之功労、可為主人計之由、被定置畢。就其時減直之法、可被紀返之旨、沙汰出来之条、甚無其謂。但両方令和与、以当時直法、至紀返者、非沙汰之限者。

右の(1)(2)(3)(4)(6)五箇条の事書と①②③④⑤の式目五箇条の事書が完全に一致することから、①〜⑤の五箇条は貞永元年に編纂された原『式目』には存在しなかったと佐藤氏は主張されたのである。しかし、右の史料から①〜⑤の五箇条が、延応元年（一二三九）四月に初めて立法されたものであると即断することはできない。(61) なぜなら①〜④の四箇条については、『式目』の条項として既に施行されていたものが、延応元（一二三九）年四月に再施行されたと考える余地があるからである。

佐藤氏は、もし再施行であるならば、「あちらこちらの五箇条ではなくて、三十七—四十一条という連続した五ヶ条を採取したのかという点に疑問が残る」と言われるが、(62) 三十七条〜四十条の四箇条は、身分秩序を維持する為の規範群＝Ｉ群として一つのグループを形成しているのであり、このＩ群の条項が一括して（(1)〜(4)として）再施行されたとしてもさしたる問題はない様に思われる。

再施行説を唱える河内氏は、「この四ヶ条がこのとき初めて立法されたのであれば、本文を欠くというのは不自然ではなかろうか」と佐藤説を批判しておられる。(63)確かにこの記事では事書だけが列挙され、「以上可停止者」と締め括られているのである。しかもこの四箇条は、河内氏が指摘される通り、事書だけでその趣旨を十分に諒解しうるものではない。「これらの条文が、式目の規定として既に周知のものであるからこそ事書のみを記すだけで十分なのであろう」という河内氏の主張には説得力がある。(64)

それでは、本文を掲げる(6)と⑤四十一条の関係についてはどのように解すべきであろうか。

佐藤氏は、(6)の事書と本文とは本来別個のものであり、「延応元年四月十七日発布の法令の文章が（本文の部分に）混入したもの」と理解すべきであるとされた。(65)即ち、延応元（一二三九）年四月十四日には、三日後に発布される追加法とはまったく異なる内容の、⑤と同内容の法令が発布されたと考えられたわけである。(6)の本文が、延応元（一二三九）年四月十七日付の追加法112条とほぼ同文なことを以て、佐藤氏は右の如き結論を導かれたのであるが、この所説には問題がある。

そこで(6)の事書と本文との関係から考えてみたい。(6)の本文の趣旨は、嘉禄元（一二二五）年十二月の宣旨に任せ、人身売買を一切禁ずるが、寛喜三（一二三一）年の飢饉の際に、結ばれた売買契約については特例としてこれを容認するというものである。そしてもしその際の売買契約を取り消したいのであれば、当事者の合意のもと、現在の価格に換算してそれを精算せよと規定している（契約当時の安価で精算することを禁じている）。

右の立法に至る流れを簡単に説明しよう。(66)幕府は、嘉禄元（一二二五）年十月二十九日付の宣旨が発布されると、すぐさまこれを施行したが、この中に人身売買を禁ずる一項「可令搦禁勾引人幷売買人輩事」があった。人身売買の禁は、嘉禄元（一二二五）年十月宣旨の柱であったらしく、他の二箇条（「可停止博戯事」・「可禁断私出挙利過一倍。幷挙銭利過半倍事」）と共に、「厳制殊ニ重シ」として、翌年正月十六日に幕府によって再施行されている。寛喜三（一二三一）年に大飢饉にみまわれた為に、幕府は非常手段として人身売買を認める政策をとったが、延応元（一二三九）年に至ると再び嘉禄元年の宣旨を施行する形で人身売買を禁ずる法を発布している。(67) それ即ち(5)の追加法である。よって(6)の本文は、(5)の立法を前提とするものであり、(5)と(6)とが併せて立法されていることは極めて自然なのである。佐藤氏は、(6)の本文に問題があると言われるが、問題があるのはむしろ「奴婢雑人事　付所生男女事」という(6)の事書の方なのである。(68)

そこで取り敢えず、「付所生男女事」という付タリ文言を除外して、「奴婢雑人事」という(6)の事書と本文との関係を考えてみると、本件では、寛喜三（一二三一）年の飢饉により「奴婢雑人」に身を堕した者の処分が問題となった為に、「奴婢雑人事」というテーマが選択されたと考えることができる様に思われる。

ただし、(6)の事書と本文との関係を考える際に、障害となるのは「付所生男女事」という付タリ文言である。当初からこの付タリ文言があったとすると、(6)の事書と本文との関係を整合的に理解することはやはり困難となる。しかし、佐藤氏が指摘される如く、(6)の本文がたとえ四十一条とまったく同文であったとしても、この付タリ文言の存在には疑念を抱かざるを得ない。なぜなら主たる『式目』の写本の中で、四十一条の事書部分にこの文言を付す写本が一本もないからである。したがってこの付タリ文言は、『吾妻鏡』を編纂する段階において、あるいは『吾妻鏡』を筆写するときに、何者かによって補筆されたものであった可能性が高いことになる。即ち、『式目』三十七条〜四十条の事書と(1)〜(4)の事書とが一致することにまず引かれ、更に四十一条の事書と(6)の事書とが一致することに目を奪われた者が、(6)＝式目四十一条という先入観のもとに、この付タリ文言を書き加えたと考えられるのである。(69) この「付所生男女事」という付タリ文言さえなければ、如上の様に、(6)の事書と本文とは現在のままでも対応関係にあると言える。

それでは、(6)の本文（＝追加法111条）が、延応元（一二三九）年四月十七日付の追加法112条の混入でないとすると、両者の関係をどの様に理解すればよいのであろうか（傍線部は両者の異同部分である）。

『吾妻鏡』延応元年四月十四日条

十四日癸丑。為信濃民部大夫入道（二階堂行盛）、大和前司（伊東祐時）、山代前司（本間元忠）、甲斐前司（大江泰秀）、太田民部大夫（太田康連）、内記太郎等奉行、被下条々制符

（中略）

(6)一、奴婢雑人事　付所生男女事

寛喜三年餓死之比、為飢人於出来之輩者、養育之功労、可為主人計之由、被定置畢。就其時減直之法、可被糺返之旨、沙汰出来之条、甚無其謂。但両方令和与、以当時直法、至糺返者。非沙汰之限者。

追加法112条

一、寛喜三年餓死之比、為飢人於出来之輩者、就養育之功労、可為主人計之由、被定置畢。凡人倫売買事、禁制殊重。然而飢饉之年計者、被免許歟。而就其時減直之法、可被糺返之旨、沙汰出来之条、甚無其謂歟。但両方令和与、以当時之直法、至糺返者。非沙汰之限歟。

延応元年四月十七日

平　判
散　位（太田康連）　判
前甲斐守（大江泰秀）　判
前山代守（本間元忠）　判
前大和守（伊東祐時）　判
沙　弥（二階堂行盛）　判

右の両者の関係は、既に河内氏によって明らかにされている様に、(6)は、その三日後に発布される追加法112条の草

案であった。河内氏は、(6)の文章に手を加えたものが追加法112条の文章になっていること、「幕府の評定会議で決定される法令草案は『者』字で本文を書止めるのが普通であること」などを指摘され、両者の関係を明確にされたのである。(70)

以上のことから考えても、やはり『吾妻鏡』延応元（一二三九）年四月十四日条の記事を以て、①～⑤の五箇条が原『式目』には存在しなかったことを証明することは難しいのではないだろうか。

それでは⑥⑦についてはどうであろうか。佐藤氏が挙げられた史料と⑥⑦とを比較検討してみよう。(71)

⑥『式目』四十九条

一、両方証文理非顕然時。擬遂対決事

右、彼此証文理非懸隔之時者、雖不遂対決、直可有成敗歟。

『吾妻鏡』寛元元（一二四三）年七月十日条

諸人訴論人事。両方証文分明之時者。雖不遂対決。可有成敗之由。被仰問註所云々。

寛元元年五月十七日付追加法208条

一、諸人訴訟事、差奉行人、可被召決之由、雖被仰下、云先々成敗事、云理非顕然事、子細分明者、不及対決之由、先日被定置畢。存其旨、相触奉行人等、委加了見。可被申沙汰之状。依仰執達如件。

寛元元年五月十七日　左近将監（経時）判

加賀民部大夫（町野康持）殿

⑦『式目』五十一条

一、帯問状御教書。致狼藉事
右、就訴状被下問状者定例也。而以問状致狼藉事、姦濫之企難遁罪科。所申若為顕然之僻事者、給問状事一切可被停止也。

『吾妻鏡』寛元三（一二四五）年十月二十八日条

臨時評定也。熊野河頬尼子息定憲申榎本氏女不応召文由事、彼等訴論事、先日有其沙汰仰切訖。而尼掠給問状、抑留作毛云々。向後可停止彼訴訟。於作毛者、可糺返氏女之旨、所被仰出也。長田兵衛太郎《（広雅）》奉行之。

確かに、『吾妻鏡』寛元元（一二四三）年七月十日条と四十九条とはほぼ同文であり、この寛元元年七月十日令が、『式目』の条文に編入されたと考えることができそうである。しかし、当該条文は、『吾妻鏡』の地の文であり、日付を含めその内容を正確に伝えていない可能性もある。もし仮に寛元元年五月十七日令（追加法208条）に見る、先日定め置かれた追加法が式目五十一条の原形であったとするならば、寛元元年五月十七日をさほど遡ることなく、該内容の追加法が発せられていたこととなる。[72]

また、『吾妻鏡』寛元三（一二四五）年十月二十八日条と五十一条とが同趣旨であることも首肯できる。そのことから、「この時制定された追加法が式目に付加されて、五十一条が成立した」と佐藤氏が推測された点も妥当である。[73]『吾妻鏡』仁治元（一二四〇）年閏十月五日条にも「問状事、問答訴人等掠申之旨、露顕之時者、可処罪科之由、面々可被仰含之云々。太宰少弐為佐《（狩野）》。加賀民部大夫康持《（町野）》為奉行云々」と記されていることから、それが貞永元（一二三二）年以降の追加法であることはほぼ間違いない。

さらに、二十五条も佐藤氏は指摘されていないけれども貞永元（一二三二）年以降に立法されたものであった可能性が高い。延応二（一二四〇）年五月二十五日付の追加法144条には、次の如く規定されている。

一、関東御家人、以雲客已上為婿君、譲所領於女子事　延応二・五・廿五
右。於公事者、随其分限、可被省宛之由、先日雖被定置、自今以後、至于相具雲客已上之女子者、不可譲与所領也。

右の追加法に引用されている「先日」に定め置かれた法（「於公事者。随其分限。可被省宛」）が二十五条そのものを指し示していることは間違いない。延応二（一二四〇）年五月からさほど遡ることなく、二十五条は立法されていたのである。

ところで、三十五条より前の条項に、追加法を編入した条文があることは佐藤氏が想定されていなかったことである。佐藤氏の増補編纂説によれば、後日、『式目』に編入された追加法はすべて三十六条以下にまとめられているはずであった。

三十五条以前の条項でありながら、後日の追加ではないかと疑われる条項として他に十四条を挙げることができる。十四条は、第一項でまず代官が殺害以下の重科を犯した場合でも、それを隠蔽しない限り主人には代官の罪が及ばないという一般原則がまず明らかにされ、第二項では、その例外規定として、代官が本所の年貢を抑留した場合、もしくは所務の先例に違反した場合には、隠蔽の有無にかかわらず、その主人も罰せられることが規定されている。第二項が第一項を踏まえての立法であることはいうまでもない。この十四条に関しては『吾妻鏡』仁治二（一二四〇）年三月二十五日条が参考となる。

『吾妻鏡』仁治二（一二四一）年三月二十五日条
庄田四郎二郎行方訴申盗人新五郎男事、同有其沙汰、以彼男主人岩本太郎家清、可被処与同罪之旨、行方頻雖訴申之、所被棄捐也。被懸所従盗犯於主人之条、背物儀之由云々。対馬左衛門尉仲康奉行之。

庄田行方は、盗人新五郎を罰するだけではなく、その主人岩本家清も「与同罪」に処すべきであると幕府に再三訴えたが、幕府は、「所従ノ盗犯ヲ主人ニ懸ケラルルノ条。物儀ニ背ク」という理由からこの訴えを棄却している。追加法161条からこの決定が評定会議を経ての結論であったことが知られる。もし従者と主人の連坐の原則が、『式目』において既に立法化されており、御家人達の知らしむる所であったならば、かく執拗な訴えは起こされなかったであろうし、評定会議を開いてその是非を論議する必要もなかったはずである。物議に背くからというその理由づけも、『式目』を前提とした結論とは思われない。やはり十四条の内容は、仁治二（一二四一）年以降に立法化されたものであったのではないだろうか。

残された史料が少ない為に、厳密な考証はできないが、全五十一箇条の中には他にも、追加法の条文が含まれている可能性がある。

またこれとは逆に、追加法から構成されていると佐藤氏が主張される後半部分にも、原『式目』の条文と思われるものが存在する。たとえば四十四条がそれである。『吾妻鏡』嘉禎元（一二三五）年九月十日条には次の如く記されている。

長尾三郎兵衛尉光景、雖致度々勲功、未預恩賞事、駿河前司義村、幷同次郎泰村、属恩沢奉行後藤大夫判官基綱、頻執申之。仍有沙汰。可有勧賞之旨、被仰付基綱云々。而鎮西有強盗人。彼所領被召放者、可賜之旨、義村注上覧状。申云、不可望未断闕所之趣。近年雖被載式条、為評定衆、今及此儀。人以不甘心云々。

四十四条は、裁判で傍輩の罪状が確定していないにもかかわらず、その罪科を理由に、傍輩の所領を賜りたいと幕府へ申請することを禁ずる法令である。右の場合は、三浦義村・泰村親子が恩沢奉行後藤基綱に働きかけ、長尾光景に闕所が与えられる様に画策したことが問題となっている。裁判で闕所となることが確定する前に、三浦氏が横槍を入れたのである。評定衆の一人として『式目』の立法にも携わった三浦義村が『式目』に抵触する行為を行なったことが非難されているのである。未断の闕所を望むべからざることが、近年の「式条」に載せられているとあるが、嘉禎元（一二三五）年は貞永元（一二三二）年のわずか三年後であるから、四十四条が原『式目』に存在した蓋然性は高いと言えよう(74)。

佐藤氏が指摘された通り、五十一箇条の中には、もとは追加法であったと思われるものが含まれている。しかしそれは五十一箇条全体を通じていえることであり、氏が主張された様に、三十六条以下に限定されるものではない。三十五条までの前半部が原『式目』の条項であり、三十六条以下の後半部がすべて追加法であるという佐藤氏の構造論は明快ではあるが、どうやら再考の余地がありそうである。

それでは次に佐藤氏の増補編纂説の論拠であるハについて考えてみよう。

全体の条文数を変えずに、新たな条文を追加編入させる為には、もとの条文を統合整理する必要がある。現在の『式目』にはその形跡が認められると佐藤氏は述べられるのである。左の(a)、(b)が複数の条文を一つにまとめた形跡であるという。

(a)　事書の下に付タリ文言を有する条文がある。

(b)　複数の規定からなる条文において、本文と事書とが符合しない場合がある。

(a)の具体例として、佐藤氏は十条「殺害刃傷罪科事　付父子咎相互相懸否事」と三十三条「強窃二盗罪科事　付放火人事」を挙げておられるが、四十七条「以不知行所領文書。寄附他人事　付以名主職不相触本所、寄進権門事」もこれに該当すると考えてよい（おそらく三十六条以下は追加分という認識のもとに除外されたのであろう）。四十七条の第一項と第二項との関係を見ると、両者の関連性は薄く、寄進に関する禁制という大枠で以て強引に一条にまとめられた感がある（七一頁参照）。やはり本来は、それぞれが独立した条文であったと思われる。

(b)の具体例として佐藤氏は、四条と七条とを挙げておられる。

四条は、守護に対する禁制であるが、第一項で実否決せざる容疑者の所領を没収することを禁じ、第二項で犯科人の田宅・妻子・雑具を私に没収することを禁じ、第三項で贓物なく罪状を決することを禁じている。四条の事書「同守護人不申事由。没収罪科跡事」が第一項にのみ対応することは明らかである。

七条の場合は、第一項と第二項との繋がりを見出すことすら困難であるのだが（本書五八頁参照）、その事書「右大将家以後代々将軍幷二位殿御時所充給所領等。依本主訴訟被改補否事」は第一項にのみ対応している。

また十五条をみると、第二項中の文言の中に、第一項を指して「先条」と記している箇所がある。同じ条文の前半部の内容を指すのであらば、「先段」などの表現が相応しいと思われるのに[75]、なぜ「先条」という表現が用いられたのであろうか。これなども第一項と第二項が本来は独立した条文であったことを示すものではないだろうか。つまり合併前の、もともとの表現がそのまま残された事例であると思われる。

承久の乱の戦後処理の問題をあつかった十六条にしても三つの規定からなるが、その内容は、それぞれが独立したものである。

一条中に複数の規定がある場合、「次」字をもって接続されているケースが目につくが、「次」字ではじまる規定の中には、本来は独立した条文であったものが多数あるのではなかろうか[76]。

『式目』がいつ頃今の形に統合整理されたのかは不明である。しかし立法当初に統合整理されたと考えるよりも、条文が追加編入される際に統合整理されたと考える方が穏当であろう。七条や四十七条にみられる様な強引な合併は、おそらく条文数の調整の為に行なわれたものであろうから。

それでは最後に、佐藤氏が提唱された法曹至要抄参照説を検討してみたい。

原『式目』の刑事法関係の条文の排列順序が、『法曹至要抄』のそれによく似ているので、『式目』の立法者が条文の排列を決定する際に、『法曹至要抄』を参照したのではないかというのがその説である。佐藤氏は、まず三十二～三十四条の三箇条を十一条と十二条との間に戻し、その上で『式目』と『法曹至要抄』との対応関係を次の様に整理された。(77)

<table>
<tr><th>『法曹至要抄』</th><th>『式目』</th></tr>
<tr><td>二項　八虐</td><td>九条　謀叛人</td></tr>
<tr><td>二十項　故殺</td><td rowspan="5">十条　殺害刃傷</td></tr>
<tr><td>二十一項　謀殺</td></tr>
<tr><td>二十二項　闘乱闘殺</td></tr>
<tr><td>二十四項　戯殺</td></tr>
<tr><td>二十五項　過失疑罪</td></tr>
<tr><td>二十九項　劫囚</td><td>三十二条　盗賊悪党</td></tr>
<tr><td>三十項　強窃盗</td><td>三十三条　強盗窃盗</td></tr>
<tr><td>三十一項　殴人奪財</td><td>十三条　殴人</td></tr>
<tr><td>四十項　放火</td><td>三十三条付則　放火</td></tr>
<tr><td>四十一項　強和姦</td><td>三十四条　密懐</td></tr>
<tr><td>四十七項　謀書</td><td>十五条　謀書</td></tr>
</table>

主要な刑事犯罪を網羅し、しかもそれらが重罪から軽罪へと順序づけて排列されている点に佐藤氏は、両者の共通点を見出したのである。

十二条の「悪口罪」は武家独自の立法と思われるし、十一条と十四条は、前条数箇条の付属規定となっているので、これらの三箇条を除外して考えることは当然である。しかし『式目』の立法者が、『法曹至要抄』の条文構造を学び、その排列順序を模したのならば、『法曹至要抄』の条文と対応関係にある『式目』の条文が、刑事法関係の七箇条に限られるというのは些か納得がゆかない。

立法者が、条文排列を考える際にいずれかの法典・法書を参考にしたのであれば、その結果は全体に反映していると考えるべきではないだろうか。佐藤氏の法曹至要抄参照説は、その点に弱点がある様に思われる。

c　原『御成敗式目』の条文構成

以上の考察により、現在の『式目』が、貞永元（一二三二）年の立法当初の姿そのままではないことが明らかになったと思う。それでは立法当初の『式目』の姿とは一体どの様なものであったのであろうか。原『式目』の条文構成を考える為には、まず現在の『式目』の条文構成をはっきりさせておく必要がある。そこで、これまでの内容分析を踏まえて現在の『式目』の条文構成を整理しておこう。

A　一・二条　　祭祀・仏事に関する禁制
B　三〜五条　　守護・地頭に対する禁制
C　六〜八条　　裁判上の原則
D　九〜十五条　　刑事法に関する規範

（G　三十二〜三十四条）
E　十六〜二十七条　所領相論に関する規範
F　二十八〜三十一条　幕府の裁判秩序を維持する為の規範
（H　三十五・三十六条）
I　三十七〜四十条　幕府の身分秩序を維持する為の規範
J　四十一〜四十三条　財物に関する規範
K　四十四〜五十一条　その他の規範

既に第二節において、右の内容区分については説明を加えたので、重複は避けるが、現在の『式目』も条文の内容ごとに分類整理され、排列されていると考えてよいと思う。増補編纂時に条文の排列順序が多少入れ替わった可能性もあるが、その内容区分まで見直す様な全面的な修正が為されたとは考え難いので、右の内容区分は立法当初からのものであったと理解しえる。もしその見解に誤りがないとすれば、新しい条文を追加編入する作業は次の様に進められたはずである。即ち、追加すべき条文の意味内容を考え、『式目』の分類にあてはめ最も相応しい箇所に編入する。そして編入する際には、もとある条文を整理統合することで全体の条文数を調整する、というのが一連の作業過程であったのではないか。

それでは、『式目』の立法者が条文構成を考える際に、如何なる法典・法書を参照したのであろうか。結論から先に述べると、それはやはり当時最も権威のあった法書、『法曹至要抄』であったと思われる。

『法曹至要抄』は坂上家伝来の勘文勘答類を整理分類した法書であった。つまり、これまでに勘文等で論じられてきた現実の法律問題をその内容ごとに彙集したのが『法曹至要抄』であったのである。『式目』の場合も、幕府に保管されている記録や文書の中から法規や判例を抽出し、更にその中から基本法として相応しいものを取捨選択した上で、それを彙集しているのである。

幕府の法秩序や身分秩序を維持する為の規範群といった幕府法独自の分類法も『式目』には認められるが、刑事法に関する規範群は『法曹至要抄』の上巻罪科条に対応するし、所領相論に関する規範群は『法曹至要抄』の下巻処分条に対応している。また所領相論に関する規範群については、『法曹至要抄』の条文の中から記録所（鎌倉初期に設置された公家の民事訴訟を扱った裁判所）の裁判規範として相応しいものを抄出してまとめた『裁判至要抄』との比較検討も可能であろう。たとえば分類法においても『式目』と『裁判至要抄』とは相通ずる所がある。相続に関する規定を『裁判至要抄』が十五条から二十七条にまとめているのに対し、『式目』もそれを二十二条から二十四条にまとめているし、悔還に関する規定を『裁判至要抄』が二十七条から二十九条にまとめている様に、『式目』も十八条から二十一条にまとめているのである。

また裁判の際に争点となる問題を具体的に例示し、その規範を明示するという形式面でも『式目』は、『法曹至要抄』や『裁判至要抄』と相通ずる所がある。『式目』制定の中心人物である北条泰時は、明法道の目安を毎朝読んで勉強したというが、(78)明法道の目安とは、『法曹至要抄』や『裁判至要抄』の如き法書であったはずである。この明法道の目安から泰時は、武家の基本法典を編纂するならば実用的で至便なものでなければならないことを学んだのであろう。

四 『御成敗式目』の編纂方針

『式目』が条文の内容ごとに分類された法典であったということは、幕府法をその内容ごとに整理分類する能力を

『式目』の立法者が有していたことを意味する。

鎌倉末期の元応元亨年間（一三一九～一三二四年）に成立したと推定せられる幕府の法実務手引書『沙汰未練書』は、訴訟をその内容によって、所務沙汰・雑務沙汰・検断沙汰に分類している。所務沙汰とは、『沙汰未練書』が「所領之田畠下地相論事」と定義づけている様に、土地財産の中でも、事実関係が複雑な下地の権利をめぐる相論を扱ったものであり、雑務沙汰とは、それ以外の土地財産の問題を対象としたものであった。また検断沙汰とは、幕府の検断の対象となる犯罪を扱った訴訟であった。右の訴訟の三分類法は鎌倉末期のものであるが、『式目』においても、その分類法の萌芽が認められる。大まかな所で述べると、所務沙汰はE群（十六～二十七条）に、雑務沙汰はJ群（四十一～四十三条）に、検断沙汰はD群（九～十五条）・G郡（三十二～三十四条）にそれぞれ対応するのである。たとえ、これが穿った見方であったとしても、『式目』の立法者が、訴訟対象の性格によって条項を分類していたことは明らかである。

訴訟内容による分類法が『式目』でも確認できるわけだが、『式目』の立法者が、初めてこの分類法を採用したとは考え難く、実務吏僚が従来から行なっていた分類法に従い、これを採用したと解するのが自然であろう。『式目』の編纂過程を知ることができる史料として著名な『吾妻鏡』貞永元（一二三二）年五月十四日条には、次の様に記されている。

『吾妻鏡』貞永元（一二三二）年五月十四日条

武州専政道給之余、試御成敗式条之由、日来内々有沙汰。今日已令始之給云々。偏所被仰合玄蕃允康連（三善）也。法橋円全執筆。是関東諸人訴論事、兼日被定法不幾之間、於時縡亘両段、儀一揆。依之固其法。為断濫訴之所起也。

右の記事は、『式目』の立法趣旨を明確にしている点でも注目される。即ち、裁判規範が明確でない為に法的安定性が図れないという現実の状況を改善することこそが『式目』制定の目的であるというのである。条項の選定に際しては、北条泰時が、すべての内容を三善康連に仰せ合わせ、それを法橋円全が執筆したというが、これは『吾妻鏡』の編者が、三善家の史料を素材としてこの記事を書いたからかく記載されたのであろう。『式目』の編纂に関しては、『式目』の末尾に署判を加えている十三人の評定衆がどの様に関与したのかなど不明な点も多いが、問注所執事職を世襲する三善家の果たした役割が大きかったことは間違いない(79)。

『式目』が発布された年の十二月、かつての政所別当であった大江広元（嘉禄元年没）の家に保管されていた文書群が散逸していることを聞き知った泰時は、早速、これを尋ね聚めさせると共に、その目録の作成を命じている。そしてそれらの文書群は目録完成後に広元の孫、長井泰秀のもとへ返還されている。大江氏の文庫に集積されていた文書群は、「寿永・元暦以来自京都到来重書幷聞書」、「人々欵状」、「洛中南都北嶺以下自武家沙汰来事記録」、「文治以後領家地頭所務条々式目」、「平氏合戦之時東士勲功次第注文等文書」であったという。『吾妻鏡』によると、これらの文書は、「公要ニ随ヒ、右筆方ニ賦リ渡スニ依リ所処ニ散在」してしまったという（『吾妻鏡』貞永元年十二月五日条）。右の『吾妻鏡』の記事から、政務文書の聚集、分類整理、目録作成が泰時の差配のもと行なわれていることが看取できよう。政所別当の家に政務文書が保管されていた様に、問注所執事を輩出する三善家の文庫にも、訴訟文書が保管されていたはずである。

『吾妻鏡』承元二年（一二〇八）正月十六日条

午剋。問注所入道（三善康信）名越家焼亡。而於彼家後面之山際構文庫。将軍家御文籍。雑務文書。幷散位倫兼日記已下累代文書等納置之処。悉以為灰燼。（後略）

右の記事は、問注所執事三善康信の家の文庫が火災で灰燼に帰したことを伝えるものであるが、この史料から問注所執事の家の文庫においても、訴訟実務に関する文書・文籍・日記類が集積されていたことが窺える。おそらくこれらの文書群も、先例を勘案するときに役立つ様に、その内容によって整理分類されていたものと思われる。問注所は御家人を対象とする訴訟を一括して扱い、幕府の訴訟実務を管掌した役所であったから、その執事である三善家には、重要な判例が集積されていたはずである。

父康信の跡を襲ぎ、問注所執事となったのは兄康俊であるが、これをよく補佐し（寛元四年からはみずからが問注所執事となる）、初代評定衆の一員にも選任された三善康連が、『式目』の編纂にあたり、泰時の良きパートナーとなったことも十分想定できる。三善康連が有する訴訟実務に関する知識と三善家に保管されている類聚判例集が『式目』の編纂に役立ったことはいうまでもない。

『式目』の編纂過程を想定すると、まずこれまでに立法された法規や過去の判例の中から主要なものが抽出され、更にその中から今後の裁判規範として恒久的な効力を付するに相応しい条項が選択されるという手続きがとられたものと思われる（後述）。法規や判例の整理、さらには候補条項の選択までは、泰時の指示のもと訴訟実務に携わっている吏僚が中心となって行ない、その結果を踏まえた最終的な判断、即ち、採用条項の決定は評定衆による合議に委ねられたのではないだろうか。(80)

『式目』の編纂過程を右の様に想定したのだが、編纂過程で問題となるのはやはり、どの様な基準で各条項が取捨選択されたのかということであろう。そこでまず、『式目』を構成する各条項の特徴を考えてみよう。

守護・地頭の職務についての規範は、鎌倉期を通じて数多く立法されているが、『式目』に見える規範（三〜五条）は禁制に限られている。これは裁判時に問題となることが多い守護・地頭の違法行為を明示したといえよう。つまり『式目』には、守護地頭の具体的な職務内容や、職務遂行上の手続等が規定された条項が存在しないといえる。

七条は、将軍から所領を拝領した甲とその所領に由緒がある乙とが相論になったときの裁判権者の判断基準を示したものであったし、続く八条も現在知行はしていないが、確かな由緒があり幕府の下文によってもその権利が認められている甲と、その権利を認めるものは何もないが、現在に至るまで長年にわたり継続して知行している乙との相論を裁く際の規範となっている。そして刑事法に関する規範をはさみ、十六・十七条は、承久の乱後の戦後処分をめぐる相論を裁く為の裁判規範となっている。十八～二十一条の悔還に関する規定ならびに二十二～二十四条の相続に関する規定は、裁判の際に争点となる特定の事案を整理し列挙したものであった。

二十八～三十一条及び三十五・三十六条は、いずれも幕府の審判作用を害する行為を示し、それを行なった際の制裁処分を規定したものであった。煩瑣であるので説明は省略するが、三十七条以降の条項もいずれも裁判規範とよぶべき性格を有している。

ところで『式目』の条項の中には、罪科に処すことは明示されているのに、刑罰の種類が明らかにされていない条項がある。四条の第一項、九条、三十三条、四十六条、四十八条、五十条などがそれに該当する。また五条などは、地頭に対して年貢所当の抑留を厳格に禁じ、もし滞納分がある場合には「少分」ならば即刻に、「過分」ならば三箇年中に弁済することを規定しているが、如何なる目安をもって「少分」「過分」とするのか肝心な所が明らかにされていないのである。この地頭の年貢滞納問題は幕府にとっても深刻な課題であり、その弁済法についても曖昧にすべきことではないはずである。刑罰の種類や年貢抑留分の「少分」「過分」の基準が記されていないという事実は、これらが裁判権者の為の規範であったことを示すものではないだろうか。肝心な点が曖昧になっているということは、これらを一律に規定しえないということを意味する。(81) これらの条項の本文中に「式目ノ趣、兼日定メ難キカ。且ハ先例ニ任セ、且ハ時議ニ任セコレヲ行ハルベシ」（九条）、「スデニ断罪ノ先例アリ。何ゾ猶予ノ新儀ニ及バンヤ」（三十三条）、「兼ネテ式条ニ定メ難シ。モットモ時宜ニヨルベキカ」（五十条）と記されている様に、当該条項を適用する際には、先例を斟酌し、時宜に応じた判断を下すことが裁判権者に求められたのである。

『式目』の立法目的は、まさに『吾妻鏡』貞永元（一二三二）年五月十四日条で説明されている通り裁判規範を確立することにあった。泰時は主たる裁判規範を選択し、『式目』の条項としたのであった。

今ここで「主たる裁判規範」という表現を用いたが、『式目』の条項の中には、その適用に際し、施行細則の必要なものがある。たとえば三十三条の第一項は、強窃盗の罪を規定したものであるが、「右。既有断罪之先例。何及猶予之新儀乎」と記すのみで具体的な規定を欠いている。強窃盗の罪は、贓物の多少により罪の軽重が決するので、実際に強窃盗の罪を問う場合には、三十三条ではなく、具体的な基準を明らかにしている単行法令に従わねばならなかったのである（『式目』制定時においては、寛喜三年の法〈追加法21条〉がこれに当たるであろう）。

それでは、「主たる裁判規範」は、何時、どの様な基準で取捨選択されたのであろうか。

史料上の制約から『式目』の各条項の直接の素材を特定することはできないが、これが素材となったのではないかと推測される単行法令は、幾何か確認できる。

1　三条第一項　＝　寛喜三（一二三一）年五月十三日令（追加法31条）
2　七条第一項　＝　元久三（一二〇六）年正月二十七日令（『吾妻鏡』同日条）
3　十四条　＝　仁治二（一二四一）年頃の単行法令（『吾妻鏡』仁治二年三月二十五日条参照）
4　二十五条　＝　延応二（一二四〇）年頃の単行法令（追加法144条参照）
5　四十九条　＝　寛元元（一二四三）年頃の単行法令（『吾妻鏡』寛元元年七月十日条・追加法208条参照）
6　五十一条　＝　仁治元（一二四〇）年頃の単行法令（『吾妻鏡』仁治元年閏十月五日条参照）

3〜6については、第三節において既に説明した。1の三条第一項と寛喜三年令との関係はかなり緊密である。守護は、「右大将家（頼朝）の御時」に定め置かれた法に任せ、大番催促、謀叛・殺害人のこと以外は沙汰してはならないことを規定している点で両者は一致しているし、もしこの法に背いた場合には領家や土民の訴えにもとづき裁判を行ない、その非拠が明らかになった時点で守護職を改補するといった内容も両者一致する所である。2の七条第一項と元久三年との関係は直接的なものではない。元久三年令は「故将軍（頼朝）ノ御時ニ拝領ノ地ハ、大罪ヲ犯サズンバ、召シ放スベカラザル」という規定であったが、七条第一項においては、その適用範囲が政子執政期（〜一二二五）まで拡張されている。しかし七条第一項の淵源が元久三年令にあったことはほぼ間違いないであろう。

右の1〜6の条項が、すべて泰時執政期＝執権就任期（一二二四〜一二四二）に立法された法規、もしくは当該期に成文化されたそれ以前の法慣行や判例を直接の素材としていたことから考えれば、残りの条項もやはり当該期に立法化された裁判規範をその素材としていた蓋然性が高い。

それでは、貞永元（一二三二）年に編纂された原『式目』五十一箇条とその後に追加された箇条の性格の違いは奈辺にあったのであろうか。貞永元（一二三二）年八月以降の追加条項の特徴を見ると、3の十四条は、原『式目』の条項の付属規定となっているし、4の二十五条は、原『式目』では漏れていた「公事」（雑税）の問題を立法化したものである。また6・7の四十九・五十一条は、『式目』を運用する時点で露見した裁判手続き上の問題点を解決する手段として立法化されたものであったと言えよう。つまり『式目』の増補編纂は、貞永元年の『式目』編纂時の遺漏を補う為に行なわれたと考えられるのである。

ここで想起されるのは、著名な貞永元（一二三二）年八月八日付の六波羅探題北条重時宛の泰時書状の文言である。この書状には、式目の立法趣旨が語られているのだが、今問題にしたいのは、その末尾の「これにもれたる事候は、、おうてしるしくわへらるへきにて候」という文言である。この文言の解釈については、従来「追加法立法の意志をあらかじめ明かにしたもの」という理解が一般的であるが、[82]この部分は文意通り素直に、もしこの度、編纂された『式目』に遺漏する所があらば書き加え修正する、と解釈すべきではないだろうか。なぜならこの文言通りに、『式目』の増補編纂作業が泰時の手によって進められていくのであるから。この書状によって、我々は、『式目』の増補編纂作業が、その発布当初から企画されていたことを知り得るのである。

『式目』の編纂は、幕府司法制度の整備の一環として評価すべきものである。『式目』の編纂を掌った泰時が、幕府司法制度の基礎を作り上げたことは、多くの史料が伝える所である。執権就任間もない嘉禄元（一二二五）年九月二十日に泰時は、奉行人達を召集し、「オノオノ賢不肖ニ就キテ賞罰ヲ加ヘラルベシ」と仰せ含めたとあるが、これなどは法実務が遅滞することを憂えたことによる発言であり、彼の意気込みを伝えるものであろう（『吾妻鏡』同日条）。

泰時は、評定の際に訴訟当事者が近くに伺候することを禁じたり（『吾妻鏡』嘉禄二年十月十二日）、たとえ評定衆であろうとも、その者が訴訟当事者の親族にあたる場合には、その案件についての評定会議に出席することを厳禁している（延応二年四月二十五日付追加法140条）。この厳格な態度は、「凡ソ評定ノ間、理非ニオイテハ親疎アルベカラザル、好悪アルベカラズ、タダ道理ノ推ストコロ、心中ノ存知、傍輩ヲ憚ラズ、権門ヲ恐レズ、詞ヲ出スベキナリ」（『式目』起請文、原漢文）という『式目』の精神に相通ずるものであり、泰時が理非に従った公正な裁判というものを目指したことが窺えよう（『式目』三十条も同趣旨である）。

訴訟手続きの整備という点では、文暦二（一二三五）年に「所職所帯并堺」に関する問題について幕府裁判所へ提訴する際には、「もし自己の主張に非理があれば、所領を没収されてもよい」という誓状の提出を当事者双方に義務づけたことが注目される（文暦二年七月二十二日付追加法76条）。[83]これは濫訴や訴訟の遅延を防止する為の策であるが、

「虚言ヲ構へ讒訴ヲ致ス事」を禁じた式目二十八条に関連する立法であり、二十八条に実効性を持たせる為の施行細則ともいうべきものである。「所職所帯幷堺」に関する提訴の際に誓状を提出させる制度は、その後、仁治二（一二四一）年に「懸物押書」[84]の制度として結実する（仁治二年八月二十八日付追加法168条）[85]。しかしこの文暦二年令や仁治二年令は、ついに『式目』にとりこまれることはなかった。これらの法規は二十八条の付属規定として位置づけられたのであろう。

泰時は、御家人の行為規範も積極的に立法している。たとえば延応元（一二三九）年九月十一日に地頭が山僧、商人、借上を地頭代に任命することを禁じているが、これなどは地頭の果たすべき社会的役割を忘れ、ただ単に利潤を貪ろうとする地頭の態度を禁めたものであった（『吾妻鏡』同日条）。仁治二（一二四一）年十一月十七日に幕府の許可無く出家しながら、所領を子孫へ譲与せず御家人領をそのまま知行することや、関東の御恩に預かりながら、京都や他所に居住することを厳しく禁じたのも（共に所領没収刑を科す）、鎌倉幕府の御家人である限りは、御家人役を果たす責務があることを自覚させる意味があったものと思われる（追加法169条）。泰時はほぼ時を同じくして、公家を夫とする女子に所領を譲与することを禁じているが（延応二年五月二十五日付追加法144条）、これなども相続人が鎌倉御家人としての本分を果たせないことを懸念しての立法であったであろう。ところでこの延応二年令の立法内容は、『式目』の性格を考える上でも興味深い。この延応二年令は式目二十五条と密接に関係するのである。右の延応二年令は、二十五条の直接の素材となった追加法が立法されてからさほど時を隔てることなく立法されたものである。二十五条は、「関東御家人以月卿雲客為聟君、依譲所領、公事足減少事（関東御家人月卿雲客ヲ以ッテ聟君トナシ、所領ヲ譲ルニヨッテ、公事ノ足減少ノ事）」を憂えて、もし貴族を夫とする女子が夫の権威を笠に着て公事を滞納する様なことがあれば、所領の知行を認めないとしたものである（将軍の御所に仕える女官の場合も同様であるという）。これに対し、延応二年令は、貴族を夫とする女子にも所領に応じた公事を省き充てよという内容の法が先日定め置かれたが、今後はこの様な女子に所領を譲与してはならない、と規定するのである。上述した通り、延応二年令も貴族を夫とする女子が公事を含めた御家人役を果たさないことを懸念しての立法であり、その趣旨において二十五条と延応二年令とは一致する。しかし延応二年令は、貴族を夫とする女子の相続を全面的に否定しているのであるから、延応二年令の効力を認めるならば、『式目』を増補編纂する過程で、二十五条の内容を修正する必要があったはずである。それにも拘わらず二十五条には何の手も加えられていないのである。このことは、即ち、二十五条をそのままにしながら、実際は、延応二年令の如く、より厳しく対処していたのである。

泰時執権期に発布された単行法令と『式目』の条項との関係を考える際に注目されるのは、式目四十八条と追加法139条・145条との関係である。

四十八条では、御家人領が、相伝の「私領」と勲功・勤労により幕府から給与された「恩領」とに区別され、一方の「恩領」の売買が禁じられている。ところが延応二（一二四〇）年四月になると、幕府は「恩領」を売買することだけではなく、質入れすることも禁じたのである（追加法139条）。また翌月には、「私領」についても制限を設け、御家人以外の者へ売買することを禁じている（追加法145条）。もし追加法139条や追加法145条が四十八条と同じ効力を有するのであれば、追加編纂の過程で、二つの追加法の内容が、四十八条の規定に盛り込まれて然るべきであろう。しかし現実には、二つの追加法は単行法令のまま残されて、四十八条とは厳格に区別された。この違いはやはり恒久的な効力を認めるか否かという違いではないだろうか。(86)「私領」と「恩領」とを明確に区分し、(87)「私領」に対しては排他的な支配権とともに処分権を認め、「恩領」にはそれを認めないという根本原則が四十八条で確認されているのである。恩領の質入制限（追加法139条）や私領の売買制限（追加法145条）は、副次的な問題であったのではなかろうか。

『式目』の条項がどの様な基準で選択されているのかということを明らかにする為に、泰時執権期に発布された単行法令と『式目』の条項との関係を考えてきたが、どうやら裁判規範の中でも、恒久的な効力が期待される様な基本法が『式目』の条項として選択されている様である。

『式目』の巻首には

於先々成敗事者、不論理非、不能改沙汰。至自今以後者、可守此状也。

という文言が記されている。この文言は、『式目』の立法者がこれを公布する際に、本法施行以前の事実に本法を遡及適用しないことを宣言したものであった。この文言は、「武州ノ造ラシメ給フ御成敗式目、ソノ篇目ヲ終ヘラル、五十箇条ナリ。今日以後、訴論ノ是非ハ。固クコノ法ヲ守リテ、裁許セラルベキノ由定メラルベキノ由定メラルト云々守」という『吾妻鏡』貞永元（一二三二）年八月十日条の記事にも対応しており、『式目』が裁判規範として制定されたことを雄弁に物語るものである。(88)

『式目』に泰時の政治理念が反映されていることは言うまでもない。『式目』とは「御成敗の体をさだめて、人の高下を不論、偏頗なく裁定せられ候はんために、子細記録しをかれ候者」（貞永元年九月十一日付重時宛泰時書状）なのである。泰時が承久の乱以降の社会の混乱を収束させ、在地の静謐を図ったことは、十六・十七条の規定からも窺える所である。(89)三・四条において守護人に対する禁制を設けたのも、既に植木氏が指摘されている如く「守護が地方の軍事警察に關して最も重要なる任務を負うて居るのに因るのみではなくして、特に承久の亂後、守護及び其の代官の越権濫妨が實際問題として續起したのに因るものである」(90)。また、七条において頼朝から政子の代に至る間に鎌倉将軍から宛行われた所領に関しては、たとえその所領に由緒ある者が返還の訴えを提起してきてもそれを棄却することを規定したのも、あるいは、八条において所領知行後、二十年を経た者には、その取得時効を認めて、第三者の対抗を認めないと規定したのも、現在の知行人の権利を認めることで、在地の秩序を安定させようとするものであった。この基本方針こそが、当該期の裁判上の原則でもあったわけである。

泰時は、裁判制度の合理化にも尽力し、権利の交錯する案件を裁判所で審理する場合に、公平な立場で迅速かつ慎重に行なうことを奉行人に命じている（四十五条・四十九条）。またその当事者に対しても誣告や濫訴を厳しく禁じ、違犯者には制裁を科することを『式目』によって明らかにしている（七条第二項、十五条、二十八条、二十九条、三十一条、三十六条）。

『式目』を通じて泰時が目指したのは、まさに幕府の法秩序の確立であったのである。

おわりに

鎌倉幕府の裁判制度を確立せんとした泰時が主たる裁判規範をまとめて編纂したものが『式目』であった。しかし『式目』制定後に、その謄本が諸国の地頭御家人達に普く頒布されていることからもわかる様に、『式目』は地頭御家人達の行為の基準となることも目論まれて立法された法典であった。『式目』の謄本が全国に頒布されたのは、幕府裁判所に訴訟を係属させようとする者に幕府の裁判規範が如何なるものであるのかということを知らしめる意味があったのであろう。『式目』が、御家人だけではなく、幕府行政支配下の神官、僧侶、凡下等を裁く為の法でもあったことを我々は認識しておく必要がある。(91)

『式目』は普遍的かつ恒久的な性質をもつ基本法典として立法されたのであり、当初から付属法や特別法によって補われることが予定されていた。

『式目』五十一箇条は、貞永元（一二三二）年に制定されるが、立法者自身によって直ちにその補遺・修正作業が企画され、それが現実のものとなった。その補遺・修正作業が、泰時生存中に為されたものであるのか、没後に為されたものであるのかは不明である（おそらく生存中に着手され、没後に完成したのであろう）。だが泰時最晩年の仁治年間に発布された単行法令が『式目』に編入されていることから考えると、泰時の没後に次代（四代）執権の経時もしくは五代執権時頼が、泰時の意志を継いで『式目』を現在の形に改訂した可能性が高い（経時、時頼は共に泰時の孫である）(92)。つまり現在の『式目』の形は、編纂されてから十年以上たった後に全面的な修正が加えられた後の姿なのである。

しかし、『式目』が改訂される際にも全五十一箇条という原法典の体裁は頑なに守られ(93)、原法典に付されていた年紀（貞永元年七月日）や起請文等もそのままの形で改訂版に付された。これらのことは改訂者が原法典編纂の理念や形式を尊重していたことを如実に物語る。たとえどんなに大がかりな改正となろうとも、原法典の修補を行なったに過ぎないという意識を改訂者は持っていたのであろう（『式目』改訂の事実やその時期が『吾妻鏡』に見えないのもおそらくその為であろう）(94)。事実、改訂する際に追加編入された条項の殆どは、泰時によって立法された単行法令であったのであり、『式目』は、実質的にも泰時の法典であったといえる。

本稿は、『式目』の編纂方針やその条文構成を明らかにすることを目的としたので、『式目』の法理や効力の問題については殆ど言及しなかった。『式目』の法理という点では、律令法の法理との関係を明らかにする必要があるし（本書第三章で後述）、『式目』の効力については、改訂後に発布された単行法令（追加法）との関係も考察せねばならない。これらの問題に関しては別稿に期することとしたい。

註

（1）三浦周行氏「貞永式目」（『続法制史の研究』岩波書店、一九二五年、初出は一九一九年）、植木直一郎氏『御成敗式目研究』（名著刊行会〈復刊〉、一九七六年、初出は一九三〇年）。なお植木氏は「御成敗式目は本来一部的法典であつて、制定者が當時に最も緊急切要と認めたるもの丶みに就て、僅に五十一箇条を規定したのに過ぎぬものであるから、當時の必要事項と雖も尚ほ其の全部を網羅し盡し得たものではない」と評価されている（同書三〇五頁）。

（2）近年においても、山本幸司氏が「中世の法と裁判」（『岩波講座日本通史　第8巻中世2』岩波書店、一九九四年）において「式目には当初から網羅性・体系性への志向はなく、裁判の最低限の原則の域を出るものではなかった」（七四頁）、「式目全編を通じる体系的な法思想なるものは、求めても得られない」（七六頁）と述べておられる。

（3）『吾妻鏡』貞永元（一二三二）年八月十日条に「武州令造給御成敗式目被終其篇。五十箇条也。今日以後訴論是非、固守此法、可被裁許之由被定云々。是則可比淡海公律令歟。彼者海内亀鏡、是者関東鴻宝也」とある。

（4）佐藤進一氏「御成敗式目の原形について」（『日本中世史論集』岩波書店、一九九〇年、初出は一九六五年）、同氏『日本の中世国家』第二章第二節（岩波書店、一九八三年）、河内祥輔氏「御成敗式目の法形式」（『歴史学研究』第509号、一九八二年）。

（5）佐藤進一氏註（4）所引論文三〇五頁。

（6）羽下徳彦氏は、この佐藤説に従って、原『式目』の条文構成を想定している（同氏「領主支配と法」『岩波講座　日本歴史5　中世1』一九七五年、岩波書店、一八一頁）。

（7）河内祥輔氏註（4）所引論文三頁。

（8）河内祥輔氏註（4）所引論文四頁。

（9）佐藤進一氏註（4）所引『日本の中世国家』一一四頁。

（10）たとえば、石井進氏の「中世成立期の軍制」には、地頭御家人達の神事に奉仕する姿が描かれている（『鎌倉武士の実像―合戦と暮しのおきて―』平凡社、一九八七年）。

（11）たとえば、長保元（九九九）年七月二十七日付太政官符、治承二（一一七八）年七月十八日付太政官符、建久二（一一九一）年三月二十八日付宣旨、建暦二（一二一二）年三月二十二日付宣旨、寛喜三（一二三一）年十一月三日付宣旨等を参照されたい。

（12）『吾妻鏡』嘉禄元（一二二五）年十二月二十一日条。なお『関東御式目』には「神事仏寺第一第二条目被置事」として「日本国是神国也。又仏法流布国也。仍公家政被始行之時、必神事仏寺為先。武家模之。御評定始仏神事三ケ条被行之。尤可然」と記されている（『中世法制史料集　別巻　御成敗式目注釈書集要』岩波書店、一九七八年、二六頁）。

（13）第一条においては、神官に対する制裁方法が明示されていないが、仁治三（一二四二）年の追加法172条「神社仏寺事」（これは豊後守護大友氏が制定したものと思われるが、幕府法を受けてのものと推測される）には怠慢な神官、僧侶はその身を「解却」し、「穏便之輩」に替えると規定されているし、弘長三（一二六三）年の追加法338号「可令有封社司修造本社事」には神官の改補が規定されている。

（14）佐藤進一氏註（4）所引『日本の中世国家』一一四頁。

（15）三浦周行氏註（1）所引論文九七一頁。なお植木直一郎氏も同様の指摘をしている（同氏註（1）所引『御成敗式目研究』一六七頁）。

（16）『式目』制定以前から守護は「国務」や「他雑務」に関わってはならないと度々禁じられてきた。たとえば、『吾妻鏡』正治元（一一九九）年十二月二十九日条、『同書』建仁二（一二〇二）年閏十月十五日条、『同書』元久二（一二〇五）年六月二十六日条、貞応元（一二二二）年四月二十六日付の追加法1・2・3条等を参照されたい。なお守護に対して所謂、大犯三箇条以外の越権行為を禁ずる法は、『式目』発布の前年、寛喜三（一二三一）年五月十三日にも出されている（追加31条）。植木直一郎氏は、これに関して「寛喜三年五月の成規の主旨を再立法したものである」と評価されている（同氏註（1）所引『御成敗式目研究』二四九頁）。両法は文章も似ており、妥当な指摘である。

（17）たとえば、荘園や国衙領で捕縛された犯罪人の身柄を守護使が引き取る場合に、どこで引き取るのかといった取り決めも明確にしておく必要があるのではないだろうか。この問題については天福元（一二三三）年の追加法59条で論じられている。

（18）『式目』六条第一項の趣旨は、追加法68条に「是承久兵乱之後。重代相伝之輩中。挿姦心之族。模新地頭之所務。奉蔑如国

司領家之由。有其聞之間。為断如然之狼唳。於本所御成敗者。不及関東御口入之由被定畢」と記されている。

(19)『中世政治社会思想　上』頭注（岩波書店、一九七二年、十一頁）。

(20)勿論、訴人が判決を理不尽として、これに服さない事状を顕註した「不理状」と「挙状」とを同一に論ずることはできない。しかし、所轄の裁判所が裁判権を委譲することを明示した文書であるという点では両者の性格は相通ずるものがある。なお朝廷と幕府の上訴制度については、拙著『日本中世法書の研究』第五章「『越訴』の語義をめぐる一考察―公家法と武家法との関係から―」（汲古書院、二〇〇〇年）を参照されたい。

(21)八条の立法趣旨については『吾妻鏡』延応元（一二三九）年二月三十日条に「御家人所領事、知行歴年序之後、猶称本領、有訴申輩之間、為断如此濫訴、兼造式条」とある。八条の解釈をめぐっては、著名な石井良助氏、牧健二氏、高柳真三氏等による古典的な論争があり、それを整理・評価したものに、石井紫郎氏「知行論争の学説的意義」（同氏『日本国制史研究Ⅲ　日本人の法生活』東京大学出版会、二〇一二年、初出は一九六九年）、上横手雅敬氏「知行論争の再検討」（同氏『日本中世国家史論考』塙書房、一九九四年。初出は一九七四年）がある。その論点と問題点の詳細は別稿に期したいが、八条が幕府の裁判規範として立法されていることと、占有権を法的に保護している点が肝要なのだと思われる。笠松宏至氏は、本条を「不知行であるにも拘わらず、当知行であると偽りの申請をして得た安堵の下文を所有していても、不知行のまま年序を経た所領は、その下文によって知行を回復しようと試みても、叙用しない。何故なら右大将家の例によって当知行二十年の地は理非によらず改替しないのが原則であるから」と解された。「知行の由を掠め申して、御下文を掠め賜るの輩」という本文から、「偽りの申請」という点を強調されているようであるが（註（19）所引『中世政治社会思想　上』「補註」四三一頁）、本来の趣旨から言えば、不知行者に理があろうが無かろうが、関係無かったはずである（これは幕府が下文を発給する際に、その為の審理が不十分であったことを表面化させない為の文言であるとも評価できるかもしれない）。泰時が発した嘉禎三年令（追加法92条）には式目八条に関して「雖有文書之紕繆、過二十ヵ年者、守式目之趣、不顧理非、就当知行之年紀、可有御成敗矣」と記されている（勿論ここで「文書之紕繆」があるのは当知行者）。また知行年紀法について羽下徳彦氏は、、当該法が『御成敗式目』によって初めて定立され、順次他の法圏に及んだ、と指摘されている（笠松宏至氏・羽下徳彦氏「中世法」『岩波講座　日本歴史6　中世［2］』一九六三年、三一九頁）。なお八条の解釈については、新田一郎氏「日本中世の紛争処理の構図」も参照されたい（『紛争と訴訟の文化史』青木書店、二〇〇〇年）。

(22) 上横手雅敬氏は、『北条泰時』（吉川弘文館、一九五八年、九八頁）において「この二条項は互いに関連するものであるが、要するに現在の領主の知行権を尊重するという現実主義的な規定である」と既に指摘している。

(23) 九条の「謀叛」の語義について論じたものに、古澤直人氏「御成敗式目九条成立の前提―平安遺文・鎌倉遺文の「謀叛」用例の検討から―」がある（鎌倉遺文研究会編『鎌倉遺文研究―鎌倉時代の政治と経済』所収、東京堂出版、一九九九年）。古澤氏は、式目制定時において「謀叛」は定義しえなかったと指摘するが、幕府を含めた国家権力に対する叛意であることは疑いない。

(24) 縁坐について言及している『式目』条文（四条、十条、十一条、十七条）の解釈とその研究史を整理したものに山口道弘氏「鎌倉幕府法縁坐規定を逶る二、三の問題に就いて」（『国家学会雑誌』第一二八巻第九・十号）がある。

(25) 山口道弘氏は、註（24）所引論文において、主題は縁坐規定にあるとする。

(26) 佐藤進一氏註（4）所引論文三〇六頁。

(27) たとえば『吾妻鏡』承元四（一二一〇）年六月三日条・建保元（一二一三）年五月七日条・安貞二（一二二八）年七月二十四日条などを参照されたい。

(28) 十五条の適用例を網羅的に紹介した論文に瀬野精一郎氏の「鎌倉時代における「謀書」の罪科」（『早稲田大学大学院文学研究科紀要』第四七輯・第四分冊、二〇〇二年）がある。

(29) 三浦周行氏註（1）所引論文九七三頁。なお植木直一郎氏も、十八〜二十七条を「御家人の所領の譲与・処分に関する」条文としている（同氏註（1）所引『御成敗式目研究』一五二頁）。

(30) 佐藤進一氏註（4）所引論文三〇八頁。

(31) 『吾妻鏡』承久三（一二二一）年八月七日条には「叛逆卿相雲客幷勇士所領等事、武州尋註分、凡三千余箇所也。二品禅尼以件没収地、随勇敢勲功之浅深、面々省宛之」とある。

(32)『吾妻鏡』貞応元（一二二二）年四月二十七日条・元仁元（一二二四）年十月二十八日条・寛喜二（一二三〇）年二月六日条・嘉禎元（一二三五）年七月七日条・延応元（一二三九）年五月二日条・延応元（一二三九）年九月二十一日条等を参照されたい。

(33) 羽下德彦氏註（6）所引論文一八四頁。

(34) 七条と十六条の共通点については三浦周行氏も次の様に指摘している（同氏註（1）所引論文九七〇頁）。

式目五十一箇條の中には確かに其趣旨の重複せるものなきにあらず。例せば第七條に先祖の本領と称して、現に他人の所領（恩領）となれるを回復せんと訴へ出づるものに関する規程は、第十六條の第三項と同一なり、同條は主として承久兵乱の没後地の為めにいふも、宜しく第七條の一般的規定に包含せしめて可ならん。

(35)『国史大辞典　7』（吉川弘文館）「所務」（福田豊彦氏執筆）の項には「所職・所領の管理、年貢徴収などの収益事務、さらにその得分などをも意味し、動詞としても使われた」とある。

(36) 二十五条は、たとえ武家の女子が公家に嫁そうとも、所領に対し賦課される幕府の公事を引き続き勤める必要があることを定めるが、この事について五味文彦氏は、公家法が夫婦同財を原則としたのに対し、武家法は夫婦別財を原則としたので、このような問題が生じたと指摘した。すべて夫の財産となった以上、妻の所領に賦課されていたものを夫が継承する必要はないという主張が、公家側から為されたのではないかと推測されたのである（五味文彦氏「女性所領と家」『日本女性史　第二巻中世』女性史総合研究会編、東京大学出版会、一九八二年、三七頁）。

(37) 武家法の悔還の法理については拙著註（20）所引『日本中世法書の研究』第四章「中世法書における悔還の法理について」を参照されたい。

(38) 追加法265条・451条・461条・745条等が参考となる。

(39) 追加法98条・121条・435条・597条等が参考となる。また『吾妻鏡』仁治二（一二四一）年六月二十八日条には「有臨時評議。故佐貫八郎時綱養子太郎時信訴申後家藤原氏改嫁之由事、今日経沙汰、為式目以前改嫁之間、不及罪科。仍於本夫遺領上野国赤岩郷者可令後家領掌云々」とある。

(40)　三浦周行氏も佐藤進一氏も該群を訴訟法関連と指摘している。

(41)　三浦周行氏は、「第二十八条の規定は下の第三十六條の、故意に所領の境界を變更して他人の所領を争ふもの、第四十四條の、同僚の所領を望むが為、同僚が犯罪の嫌疑を受けて未だ判決を下されざるに先だちてこれを陥れんとするものと重複せば、特に一條を立てずとも、宜しく第二十八條に併合して可なるべきものなり」と指摘する（三浦周行氏（註（1）所引論文九七六頁）。しかし、このように個別具体的に立法するのが『式目』の特徴と言える。二十八条は一般的な讒訴を（所領と官途を望んだケースが挙げられている）、二十九条は境争論の際に事実無根の主張をした場合の事を論じている（この場合は、偽りの主張分を相手方に与える特別の処分が科された）。なお四十四条は、傍輩の罪状が確定していないのに、罪科を理由に、その傍輩の所領を賜りたいと申請することを禁じているだけであり、二十八条とは直接関係しない（ただし四十四条後段で、もしそれを許さば讒訴が横行してしまう、とは記されている）。

(42)　佐藤進一氏註（4）所引『日本の中世国家』一一一頁。

(43)　『吾妻鏡』暦仁元（一二三八）年十月十二日条。

(44)　鎌倉末期から南北朝期頃の『御成敗式目』の古写本と考えられているものに①管本、②鶴岡本、③世尊寺本、④平林本（康永二年の年紀）がある。植木・佐藤・池内氏は、これらの古写本を同一系統の写本であると指摘されたが（植木直一郎氏註（1）所引『御成敗式目研究』。佐藤進一氏『鎌倉幕府訴訟制度の研究』岩波書店〈復刊〉、一九九三年、初出は一九四三年。池内義資氏『御成敗式目の研究』平楽寺書店、一九七三年）、これらの写本にも現行本と同じ錯簡が認められる。従って当該部分（G）が錯簡であるとすれば、これらの親本に既に錯簡があったということになる。つまり鎌倉末期頃には、現行本と同じ条文排列の写本が流布していたことになる。右の古写本には、いずれも脱文があり、効力不遡及の原則を示した大切な一文を欠いているものや（③④）、関連する追加法までも併記されているものまである（②④）。残念ながら、現存する古写本の中に、善本と呼べるようなものは一本も存在しないのである。

(45)　『式目』三十五条が立法された、その歴史的意味については、古澤直人氏『鎌倉幕府と中世国家』第一部Ⅱ「鎌倉幕府法の展開―訴訟制度における「理非裁断」の成立・展開とその変質―」（校倉書房、一九九一年）を参照されたい。

(46)『式目』三十六条とその追加法との関係、並びにその判例については山本弘氏の「堺打越制度に関する一考察」(『九大法学』第八五号、二〇〇三年)を参照されたい。

(47)惣地頭と小地頭との関係については、さしあたり安田元久氏『地頭及び地頭領主制の研究』附論第二「西国の惣地頭について」(山川出版社、一九六一年)を参照されたい。

(48)「成功」について『国史大辞典　7』(時野谷滋氏執筆)は次の様に説明する。

朝廷の行事や殿舎の営繕および寺社の堂塔の修造の費用など、本来、公費から支出すべきものの財源に官職をあて、任官希望者を募集して任料を納入させるか、または自己の負担でそれぞれの事業の「功」を「成」させてその官職に任じるという、売官制度の一種。(以下略)

(49)三十九条の解釈については時野谷滋氏「鎌倉御家人の任官」(『政治経済史学』300号、一九九一年)を参照されたい。時野谷氏は当該条で取りあげる受領の任官を将軍知行国の国司であったとし、検非違使についても任官者の家格が定まっていたので、慣例に照らして任ぜられたとする。近年上杉和彦氏(「鎌倉幕府と官職制度」『日本中世法体系成立史論』校倉書房、一九九六年、初出は一九九〇年)や金子拓氏(『中世武家政権と政治秩序』第一部第一章、吉川弘文館、一九九八年)は、後段の規定から、御家人の官職補任に関する新たな規範を制定したのが三十九条であると評価した。特に金子氏は、源氏一門や「准門葉」と言われる最上層に限定されていた受領任官が、承久の乱後に「侍」身分層にまで拡大されたことを背景に、すべての受領任官者を対象とした立法であると指摘し、幕府内身分秩序の再編を図るのが本条の狙いであったと述べられた。だが、たとえ承久の乱後、受領任官の対象が広がり、その事が問題となっていたとしても、本条からすればそれは副次的な問題であり、、本条の主旨は、あくまでも正式な手続きを経ない、「公平」ではない任官を禁ずることにあったと思われる。

(50)註(19)所引『中世政治社会思想　上』補註37、四三六頁を参照されたい。

(51)「雑人」とは、奴婢に準ずる隷属民であると思われる。磯貝富士男氏は、「日本中世奴隷法の基礎的考察—鎌倉幕府法の奴隷規定を中心に—」において債務などにより奴隷に身をおとした者など、「以前から奴婢身分にあった者以外で何らかの事情で所有の客体とされた者」を「雑人」と呼んだのではないかとしている(同氏『日本中世奴隷制論』校倉書房、二〇〇七年、一八三頁、初出は一九七五年）。

(52) 新補率法によれば、犯罪者の財産を没収した場合、領家・国司はその三分の二を、地頭はその三分の一を受け取ることとなっている。また逃亡跡の百姓の在家を領家と地頭で折半せよと命じた幕府の判例も見られる（『鎌倉遺文』第三巻一七〇八号、承元元年十二月日付「関東下知状」）。

(53) 当該期の百姓の法的位置づけを考える為に『式目』四十二条の法解釈をめぐっては、論争が展開されてきた。近年当該研究史の整理がなされているが（①木村茂光氏「「式目四二条」を読み直す」『歴史評論』第714号、二〇〇九年、②「御成敗式目四二条論」『日本歴史』第784号、二〇一三年）、しかし『式目』の条文構造から立法目的を論じたものは皆無であると思われる。この点については別稿に期したい。

(54) 笠松宏至氏は、註（19）所引『中世政治社会思想　上』三二頁の頭註において次の様に説明を加えておられる。

安堵をうけるには一般に当知行たることが必要条件である。従って、（一）相続による当知行人の交替、（二）将軍や執権の代替わりによる安堵発給状側の交替、（三）他からの押妨排除、（四）戦乱・動乱による知行の混乱などの契機（次）がなければ、単なる当知行安堵は本来無意味・無価値である。しかし式目当時、すなわち承久の乱・義時の死去など、（一）（三）の要因からする安堵申請が急増し、同時に本条前半にいうごとき安堵の悪用が頻発したため、本条が立法されたものであろう。

(55) 鎌倉幕府裁判所の問状・召文を対象とした研究を整理したものに西村安博氏「鎌倉幕府の裁判における問状・召文に関する覚え書き―その理解の現状と今後の課題―」がある（『同志社法学』第六〇巻第七号、二〇〇九年）。

(56) 河内祥輔氏註（4）所引論文四頁。

(57) 河内祥輔氏註（4）所引論文四頁。

(58) なお古澤直人氏も三十五条に比定されるべき律令の条文は、「河内氏のごとく、『雑令』一七訴訟条ではなく、『公式令』六四訴訟追摂条であるとされている」（古澤直人氏『鎌倉幕府と中世国家』校倉書房、一九九一年、五十七頁）。

(59) ただし、河内氏も「36条を雑令訴訟条に対応させることは、無理といえるかもしれない。しかし36条を処理する代案もないので、便宜的に35条と一括にした」と述べられている（同氏註（4）所引論文一四頁）。
(60) 佐藤進一氏註（4）所引論文三一一頁。
(61) 清水亮氏は、（一）～（四）の立法が、前年（暦仁元年）の将軍頼経の上洛にともなうものであると指摘する（清水亮氏「鎌倉時代の惣地頭・小地頭間相論と鎌倉幕府」『鎌倉幕府御家人制の政治史的研究』校倉書房、二〇〇七年、初出は二〇〇二年）。そして、この当該追加法が後に『式目』に編入されたというのである。しかし原『式目』に身分秩序を維持する為の規範がまったく無かったとするのも違和感がある。また、当該条の内容が延応元（一二三八）年にはじめて立法されたという根拠も弱いようである。
(62) 佐藤進一氏註（4）所引論文三〇九頁。
(63) 河内祥輔氏註（4）所引論文六頁。
(64) 河内祥輔氏註（4）所引論文六頁。
(65) 佐藤進一氏註（4）所引論文三〇九頁。
(66) 人身売買法の歴史については、牧英正氏の『日本法史における人身売買の研究』（有斐閣、一九六一年）を参照されたい。
(67) 詳細は、拙稿「寛喜飢饉時の北条泰時の撫民政策」（『身延山大学仏教学部紀要』第14号、本書第七章）を参照されたい。
(68) もし、現在の四十一条と同内容の法がこのとき立法されていたとすると、前条（5）で一般人を対象とした人身売買を全面的に禁じておいて、本条では奴婢雑人の取得時効や、異なる家に帰属する奴・婢間に生まれた子の所有権が論じられていることとなり、政策の狙いがはっきりしなくなる。
(69) この付タリ文言に対する理解は、河内氏と見解を同じくする（河内祥輔氏註（4）所引論文七頁）。
(70) 河内祥輔氏註（4）所引論文七頁。
(71) 河内祥輔氏註（4）所引論文一五頁において「佐藤氏は、式目49・51条についても、それらが貞永元年よりはるか後年の立法を示すという史料を挙げておられるが、それらの史料も、その証明に足るものではない」と指摘されている。しかし、その問題点を明確にしているわけではない。

(72) 佐藤進一氏は、註(4)所引論文三一〇頁において、追加法208条中の先日の法を『吾妻鏡』寛元元年七月十日条の規定と考えるか(その場合は『吾妻鏡』の日付を誤りとする)、もしくは式目四十九条の規定そのものと考えるのが妥当だと指摘する。しかし、その立法内容を追加法208条から考えると、証拠が十分に揃っているときのみならず、再審の場合も、子細が明らかであれば、当事者を裁判所に召喚せず迅速に判決を下すことが規定されていたはずである。仮に、証拠具備の場合は召決せずという法が既に立法されており、それを前提として、再審の場合も、「子細分明」ならば召決しない旨を当該法で定めたと考えれば、『式目』四十九条と同趣旨の幕府法は、当該法よりさらに遡って発せられていたことになる。

(73) 佐藤進一氏註(4)所引論文三一〇頁。

(74) 河内祥輔氏は、この記事が三浦義村・泰村父子を中傷する記事群の一つであるとして、その信用性に疑問をもたれているが(宝治合戦との関わりで作成されたものが典拠とされた可能性が高いという)、内容的に問題があるわけではない(同氏註(4)所引論文一五頁)。

(75) 笠松宏至氏は註(19)所引『中世政治社会思想　上』一七頁の頭註において「正しくは、このような一条文中の段落は「先段」と称されるべきであった」と指摘されている。

(76) 三浦周行氏註(1)所引論文九六九頁を参照されたい。

(77) 佐藤進一氏註(4)所引論文三〇七頁。

(78) 『吾妻鏡』元仁元(一二二四)年十二月二日条には「武州為執権殊被顕政道興行之志、而以明法道目安、自今朝毎旦一反可覧之云々」とある。

(79) 三善康連は、三善家の嫡子ではなかったが、寛元四(一二四六)年に嫡子康俊の子、町野康持が名越光時の乱で失脚したことにより康連が四代目問註所執事に任じられ、それ以後、問註所執事職は康連の子孫大田氏が世襲するようになる。そのような経緯から康連の功績が誇張されているのかもしれない。

(80) 康永二(一三四三)年の年紀をもつ平林本には「兼日十三人、下給目録、就意見状、被定式目事書畢。外記大夫倫重。兵衛入道浄円。佐藤内業時。下給書了」とある(『御成敗式目』古典保存会、一九三〇年)。

(81) 三浦周行氏も、これらの事実を指摘されるが、『御成敗式目』の欠陥であると評しておられる（三浦氏註（1）所引論文九八五頁）。また植木直一郎氏は、これらの条文を執法者の自由裁量に関する規定であると理解されている（植木氏氏註（1）所引『御成敗式目研究』三〇四—三一四頁）。
(82) 註（19）所引『中世政治社会思想　上』三九頁の頭註を参照されたい。
(83) 所領無き場合は、罪科に処されてもよい旨を誓状に記すことが規定されている。
(84)「懸物押書」については、拙稿「懸物押書ノート」（『國學院高等学校紀要』第二十五輯、一九九三年）、拙稿「『懸物押書』の歴史的意味」（『法史学研究会会報』第七号、二〇〇二年）を参照されたい。なお、「懸物押書」についての研究を整理されたものに山本弘氏「日本中世訴訟制度における《裁許前誓約》—鎌倉幕府による濫訴対策の一側面—」（『九大法学』第九一号、二〇〇五年）がある。
(85) 追加法168条は時限立法的な性格が強かった。
(86) 笠松宏至氏が指摘する様に、『式目』編纂前の嘉禄二（一二二六）年七月四日付の裁許状（ただしこれは建長二年七月七日付の裁許状に引用されたもの）の文言には「雖為私領、輙不可売渡他人、売買之主罪科雖遁」（『鎌倉遺文』第十巻七二一一号）とあったらしい（笠松宏至・羽下徳彦氏註（21）所引論文三四一頁）。如何なる状況下での売買であったのか不明であり、建長二（一二五〇）年の裁許状に正確に引用されているかどうかもわからないが、一応、そのままの文言があったとしておく。これを整合的に考えるならば、嘉禄二（一二二六）年頃に、私領の売買をも制限する動きがあったが、東国御家人達から反発にあい、相伝私領の売買は許容せざるを得なくなったと考えられる。
(87) 御家人の私領については、筧雅博氏「鎌倉幕府掌論」（『三浦古文化』第50号、一九九二年）を参照されたい。筧氏は、関東御公事の内、恒例役は私領のみに課されたと指摘する。
(88) 不遡及の原則は、『吾妻鏡』仁治二（一二四一）年六月二十八日条でも確認できる。
(89) 石井良助氏は『日本法制史概説』（創文社、一九四八年、二〇九頁）の中で『式目』の性格を次の様に論じられている。
この式目は厳格な意味に於ける法典ではない。その制定當時施政の實際上、殊に、承久亂後の所領の混亂状態を整理するために必要なりと考へられた五十一箇條を選んで、成文化したに過ぎないものであって、律令の如く篇を別ち、合計千数百余条に上るものとは大に相違している。

(90) 植木直一郎氏註（1）所引『御成敗式目研究』二四六頁。

(91) それについては植木直一郎氏が既に「式目の効力範囲に属する人々は、關東の御家人及び其の家人・郎従並に御家人の所領内の人民、及び鎌倉並關東御分国内の社人・僧侶・非御家人並に一般人民即ち式目中にいはゆる凡下等輩である」と指摘されている（植木氏註（1）『前掲書』一〇二頁）。

(92) いつ式目本文の増補修正が為されたかについては手がかりを得ない。ただし現在伝わる古写本が何れも改訂本であることから、かなり早期に増補改訂が為された可能性が高い。「蘆雪本御成敗式目抄」の端書には、「五十一ヶ條ニテ不定（足カ）ガ故ニ、追加ヲハ、八十八代ノ時后深草院ノ時添ラル」とある『中世法制史料集　別巻 御成敗式目註釈書集要』（岩波書店、一九七八年、一一八頁）。深草天皇即位期は時頼執政期であり、このとき増補が為されたのではないかとも考えられるが、同書所引の「是円抄」（鎌倉末期に中原是円が著した書）のものと思われる奥書に「追加誰人ノ集メ加トモ不知、本条ニ無キ沙汰ヲ添、或ハ本条ノ沙汰ヲ改メタル処モアリ、二十ヶ条アリ」と記され、その冒頭の「追加」に「彼ニハ追加ニ人王八十八代后深草院ノ時、シソユルト有也」と註されていることから（同書一九五頁）、通説通りに、後深草天皇の御代に二十箇条に及ぶまとまった追加集が作成されたと理解しておきたい。この『是円抄』奥書については、新田一郎氏の「『是円抄』系「追加集」の成立過程について」（同氏『日本中世の社会と法―国制史的変容』東京大学出版会、一九九五年、二六三頁）を参照されたい。

(93) 杉橋隆夫氏は「御成敗式目成立の経緯・試論」において、「原式目は、はじめ五〇ヵ条構成でもって成立したが、（貞永元年）九月頃、堺相論に関する一ヵ条（三十六条）が急遽つけ加えられて、都合五十一ヵ条になった」と主張されている（岸俊男教授退官記念会編『日本政治社会史研究　下』塙書房、一九八五年、一七二頁）。しかし、たとえ三十六条が貞永元（一二三二）年九月頃の立法にかかるものだとしても、それによって原『式目』が五十箇条で構成されていたことを証明することにはならない。改訂者が五十一箇条という条文数にこだわって補遺修正作業を行なったのも、原『式目』が五十一箇条で構成されていたからに違いない。

（94）前近代の法典編纂の方法に関しては、小林宏氏の研究が註目される。日本律令、御成敗式目、分国法（塵芥集）、公事方御定書、藩法（熊本藩刑法草書、会津藩刑則）等を例に挙げ共通する特徴を以下の様に指摘されている（「前近代法典編纂試論」『日本における立法と法解釈の史的研究　近代』汲古書院、二〇〇九年、二九五頁、初出は二〇〇三年）。

当初、新しい理念や目的をもって編纂された法典については、後の改訂者は原法典の編纂者の意思を重く受けとめ、その理念や目的を損なわない限り、原法典に対し、いかに大規模な改正を施しても（たとい改正された法典の編成、条文数、規定の内容、起草者等が原法典のそれと大きく異なる場合があっても）、なお改正を経た法典を新規、別個の法典とは考えず、依然として原法典の修正・修補という意識をもって対処した。従って改正された法典には、原法典制定の年紀がそのまま記され、また原法典に関する付属資料（表、序、起請文、制定者の消息等）がそのまま付加される場合がある。更に原法典に比べて、その改訂がいかに大規模なものであろうと、その事業の意味は原法典の編纂に比べて軽く考えられたから、その改訂の事業は公的な記録に遺されることは少なく、また遺されたとしても、その記事は簡略である場合が多い。

第三章 『御成敗式目』成立の背景
——律令法との関係を中心に——

はじめに

貞永元（一二三二）年に、武家の基本法典として『御成敗式目』（以下『式目』と略称）が制定・発布されたことの歴史的意味を明らかにする為には、既存の法や制度との関係を考察する必要がある。なかでも当時の国法たる律令法との関係を明確にすることは最も重要であろう。

ところが、『式目』と律令法との関係を正面から論じた研究は殆どないといってよい。その理由を一概に述べることは難しいが、やはり法典としての『式目』の独自性ばかりが強調されてきたからであろう。

しかし、たとえ『式目』が律令法体系に属さない新法典であったとしても、またいくら独自な内容を有していたとしても、制定当時に立法者がこの新法典の性格を内外に説明する為には、当時の法概念を用いて説明するしか手段はなかったはずである。『式目』の制定を正当化し、社会の法として機能させる為には、律令法との関係を既存の法概念を用いて明らかにせねばならなかったはずである。

そこで本稿では、武家法の基本法たる『式目』を制定する際に、立法者がどの様な法概念を用いて、これを正当化したのかといった点を中心に検討し、立法者の考える『式目』の歴史的位置づけを明らかにしたいと考えている。

一　『御成敗式目』にみる「法意」

『式目』と律令法との関係を明らかにする為に、立法者がどの様な所で「法意」を引用しているのか具体的に検討し、「法意」が引用されていることの意味を考えてゆきたい。

次の『式目』十八条は、親の悔還権に関する条項である。ここでは、女子に譲与した所領も男子に譲与した場合と同様に、親の悔還権が及ぶことが規定されている。[1]

(1) 十八条

『式目』十八条

一、譲与所領於女子後、依有不和儀、其親悔還否事

右、男女之号雖異、父母之恩惟同。爰法家之倫、雖有申旨、女子則憑不悔返之文、不可憚不孝之罪業。父母亦察及敵対之論、不可譲所領於女子歟。親子義絶之起也。教令違犯之基也。女子若有向背之儀、父母宜任進退之意。依之、女子者為全譲状竭忠孝之節、父母者為施撫育均慈愛之思者歟。

右の十八条では、「法家之倫」(=明法家)には異論もあろうが、という形で武家法の法理が説明されている。当該条の構造は、まず簡明に結論が記され(父母に対する恩は、男女変わることがないのであるから、親の悔還権は男子ばかりではなく、女子にも及ぶという結論)、その後に、この解釈に対する「法家の倫」からの反論を予想し、当該条の立法趣旨を説明するという形になっている。後述する二十三条も全くこれと同じ構造である。

十八条に見る理由づけは以下のようなものである。即ち、もし女子に譲与したものを悔還すことができないとしたならば、女子はそれを盾にとって平気で「不孝」を犯すであろうし、父母の方でも女子が敵対することを懸念して、女子に所領を譲与しなくなるであろう。それは「親子義絶」の起こりであり、[2]「教令違犯」の基となる、というのである。

「法家の倫」からの反発が予想されている様に、公家法においては有夫の女子に譲与したものの悔還を認めていな

かった。たとえば建永二（一二〇七）年に明法博士坂上明基が著した『裁判至要抄』には、次の様に記されている。

『裁判至要抄』二十八条

一、処分有夫女子財、不悔還事

戸婚律云、祖父母々令別籍者、子孫不坐。

釈云、女子随夫別籍者、不禁。

案之、女子適夫家之後、所譲与之財物、可為夫之進止。夫婦同財以夫為主之故也。仍父母更難進退。処分有夫女子之財、輙不悔還。但未異財者、可悔還之。

つまり公家法では、有夫の女子に一旦譲与したものについては「夫婦同財」の論理により、たとえ親と雖も悔還すことができないこととなっていたのである。ただし公家法においても未婚の女子に譲与したものや未異財の物については悔還の対象となることは注意する必要がある。これに対して『式目』においては、夫の有無を問わず、女子に譲与したものについても、親の悔還権が全面的に及ぶことが明記されたのである。

「法家の倫」の戸婚律についての法解釈を否定するにあたり、『式目』の立法者が行なった理由づけは、もしこの法解釈を是とすれば、女子は「不孝の罪業」を憚らず、結果として親子関係が「義絶」し、「教令違犯」を惹起させることとなるというものであった。もし「教令違犯」ということになれば闘訟律47子孫教令違犯条に抵触することにもなるし、又何よりも儒教倫理に照らして最も許し難い罪とされる八虐の「不孝」に該当する様な、かくの如き行為（親の悔還を拒否する行為）を容認することになるというのがその主張である様に思われる（実際の所、名例律6八虐条は親生存中の「異財」を「不孝」に該当する罪の一つに挙げている）。しかし、「法家の倫」の法解釈を否定することがここでの目的ではなく、武家法の法理を正当化する為に律令法の基本原理ともいえる儒教の倫理を掲げたというのが実際の所であろう。

次の二十三条は、女性が養子をとり、その養子に所領を譲与することを認めた条項である。

(2) 二十三条

『式目』二十三条

一、女人養子事

右。如法意者、雖不許之。大将家御時以来至于当世、無其子之女人等譲与所領於養子事、不易之法不可勝計。

加之、都鄙之例先蹤惟多。評議之処尤足信用歟。

右の二十三条においても、傍線部の如く、当該解釈が「法意」（律令法）と相入れないものであることを認めた上で、その理由が説明されている。この構造は十八条と同じであるといってよい。

「女人養子」とは、実子なき女性が養子を迎えることである。「法意」も実子無き夫が嗣子を選定することなく死亡した場合には、寡婦に嗣子選定の権利を認めていたと思われるのであるが、文永四（一二六七）年八月に明法博士中原章澄が著した『明法条々勘録』には次の様に記されている。

『明法条々勘録』十四条

一、可聴寘（寡）婦養子否事

正条雖不聴之、量時宜可聴否云々。

右、戸令云、寘（寡）独不能自存、令近親収養。義解云。五十以上而無夫為寡。六十一以上而無子為独也。

穴云、子謂男子也。有女子無男者、与（同脱）寡妻故也者。

寡婦雖可無養子。僧尼猶以有第（弟）子、准拠之処、蓋許養子哉。執憲履縄、務従折中之故也。

つまり中世の明法家である中原章澄も、『式目』二十三条と同じく、法意（＝「正条」）では寡婦の養子を認めていないと理解していたことになる（傍線部）。養子を迎えることが本来禁じられている僧尼も弟子を養子としているのであるから、これに「准拠」すれば寡婦が養子を迎えることもまた許されるべきであるというのが右の中原章澄の結論である。「法意ノ如クンバ、コレヲ許サズ」という『式目』二十三条の強い語調からは、『式目』制定時においても、律令法の原則通り、寡婦の養子を容認しないという法学説がいまだ有力であったことを窺わせる。(3)

しかし、「女人養子」を認めない「法意」に対して異を唱えたのが、『式目』二十三条であった。その際に、『式目』の立法者は二つの根拠を示して、その理由づけを行なった。まず最初に「(右)大将家御時」（頼朝の代）から現在に至るまで、幕府が一貫して実子なき女性の養子への所領譲渡を容認してきたことを第一の根拠として示し（「不易之法」と表現されている）、第二に、さらにそれに加え、「女人養子」が一般社会の慣行として広く認められていることを根拠として示した。しかも念の入ったことに、これらの点に関しては、評定会議を経て了承されているので、信用性に問題はない（＝「信用ニ足ル」）、とまで断っているのである。

ここでは、幕府の判例や在地の慣行のみならず、評定会議で審議を経た事までもが根拠の一つとして示されている。評定会議を経て立法化されたことが明記されているのは、『式目』の中で二十三条ただ一つであり、当該条文にこの事が明記された意味を考えてみる必要がある。なぜ「女人養子」を認めるのかといった当該条文中の説明は、直接の対象となる御家人に対してなされたものというよりは、むしろ異論を唱えることが予想される明法家に対してなされた弁明と考えた方がよいのではないだろうか。「評議ノ処モットモ信用ニ足ルカ」という末尾の文言もそのことを物語っている様に思われる。

(3)　四十一条

次の『式目』四十一条は、当時財産の一部と見なされていた「奴婢」「雑人」に関する条項である。

『式目』四十一条

一、奴婢雑人事

右、任大将家之例、無其沙汰過十箇年者、不論理非不及改沙汰。次奴婢所生男女事、如法意者雖有子細、任同御時之例、男者付父、女者可付母也。

当該条文においては、第二項に「法意」が引用されている。ここでも武家法が「法意」と異なることを明らかにした上で、その根拠を「(右)大将家之例」に求めている。[4]『式目』四十一条は第一項において十年という奴婢の取得時効が明示され、[5]第二項において異なる家に帰属する奴・婢間に生まれた子の所有権をめぐる原則（男子は父方の主人に、女子は母方の主人に付す）が明らかにされている。第一項、第二項共に「右大将家（頼朝）」の先例を拠り所としていることをまず確認しておきたい。

明法家達が、奴婢の取得時効をどの様に考えていたのかは不明であるが、第二項に規定せる所の奴婢の子の所有権に関しては、『式目』四十一条の立法内容に相反する明法学説が存したことは間違いない。次に記す、坂上氏の家説などは、その代表的なものであろう。

『法曹至要抄』中巻雑事条十二条

一、奴婢合所生子可従母事

捕亡令云、両家奴婢倶逃亡、合生男女、並徒（従）母。

義解云、謂官私奴婢、与官戸家人合生男女、亦同。

案之、於奴婢者、律比畜産。仍所生之子、皆可従母也。

『裁判至要抄』十条

　一、家人奴婢子可従母事

　　捕亡令云、両家奴婢合生男女、従母。義解云、家人亦同。

　　　案之、以他人之従母、為妻所生之男女、皆従于母可令服仕。

右の如く、坂上氏の家説を伝える『法曹至要抄』（明兼撰）と『裁判至要抄』（明基撰）には、『式目』四十一条と異なる法解釈が記されている。奴婢は畜産に比せられるので、奴・婢の間に生まれた子は、男女を問わず母に付すべしというのが坂上氏の学説であった（『裁判至要抄』は他人の婢のみならず、他人の家人を妻とし、子供が生まれた場合まで想定している）。この法解釈は、「法意」から導かれる所の穏当な解釈といえよう。

『式目』四十一条において、右の坂上氏の家説は否定されたのであるが、その際に行なった理由づけは、それが「（右）大将家之例」であるということだけであった。上述せる如く、「法意」と異なる法解釈を行なう場合に、十八条や二十三条においては周到にその理由づけが行なわれているのであるが、当該条においては、「（右）大将家之例」を掲げるのみで、その他の説明は一切為されていない。その違いは一体何に起因するのであろうか。

牧英正氏は、『式目』四十一条に関して次の様な興味深い指摘をされている。

　実際の慣行においては、通常の場合、奴婢の子の帰属は良民の場合と同様に男子は父に、女子は母に付けられることが既に奈良時代から行われていたのであって、御成敗式目によって定められたものでないことはもとより、この慣習は右大将頼朝に始まる例でもなく更に遠く遡るものであった。してみれば、式目がこの古来の慣習を確認したということは、奴婢の処遇に画期的な変更をなしたものとすることは出来ないのではなかろうか。[6]

牧氏は、奈良時代の戸籍の記載内容や、『令集解』（平安期に明法家惟宗氏が編纂した令の注釈書）の「従本国為定。謂父国是。但女不在此例」(戸令14新附条集解所引「古記」)[7]といった法解釈から右の結論を導かれたのである。右の牧氏の推論に誤りがないとすると、『式目』制定当時にはすでに、奴婢の子は男子ならば父に付け、女子ならば母に付けるといったことが、一般的な慣習となっていたはずである。『式目』四十一条では、「(右)大将家之例」に仮託されているが、実際にはそれ以前からの法慣行であったのであり、その事は人々に広く認知されていたのではなかろうか。つまりここでは「法」と現実との逕庭が認められるのである。『式目』は、「法意」に反する現実社会の法慣行を成文化したのであるが、この法慣行が人々に広く受け入れられていたからこそ、武家の基本法として躊躇無く成文化しえたのではないだろうか。『式目』四十一条が、十八条や二十三条と異なり、丁寧にその理由づけがなされていないのも、おそらくその為であろう。

以上、『式目』に「法意」がどの様に引用されているのかを具体的に考察した。「法意」や「法家之倫」の主張が条文中に引用されているのは、十八条、二十三条、四十一条の三箇条であった。いずれの場合も立法内容が律令法に相反することを確認する為に引用されていると言ってよいであろう。しかし『式目』の条文の中には「法意」と異なる法解釈を行なっているにもかかわらず、そのことが明示されていない条項も存するのである。たとえば八条や二十四条、二十七条などがそれにあたる。そこでこれらの条文の内容を検討してみよう。

(4)　八条

『式目』八条は「知行年紀法」として知られている条文である。

『式目』八条

一、雖帯御下文不令知行経年序所領事

右、当知行之後、過廿ヶ年者、任大将家之例、不論理非不能改替。而申知行之由、掠給御下文之輩、雖帯彼状不及叙用。

右の『式目』八条は、二十年以上継続して所領を占有している者の権利を無条件に認めたものであるが（たとえ確かな証文を帯する者が、違法な占拠であると幕府へ提訴してもこれを棄却するというのが当該条文の趣旨であろう）、その根拠もやはり前掲の四十一条と同様に「(右)大将家之例」に求めている。しかし先学が既に指摘されている様に[8]、「知行年紀法」の淵源は平安中期以来の法慣行に求めることができるのである。平安中期以降、為政者は在地の秩序を安定させる手段として、公験（証文）と同様に「年序」（占有の年紀多積）も一つの由緒として認めてきたのである。『式目』八条の如く、公験よりも「年序」を重んずる法思想がいつ生まれたのかは厳格に考証する必要があるが、遅くとも院政期ぐらいまでは遡りうると思われる。二十年という年紀が何に由来するのか不明であるが、頼朝執政期の判例として自明であったとは到底考えられない（その様な判例は一例も確認できない）。『式目』を制定する際に、法慣行として一般的な「年序」の法を武家法として成文化し、二十年という年紀を新たに定めたというのが、実際の所であったのではないか[9]。

(5)　二十四条

次に『式目』二十四条を見てみよう。本条は後家の亡夫遺領の相続権について規定したものである。

『式目』二十四条

一、譲得夫所領後家、令改嫁事

右、為後家之輩譲得夫所領者、須抛他事訪亡夫後世之処、背式目事非無其咎歟。而忽忘貞心令改嫁者、以所得之領地可充給亡夫之子息。若又無子息者可有別御計。

右の二十四条では、後家が改嫁したときには亡夫遺領の相続権を失うことが規定されている（その場合には当該所領を亡夫の遺子が相続することとなる）。その立法趣旨は、由緒ある御家人の所領が、後家を介して他の御家人や非御家人の所領となることを阻止せんとするものであった。これを幕府の基本法として立法化したことは、幕府としても重要な意味があった。

一方、公家法では、これと異なる法解釈が行なわれている。坂上氏の『法曹至要抄』や『裁判至要抄』には次の如く見えている。

『法曹至要抄』下巻処分条十二条

一、処分子孫之物、子孫死後不返領事

戸婚律云、祖父母父母在而、子孫別籍異財者、徒二年。若祖父母父母令別籍者、徒一年。子孫不坐。

疏云、但云別籍、不云令異財者、明其無罪也。

説者云、已異後不可悔還者。

案之、於父母之令異財者、受領之子孫無有其罪。又已異後不可悔還。況子孫亡有妻子者、妻子可伝領。父母更不返領之。

『裁判至要抄』二十七条

一、処分子孫財、子孫死後輙不返領事

戸婚律云、祖父母父母在而、子孫別籍異財者、徒二年。若祖父母々々令別籍者、徒一年。子孫不坐。

説者云、已異後不可悔還者。

案之、祖父母々々以家地所領譲与子孫之間、子孫死去之刻、或譲与其妻、或和与他人者、雖祖父母々々、輙不可進退歟。

両書の按文には、相続人がその妻に譲与したものを、相続人の没後に、その祖父母父母（被相続人）が悔還することはできないと記されている。寡妻が改嫁した場合に、これを悔還しうるのか否か、ここでは明記されていないが、やはりその場合でも悔還することは許されないと明法家は理解していたはずである。なぜなら上述せる如く、公家法では自分の娘と雖も他家に嫁いだ場合には、悔還することが認められていなかったのであるから、他家に再嫁した嫁に悔還権を行使することなど許されるはずはないと考えていたに違いない。この問題に関しては、天長十（八三三）年に著された令の官撰注釈書である『令義解』の法解釈が参考となる。

戸令23応分条義解

問。家長妻妾、服闋之後、未分之前、改嫁如何、答。文云嫡母継母各二分、謂家長之妻、夫亡寡居者也。若未分之前。改嫁適他者。不可得財。(10)

右の義解は次の様に自問自答している。即ち、家長が亡くなり、服喪期間も過ぎて、その遺産分割を行なう際に、既に家長の妻妾が改嫁していたときにはどう処分すべきなのかという問いをまず立て、それに答える形で「嫡母二分、継母二分」という戸令23応分条の相続分は、夫家に寡居する「家長の妻」の為の規定であるので、遺産分割の前に改嫁した者に相続権はないと述べている。もし武家法の如く、再嫁した時点で亡夫遺領の相続権がなくなるのならば、この様な問答を行なうことも無意味となる。亡夫の遺領相続後に、それを自己の財産として他家に再嫁することが認められていたからこそ遺産分割の前に改嫁した者の相続権が問題となったのであろう。(11)

右の如き、公家法の解釈に対して『式目』は、「他事ヲ抛チテ、亡夫ノ後世ヲ訪フ」のが寡妻本来の姿であるのだから、「貞心ヲ忘レ改嫁」することは「式目」に背く行為であると述べ、咎を蒙るのは当然であるといい、妻が亡夫遺領の相続権を失うことを理由づけている。二十四条の「式目」が何を指し示すのか、この前後の文章からだけでは判然としないが、『式目』中の他の用例から考えると、武家法全般を指し示していると思われる。[12] 二十四条で注目すべき点は、先の十八条と同様に、儒教の倫理（たとえば『礼記』巻十一　郊特牲には「天地合而后万物興焉。夫昏礼。万世之始也。取於異姓。所以附遠厚別也。弊必誠。辞無不腆。告之以直信。信事人也。信。婦徳也。壱与之齊。終身不改。故夫死不嫁」とある）を持ち出して公家法を否定している所である。ただし公家法には敢えて言及せずに、間接的に公家法を批判している点で、十八条とは異なっている。

(6) 二十七条

『式目』二十七条も公家法とは異なる相続法の規定である。

一、未処分跡事

右、且随奉公之浅深、且糺器量之堪否、各任時宜可被分充。

右の『式目』二十七条は、被相続人が未処分で死去した場合、幕府への奉公の浅深やその者の器量等を斟酌し、「時宜」に任せて相続人とその相続分を決定せよというものである[13]（決定したのは家父長＝家督であろう）。被相続人が未処分で死去した場合の遺産分割法は、戸令23応分条に、「嫡母」「継母」「嫡子」は「二分」、「庶子」は「一分」、女子（「姑姉妹在室者」）は庶子の半分と規定されている。

しかし戸令23応分条の末尾に「亡人存日処分、証拠灼然者、不用此令（亡人ノ存日ニ処分シテ、証拠灼然タラバ、コノ令ヲ用ヒズ）」と記されている様に、これはあくまでも被相続人が未処分のまま死去したときの規定であり、被相続人が生前に、自らの意思で相続人とその相続分を決めておくことが当然とされていた（勿論武家でも同様である）。とはいえ、遺言無き場合の遺産分割法が戸令23応分条に規定されていることは、武家と雖も看過しえなかったはずである。もし『式目』が公家法との違いを明確にすることを目的の一つとしていたならば、なおさらのこと「法意」について言及すべきであろう。しかし『式目』二十七条においては、右の如く「法意」についてはまったく言及されていないのである。それではなぜ「法意」が等閑に付されたのであろうか。おそらくそれは幕府への奉公の浅深を勘案して相続人を選定せよとある様に、二十七条が御家人のみを対象とする条項であったことと関係しよう。つまり二十七条の問題は武家社会内部で完結する問題であり、その立法内容に関して公家側から批判される可能性は極めて少なかったはずである。二十七条において、立法者が「法意」について言及しなかったのも、やはりそのあたりに理由がある様に思われる。

以上、『式目』の条項の中で、律令法（＝法意）や公家法と異なる法解釈を行なっているものについて検討を加えた。その結果、形式的に次の三つに分類できることがわかった。

①律令法や公家法との違いを明確にした上で、武家法の法理を説明（理由づけ）したもの（十八条・二十三条・四十一条）。

②律令法や公家法には言及せずに、武家法の法理だけを説明したもの（八条・二十四条）。

③　武家法の法理の説明も為されずに結論だけを述べたもの（二十七条）。

また①②の際に、当該解釈の正当性を理由づける為に立法者が用いた手法は、a 儒教倫理（十八条・二十四条）、b 右大将家（頼朝期）の先例（八条・四十一条）、c 判例・慣習法（二十三条）、を援用するというものであった。[14] b の「右大将家の先例」は、『式目』において武家独自の立法を行なう際にも、その論拠として度々登場するものであるが、[15] この「右大将家の先例」は、前述せる様に、頼朝以前からの法慣行や根拠の曖昧なことを立法化する際のレトリックとしても用いられているのである。[16]

ところで、律令法や公家法と異なる法解釈を行なう場合に、その違いを明確に述べる場合（①）と、そうでない場合（②③）とがあるのはなぜであろうか。どうやら当該解釈の正当性を説明しうる場合に、敢えて相違点を明確にしている様である。特に公家側（明法家）から異論が出そうな内容のときに、なぜ異なるのかその理由が慎重に論じられている様に思われる。②③の如く、律令法や公家法に相反する法解釈を行なっているにもかかわらず、その違いが明示されていないのは、これらの場合は、すでに武家法として、或いは在地の慣習法として、人々に広く認知されている規範を『式目』の一条項として成文化したものであったから、十分な説明をしなくとも、それで事足りたのであろう。②③に関しては、その立法内容について公家側から批判を受ける恐れは殆どなかったと考えられる。立法者はそのことを十分に認識していたからこそ、律令法や公家法と対比させることをしなかったのではないだろうか。

これまでの検討結果から、『式目』を制定する際に、幕府が如何に公家側の意向をおもんぱかっていたのかということが理解して頂けたと思う。『式目』の法理から、武家法の独自性ばかりを強調することは『式目』の本質を見失わせることとなろう。

幕府が『式目』を制定する際に、公家側からの批判に対し、敏感になっていたことは、その立法趣旨を六波羅探題北条重時に伝える執権泰時の書状から十分に読み取ることができる。そこで次節ではこの泰時の書状を通じて、『式目』の立法趣旨について考えてみたい。

二　北条泰時書状の分析

以下の貞永元（一二三二）年八月八日と同年九月十一日の日付をもつ二通の六波羅探題北条重時宛の執権北条泰時の書状は、『式目』の立法趣旨を伝えるものとして著名なものである。(17)

I

御式目事(18)

〔A1〕雑務御成敗のあひだ、おなじ躰なる事をも、強きは申とおし、弱きはうづもるゝやうに候を、ずいぶんに精好せられ候へども、おのづから人にしたがうて軽重などの出来候ざらんために、かねて式条をつくられ候。その状一通まいらせ候。〔A2〕かやうの事には、むねと法令の文につきて、その沙汰あるべきにて候に、ゐ中にはその道をうかゞい知りたるもの、千人万人が中にひとりだにもありがたく候。まさしく犯しつれば、たちまちに罪に沈むべき盗人・夜討躰のことをだにも、たくみ企てゝ、身をそこなふ輩おほくのみこそ候へ。まして子細を知らぬもの、沙汰しおきて候らんことを、時にのぞみて法令にひきいれてかんがへ候はゞ、鹿穴ほりたる山に入りて、知らずしておちいらんがごとくに候はんか。〔B1〕この故にて候けん。大将殿の御時、法令をもとめて御成敗など候はず。代々将軍の御時も又その儀なく候へば、いまもかの御例をまねばれ候なり。詮ずるところ、従者主に忠をいたし、子親に孝あり、妻は夫にしたがはゞ、人の心の曲れるをば棄て、直しきをば賞して、おのづから土民安堵の計り事にてや候とてかやうに沙汰候を、京辺には定めて物を知らぬ夷戎どもが書きあつめたることよなど、わらはるゝ方も候はんずらんと、憚り覚え候へば、傍痛き次第にて候へども、〔A3〕かねて定められ候はねば、人にしたがふことの出来ぬべく候故に、かく沙汰候也。関東御家人・守護所・地頭にはあまねく披露して、この意を得させられ候べし。且は書き写して、守護所・地頭には面々にくばりて、その国中の地頭・御家人どもに、仰せ含められ候べく候。これにもれたる事候はゞ、追て記し加へらるべきにて候。あなかしく。

貞永元
八月八日　　　　武蔵守　御判

駿河守殿

Ⅱ

〔C〕御成敗候べき条々の事注され候状を、目録となづくべきにて候を、さすがに政の躰をも注載られ候ゆへに、執筆の人々さかしく式条と申字をつけあて候間、その名をことゞゝしきやうに覚候によりて式目とかきかへて候也。其旨を御存知あるべく候歟。さてこの式目をつくられ候事は、なにを本説として被注載之由、人さだめて謗難を加事候歟。〔B2〕ま事にさせる本文にすがりたる事候はねども、たゞ道理のおすところを被記候者也。〔A4〕かやうに兼日に定め候はずして、或はことの理非をつぎにして其人のつよきよはきにより、或は、御裁許ふるたる事をわすらかしておこしたて候。かくのごとく候ゆへに、かねて御成敗の躰を定めて、人の高下を不論、偏頗なく裁定せられ候はんために、子細記録しをかれ候者也。〔D〕この状は法令のおしへに違するところなど少々候へども、たとへば律令格式はまなを知りて候者のために、やがて漢字を見候がごとし。かなばかりをしれる物のためには、まなにむかひ候時は人の目をしいたるがごとくにて候へば、この式目はただかなをしれる物の世間におほく候ごとく、あまねく人に心えやすからんせんために、武家の人への計らひのためばかりに候。これによりて京都の御沙汰、律令のおきて聊も改まるべきにあらず候也。〔A5〕凡法令のおしへめでたく候なれども、武家のならひ、民間の法、それをうかゞひしりたる物は百千が中に一両もありがたく候歟。仍諸人しらず候処に、俄に法意をもて理非を勘候時に、法令の官人こころにまかせて軽重の文どもを、ひきかむがへ候なる間、其勘録一同ならず候故に、人皆迷惑と云々。これによりて文盲の輩もかねて思惟し、御成敗も変々ならず候はんために、この式目を注置れ候者也。京都人々の中に謗難を加事候はゞ、此趣を御心得候て御問答あるべく候。恐々謹言。

貞永元
九月十一日　　武蔵守　在

駿河守殿

右の二通の書状の内容をその文面から形式的に分類すると以下の様になる。

〔A〕立法の理由

〔B〕立法の根拠

〔C〕法典の名称

〔D〕法典の適用範囲

二通の書状の対応関係も理解を助ける為に整理しておく。

〔A1〕――――〔A4〕

〔A2〕・〔A3〕――〔A5〕

〔B1〕――――〔B2〕

〔C〕

〔D〕

それでは〔A〕～〔D〕の内容を個別に検討してみよう。

〔A〕の部分には「立法の理由」が述べられている。『式目』を制定した理由として北条泰時は、裁判権者が、訴訟当事者の身分や政治力によって理非を曲げたり、不正を行なったりするのは、幕府に明確な裁判規範がない為であり、それを是正するのが『式目』を制定した目的であると主張している（〔A1〕・〔A4〕）。また既に成文法として国法たる律令法があるではないかという批判に応えるかの様に泰時は、我が国には既に律令法があるが、難解な法文である為に、その法を知る者はほとんどおらず、裁判の際に裁判権者から律令法に抵触する行為を行なった旨を指摘されてはじめて律令法の何たるかを知るというのが現在の状況であると説明している（〔A2〕・〔A3〕・〔A5〕）。つまり泰時は、武家や庶民にも理解できる様な今の社会に適応した成文法（勿論『式目』のことを指す）が必要であることを述べているのである。

また泰時が、当時の法曹官人が「こころにまかせて」様々な法解釈を行なう為に判決が一定せず、法的な安定性が得られないことを新たな法規範が必要なことの理由の一つに挙げていることは興味深い（〔A2〕・〔A5〕）。ここでは、御家人を当事者（ほとんどの場合、「論人」＝被告であった）とする朝廷裁判の判決結果を念頭において述べているのである(19)。

泰時は、法曹官人（明法家）の法解釈の態度や公家裁判の在り方を批判した上で、専門的な知識がなくとも、一読して理解することができる様な具体的な裁判規範が制定されれば、この問題は解消するというのである（ただし『式目』が本当に明快な裁判規範であったかどうかは疑問である）。「法意」を正しく理解する為には、明法道を修得する必要があったが、その教官たる明法博士のポストが、坂上・中原両家によって独占されていた為に、明法道を修める者には師の学説を継承することが求められたのである。当時の法曹官人はどの学統学派に属するのかといった政治的立場を明確にしていたのであり、その立場に従って法解釈を行なっていたのである。〔A5〕は、かくの如き当時の法曹界の状況を鑑みての泰時の見解であった。要するに泰時は、「道理」に従った裁判を行なってゆく為にも、『式目』の如き、実用的な法規範が必要であると主張したかったのであろう。

ところで、〔A5〕で指摘されている所の明法道の問題点は、『令義解』の序文において既に指摘されていたのである。当該部分を次に示そう。

猶慮法令製作。文約旨広。先儒訓註。案拠非一。或専守家素。或固拘偏見。不肯由一孔之中。争欲出二門之表。遂至同聴之獄。生死相半。連案之断出入異科。念此弁正。深切神襟。爰使臣等集数家之雑説。挙一法之定準。[20]

理解を助ける為に、橋川時雄氏の右文の現代語訳を挙げておこう。

今上陛下には、なおも叡慮をなやまされて、法令の制作は、その文は簡明でその旨趣は広いがよい。先儒たちの解注も多いが、その所見や拠んどころはまちまちで、一つの見定めがない。あるものは自家に伝承された学問をかたくなに墨守し、諸家の説く所に一致する所が見出せない。ともすれば、法は二門に出でて二様に行なわれようとし、ついに同じ訴えごとを聴き、ともに罪を断じて刑獄に下し、一人は生かし一人は殺す、一人は罪科に入れ一人はその罪を認めないということにたち至った。その弊害が弁正されなくては、と深く宸襟を労しておいでになった。そこで臣夏野らに命じたもうて、数家の雑多な諸説を集めて、それを折中することで、一法の定準を天下に示そうとの思し召しであった。[21]

〔A5〕の文章と右の序文の文章とを比較しながら読んで見ると、両者の内容が似通っていることに気づくはずである。あるいは偶然の一致かもしれないが、明法道にも関心をもって研鑽を積んだ泰時であれば、『本朝文粋』にも掲載されている様な著名な『令義解』の序文を知らなかったはずはあるまい。

明法家が学統、家説に固執して、様々な法解釈を行なうことは、旧来からの社会問題であったのであるが、泰時はその弊害を鋭くつくことにより、『式目』の如き法典が武家に必要であることを公家側に説明しているのである。

〔B〕の部分は「立法の根拠」を説明したものである。〔B1〕において、泰時は、頼朝の御時には、いちいち律令法（＝「法令」）に照らして裁判を行なうことはせずに、その後の将軍の御時も同様であったので、現在も武家はこの慣例に従っているのであると武家の独自性を説明する。そしてこれまでは、ただただ武家の「道理」に任せて賞罰を決してきたと述べるのである（〔B1〕〔B2〕）。ところで〔B2〕の武家の「道理」についてであるが、この「道理」が、〔B1〕の「従者主に忠をいたし、子親に孝あり、妻は夫にしたがはゞ、人の心の曲れるをば棄て、直しきをば賞」する、に対応していることは明らかであろう。Iの書状において、武家法の独自性を主張した直後に、武家の道理を右の様に説明しているのであるが、これには、どのような意味があったのであろうか。おそらく、武家社会の正義にかなう、独自の行為規範が存することを認めながらも、それが決して特異なものではないことを説明する意味があったものと思われる。親に対する孝や夫に対する貞は、儒教を基本原理とする律令法に細かく規定されている所であるし、忠をつくさねばならないという従者と主人との関係は、律令法に規定のある帳内資人と本主との関係に、当時の公家社会でいえば王臣勢家の家人と主人との関係に比せられるものである。つまり〔B1〕に記されている所の道理は、武家社会のみに通用する所の道理であったわけではなく、当時の世間一般に通ずる道理（＝道徳規範）でもあったわけである。[22]前章で『式目』の内容から説明した様に、泰時は、公家達にも理解できる道理、社会一般に受け入れられる道理によって『式目』の性格を説明し、これを正当化しようとしたのではないだろうか。[23]

そこで問題となるのは、『式目』と律令法との関係である。これを詳しく説明したのが〔D〕である。「律令格式」は「まなを知りて候物のため」の法であるから、「かなばかりをしれる物」には、この法が理解できない。この為に「かなばかりをしれる物」にも理解できる様に制定されたのが『式目』であるというのである。純粋な漢文からは程遠い、いわゆる変体漢文のスタイルではあるが、『式目』も律令格式と同様に「まな（真名）」＝漢字で記されていることは言うまでもない。したがって両書の書体の違いを単に述べたのではなさそうである。「まな」と「かな」は直接的には漢字とかなを意味するが、ここではレトリックで謂うところの「隠喩」[24]が用いられていると考えるべきであろう。[25]それでは法を読み解く者の能力の違いを象徴する為だけに、「まなを知る物」、「かなばかりを知れる物」という表現を用いたのであろうか。おそらくそうではあるまい。

我が国において「真書」（楷書）は公式な文章を綴る為の書体であった。公式の文章に楷書を用いるということは単なる慣行ではなく、法の律する所であった。公式令66公文条には次の如く見えている。

凡公文、悉作真書。凡是帳簿、科罪、計贓、過所、抄牌之類有数者、為大字。

これに対し、行書・草書はもともと非公式な文章を綴る為の書体であった。「まな」と「かな」の違いというと、現在の我々は書体の違いであると理解するが、本来、「まな」とは「本文」（中国の本家本元の）、「正説」をいただく文字であり、「かな」とは本朝（日本）の文や仮説、仮借の説を綴った文字のことを意味したのである（泰時自身、Ⅱの書状において律令法のことを「本文」と言っている）。「まな」とは真名、真字であり、「かな」とは仮名、仮字であったのである。[26] つまり泰時は、律・令・格・式と『式目』との関係を、真名と仮名との関係に置き換えて説明しているのである。難解な律・令・格・式と理解しやすい『式目』、朝廷の法としての律・令・格・式と武家の法として『式目』といった様に、真名と仮名との関係にはさまざまなニュアンスが含まれている様に思われるのである。

両者の関係を考える際に大事なのは、〔C〕の部分である。当該部分を解釈すると次の様になろう。

『式目』は、幕府の御裁許についての条々を注記したものであるから「目録」と名付けるべき性格のものである。しかし政に関することでもあるという理由から、執筆の者達が、勝手に「式条」と表記してしまった。けれどもその名はやはり大げさなものであるので、「式目」と書き改めることとした。

『式目』を執筆した者達が「さかしく」「ことゞゝしきやうに」「式条」と書き記したというが、これは条文中に登場する「式条」という表現のみを問題としたわけではなく、法典の名称自体を問題としていると考えてよいであろう（すなわち『式目』は当初「御成敗式条」或いは「関東式条」と称されていたことになる）。ここでは執筆者の表現の問題にかこつけられているが、実際には武家の基本法を「式条」と呼ぶことの是非が問題となっているのである。おそらく施行段階において、『式目』を「式条」と呼ぶことに何らかの差し障りが生じたので、右の如き善後策がとられたのであろう。

『式目』のことを「式条」と称したのが「執筆の人々」だけでなかったことは間違いない。そのことは立法者であり、〔C〕の文章を綴った泰時自身が、Ⅰの書状の中で、『式目』のことを「式条」と称していることからも明らかであろう。武家の人々は成立当初から『式目』のことを「式条」と称していたのである。

『式目』の条文中には「式条」の語が散見するが、立法者は一体どの様な意味でこの語を用いたのであろうか。ところで、「式条」の語は、施行段階の修正ですべて「式目」に改められたのであろうか。現在伝わる所の『式目』の写本を見ると、「式条」と「式目」は混在しており、写本を見る限り、本文中の「式条」を一律に「式目」に改めたとは言えなそうである[27]。写本間で「式条」「式目」の語の異同が激しいのも、もともと混在していたからであろう。そこで『式目』中の「式条」「式目」の用例を考えてみたい。

「式条」「式目」の語が登場するのは①三条　②九条　③二十四条　④四十三条　⑤五十条である。①三条の「式目[28]」と②九条の「式目[29]」、⑤五十条の「式条」等は『式目』そのものを指し示したものといえそうである。

ただし、③二十四条の「式目[30]」の場合は、前述せるごとく立法内容を正当化する為に、つまりその根拠として引用されているのであるから、この「式目」が『式目』そのものを意味するはずがない。おそらく武家法一般、もしくは武家法の法理といった広い意味で「式目」の語が用いられているのであろう。また④四十三条の「式条[31]」も『式目』そのものを指し示しているとは思えない。当知行と称して他人の所領を掠領する行為は、「式条」に照らして許されるものではないと述べた上で、本条の規定が続くのであるから、この「式条」は四十三条の規定を根拠づけるものでなければならないはずである。この様に考えれば、四十三条中の「式条」も、二十四条の「式目」と同じく、武家法一般もしくは武家法の法理を指すと考えた方がおさまりがよい。①②⑤の「式条」「式目」についても、直接的には当該条文自体すなわち『式目』自体を指し示すともいえるが、より広義には武家法を意味すると考えられるのである。

ところで「式条」の語は、当時においてどの様な意味で用いられていたのであろうか。河内祥輔氏の研究によれば、『式目』制定以前において、「式条」の語は、延喜式の条文というただ一つの意味に限定されて用いられていたという。(32)確かに平安期の史料に散見する「式条」の語は、延喜諸司式を指し示す場合が多かった様に思われるが、次に示す様に延喜交替式を指し示す例も管見に触れるので、「式条」とは律令格式法体系上における式の条文を指す用語であったと考えるのが良いのではないだろうか。寛弘二（一〇〇五）年四月十四日付「条事定文写」（『平安遺文』古文書編第二巻四三九号）の「式条」は延喜交替式（外官交替限条カ）を、仁安二（一一六七）年十二月十日付「典薬寮解」（『平安遺文』古文書編第七巻三四四一号）の「式条」は延喜典薬寮式（元日御薬条）を、治承二（一一七八）年七月十八日付「太政官符」（『平安遺文』古文書編第八巻三八五二号）の「式条」は延喜四時祭式・臨時祭式を、それぞれ指し示していると思われる。平安末・鎌倉初期の公卿九条兼実はその日記『玉葉』において、延喜臨時祭式の穢忌条と触穢条のことを指して「式条」と表現している（承安二年七月七日条・承安五年七月十日条）。

「式条」の語が律・令・格・式の式の条文を指し示す一般的な用語であったとするならば、なぜ武家の人々は、「式条」という用語を、武家法そのものを表現する言葉として敢えて用いたのであろうか。この点をまず考えてみる必要がある。

「政の躰をも注載られ候ゆへに、執筆の人々さかしく式条と申字をつけあて」たというが、これは「執筆の人々」に限らず、武家の人々の共通した認識であったはずである。すなわち武家の「政の躰」を規定したものであるから、

「式条」と名付けるのが相応しいという認識である。

律令格式法体系上の式とは、天平宝字三（七五九）年六月に石川年足が「治官之本、要拠律令、為政之宗、則須格式（官ヲ治ムル本ハ、要ズ律令ニ拠リ、政ヲ為ス宗ハスナハチ格式ニ須ツ）」と奏した様に（『続日本紀』天平宝字三年六月二十二日条）(33)、格と共に「政」の要諦であった。弘仁格式序に弘仁式の説明として「司存常事、或可裨法令、或堪為永例者、随状増損、惣入於式（司存ノ常事、或ヒハ法令ヲ裨クベキモノ、或ヒハ永例トナスニ堪ユルモノハ、状ニ従ヒテ増損シ、総ジテ式ニ入ル）(34)」と記されているが、「司存」（有司）の常に行なうべきことの中で、「法令」を裨補すべきものや、「永例」とすべきものが式の条文となったのである。式が官司の政務の為に編纂されたものであることは、式が官司別に分類編纂されていることからも窺うことができるのである。武家の人々がイメージした「式条」とは、やはり律令格式の式の条文であったのではないだろうか。

式法典には、箇条書的に原法令（狭義の式といえよう）の結論のみが列挙されているのであり（発令の日付等も削除される）、これが「式条」と称された所以であろう。『式目』も簡潔を旨とし、箇条書的に法文が列挙されているのであり、形式・体裁の面からも式と『式目』との間には共通点を見出すことができるのである。

しかし、ここで問題となるのは、武家が自分達で新たに制定した法典をなぜ「式条」という紛らわしい名称で呼んだのかということである。「式条」が式の条文を意味することを武家の人々が承知していたことは〔C〕の文章からも窺うことができるのである。武家の人々が、「式条」の意味を知りながら、敢えて自分達の新法典の名称を「御成敗式条」（もしくは「関東式条」）としたのは、自分達が制定した新法典の性格を内外に示す為であったと思われるのである。「御成敗式条」というその名称から、人は新法典と式との共通性、類似性を想起するはずであり、それこそが武家側のねらいでもあったのではないだろうか。

律令法は公家法へと変質していったが、鎌倉期に至ってもなお、律・令・格・式は実定法として効力を保ち続けた。したがってもし武家が公的な立場で新しい実定法を世に送り出そうというのであれば、どうしても先行する律・令・格・式との関係を明確にしておく必要があった。この過程で武家は、自分達の法典を式条に準ずる、あるいは類するものとして位置づけようとしたのではないだろうか。

武家の人々が、自分達の法（武家法）のことを「式条」と呼んだ例は、『式目』制定以前においては一例も管見に触れないのであり、「式条」という命名が『式目』立法者の創見にもとづくものであったことを窺わしめる。

それでは式とはどの様な性格を有する法典であったのであろうか。『令集解』巻首の令総叙所引の「或云」には、

未知。格式何物。答。格者。蓋量時立制。或破律令而出矣。（中略）其式者。補法令闕。拾法令遺。（後略）(35)

とある。右の明法家の説明は、律令の条流と言われる格・式の性格を端的に述べたものと言えよう。この説明が弘仁格式序の

律以徴粛為宗。令以勧誡為本。格則量時立制。式則補闕拾遺。四者相須足以垂範。(36)

を受けたものであることは明らかである。

「格は律令法典の施行後、時勢を勘量して時宜に適するものを法令としたものであるから、それが既存の条文を改廃していることもあれば、律令に全く条項のない新制を定めていることもある」。それに対し式は「律令格には規定されていない細則・章程」を規定したものであるというのが右文の意味であろう。(37) しかし格と式との違いはそれほど単純なものではなかった。そのことは弘仁格式序の次の文章からも窺えよう。

其随時制宜。已経奉　勅者、即載本文別編為格。或雖非奉　勅、事旨稍大者、奏加奉勅因而取焉。（中略）自此之外、司存常事、或可裨法令、或堪為永例者、随状増損惣入於式。(38)

これによると、既に発せられた単行法令の中で、勅命で施行されている様な「事の旨のやや大なるもの」を格とし、各官司が常に必要とする法令にして、律令を裨補し、「永例」とするに足るものを式としたことになる。つまり律・令の規定を改廃・補充する法令の中から、永続的な効力を付与すべきものを取捨選択し、事の旨のやや大なるものを格に入れ、事の旨のやや小なるものを式に入れたということになろう。しかし、瀧川政次郎氏が指摘されている通り、この定義も実は曖昧なもので、「事旨稍大なりや小なりやは比較の問題であって、そこにハッキリとした区分原理があるわけではない」のである。[39] 格・式の性格を一言で述べるならば律・令の補充法・例外法であったと言えよう。[40]

鎌倉幕府の人々が、自分達の法を「ことゞ、しきやうに」「式条」と称したのも式の右の如き性格を念頭においた上でのことだったのではないだろうか。

式には、官司別に編纂された所謂「諸司式」と、特定の目的の為に編纂された式（儀式・交替式等）とがあるが、鎌倉幕府は、自分達の制定した新法典を諸司式に準ずるものとして歴史的に位置づけようとしたように思われるのである。つまり鎌倉幕府は、これまでの裁判規範の中から永制とすべきものを取捨選択し、それを幕府「御成敗」の「式条」として立法し、天下に知らしめようとしたのではなかったか。『御成敗式条（式目）』は、幕府法を初めて類別編纂したものであったから、幕府の式と呼ぶのに相応しい性格を有していたことは間違いない。

式は、格と共に、社会の変化に応じ、現実と律・令との矛盾を是正し、不備を補うものであったから、律・令の如き恒久的な効力は認められず、時勢の変化によって改廃されるべき運命にあった。しかし時限立法であったが故に、律・令を破り、時宜に応じた新法を生み出すことが可能だったのである。新法典の性格を既存の法概念により説明する為に、敢えて「式条」（＝式）と称したのだとすれば、式の右の如き性格をも立法者は、ある程度理解していたはずである。つまり立法者は、『式目』を式の如く、律令法の補充法、例外法として位置づけることによって、実質的に律令を破ることになる武家独自のこの法を公家達に認めさせせようとしたのではないのかというのが私の推測である。
格・式は、律・令の補充法・例外法であったが、実務家（官人）にとっては、律・令よりも格・式の方がより重要であった。なぜなら実務に携わる官人達は、格・式を第一の規範として政治実務を行なっていたからである。律・令の規定は、格・式に正条がない場合に適用されるものであった。つまり律・令の規定を知らなくとも、格・式さえ知っていれば、官人は実務を行ない得たのである。(41)幕府の法曹にとっての格・式が、まさに『式目』だったと言えるのである。

次の『吾妻鏡』の記事は、『式目』と律令法との関係を我々に知らしめるものである。

『吾妻鏡』建長五（一二五三）年二月二十五日条

先日評定之間。有御不審事。被問法家云。小童部二人致諍論令打合之処。十二三歳之童部為一方之方人保恵打以下之刃傷候也。可有罪科否事。保恵打者。如大包丁刀物也。件刃傷人被定咎者。諍論根本之童部可為同罪否事。式条之趣可注給候。如此事。関東被定置事候はね也。式目之外者法意ヲ守天。又時儀ニよりて御計候也者。今日彼御返事被覧評定砌云々。法意ニ十六以下者収贖云々。彼刃傷童十二三歳云々。可被処科料不可被収其身歟。根本闘諍之童。随所犯之軽重。同可被処贖銅歟。同罪勿論者。

右の記事は、小童部二人の諍論に、十二・三歳の童部が一方の「方人」（見方）として加わり、この童部が刀で相手に傷を負わせるという事件についての関係者の処分に関するものである。ここでは刃傷に及んだ十二・三歳の童部の罪状と最初に諍論を起こした小童部二人の罪状が問題となっている。刃傷沙汰の原因を作った小童部二人の年齢は記されていないが、刃傷に及んだ童部とさほど変わらない年齢であったと思われる。十二・三歳の童部を罰すべき法が武家法にはないということで幕府が公家側に法意を問い合わせているのである。その際に「式目ノ外ハ法意ヲ守リテ、マタ時儀ニヨリテ御計ラヒ候ナリ」という武家の法適用の原則が確認されている（公家からの回答は、名例律30七十以上条にもとづき贖刑を科せというものであった）。『式目』に規定されていないことについては、「法意」＝律令法に従うという右の原則は、まさに右で述べた格・式と律・令との関係を想起させるものであろう。

ところで、六波羅奉行人斎藤氏の手によって永仁二（一二九四）年に著された『式目』の註釈書『関東御式目』においても、(42) 法意と『式目』との関係が次の如く説明されている。

賞罰《ノ》儀《ノ》浅深アレトモ底《ハ》一ナリ。又式目《ニ》漏《タル》事前《ニ》法意《ヲ》守《テ》所断アリ。更《ニ》カハルヘカラス。（中略）式目罪名《ノ》法意《ハ》カハリタル様ナレトモ、法意《ハ》法令《ニ》象《ル》。彼《モ》是《モ》底治道《ヲ》孕《メリ》。一揆《ナリト》知ヘシ。(43)

つまり、右の註釈は、実際に十三世紀末期に法実務にあたっていた武家の奉行人も、律令法と『式目』との関係を、律令法と格式法との関係に置き換えて理解していた事を示唆するものである。

しかし、武家が自分達の手で創り上げた法典を「式条」と名乗ったことに対する公家側の最初の反応は泰時の想像以上に厳しかった。泰時は、早速法典名を「御成敗式目」に改めると共に、律令法と『式目』との関係を誤解のない様に公家側に説明すべく、六波羅探題である弟重時にⅡの書状をしたためねばならなかったのである。おそらく武家が律令法を無視する様な勝手な法典を作っておきながら、それに「式条」という国家の法典の名を冠するとは何事かという批判が、京都を中心に起こったのであろう。その中には律令法を改廃する口実として武家が自分達の法を「式条」と称したのではないかという批判もあったのではないだろうか。

この批判に対して泰時は、Ⅱの書状において「執筆の人々さかしく式条と申字をつけあて候」と苦しい言い訳をした上で（〔C〕の部分）、律令法と『式目』との関係をもう一度丁寧に説明しているのである。

泰時は、Ⅱの書状において、「武家の人への計らひのため」だけに幕府内部の法（「武家のならひ」とも表現されている）を規定したのが『式目』であると強調している。『式目』が、「京都の御沙汰」や「律令のおきて」を否定するものではないことを公家達に納得させる為に、Ⅱの書状では、『式目』の特別法としての一面（対象が限定される）を強調せざるを得なかったのであろう。〔D〕の「まな」と「かな」の喩えも両者の関係をわかり易く説明したものだったのである。

公家側からの批判を受けて、鎌倉幕府は法典名を「御成敗式目」に改めたけれども、武家の人々は、その後もこの法典のことを「式条」と呼び続けた。そのことは『吾妻鏡』をはじめとする当時の史料から窺えるのであるが、幕府の公的記録（奉行人の日記を主とする）をもとに編纂された『吾妻鏡』の記事にも「式条」の語が散見するという事実は、(44) この法典が公的な場でも「式条」と呼ばれていたことを物語る。

「ことゞ、しき」名称であることを自覚しながらも武家の人々が「式条」という名にこだわったのは、この法典を幕府の「御成敗」の「式条」として世に知らしめようという強い思いがあったからではないだろうか。

ここで特記しておかねばならないことは、武家の人々のみならず、公家・寺社領の荘官や国衙の在庁官人までも『式目』のことを、「当時式条」（天福元年六月日付「金剛峯寺所司重解案」(45)）、「関東御式条」（延応元年三月日付「常陸国留守所下文」(46)）、「御式条（謀書段）」（建治二年六月五日付「紀伊国阿弖川荘雑掌従蓮申状案」(47)）、「関東貞永元年御式条」（建治三年十二月日付「若狭太良荘雑掌申状」(48)）、と呼んでいたという事実である。なかでも地頭の非法を幕府に提訴した天福元（一二三三）年八月日付の訴状の中で、武家法の適用対象外の金剛峯寺所司等が『式目』のことを「当時式条」と呼んでいることは特に注目される。法圏を異にすると思われる金剛峯寺所司等が、『式目』のことを現社会における「式条」であると述べているのであるから。もしかすると幕府法廷に提訴する際のリップサービスであったかもしれないが、幕府の裁判規範として『式目』が社会で機能しはじめていることを示す史料であることは間違いない。(49)

『式目』がどのように社会に受け入れられ、機能していったのかという点については慎重に論ずる必要がある。この問題に関しては稿を改めて論ずることとしたい。

最後に、『式目』の条文数について一言述べておきたい。なぜなら泰時が、五十一箇条という条文数にもこだわりをもっていたと考えられるからである。『式目』の制定・発布後に、その増補編纂作業が、立法者である泰時自身によって進められてゆくのであるが（完成は泰時の没後である）、かなり大幅な増補であったにも拘わらず、五十一箇条という条数は当初のまま維持されているのである（現在の『式目』は増補編纂後の姿を今に伝えるものである）。もとの条文を整理統合しながら、新しい条文を編入していったのであるが[50]、この作業は五十一箇条という条数を維持せんが為に行なわれたものであった。

それではなぜ泰時は、五十一箇条という条数にこだわったのであろうか。私には、左に示す清原宣賢の説明がやはり的を射ている様に思われるのである（ただし、後段の十七条憲法の条文数についての宣賢の説明は誤りである。通説の通り、十七は陽の極数「九」と陰の極数「八」を足したものであろう[51]）。

『清原宣賢式目抄』

（前略）此式目ハ五十箇条ニモセスメ、五十一箇条ニスル事、豈其故ナカランヤ。唯浄裏書ニモ此子細ヲシルサスメ、武州禅門モ大賢人也。筆者モ才学ノ者也。イカサマイハレアリトハカリカイタリ。此義一ノ口伝也。推古天皇ノ御宇ニ上宮太子初テ十七箇条ノ憲法ヲ作り玉ヘリ、是日本ニ於テ法令ヲ定ル書ノ初也、律令格式、皆是ヨリ後ノ作也。コレヲ十七箇条ニシ給ヘフ事ハ、七ハ小陽ノ数也。十ハ老陰ノ数也。物ヲ生シ、賞ヲ行フハ陽也。物ヲ殺シ、罰ヲ行フハ陰也。成ハ陽也。敗ハ陰也。十七ハ陰陽也、陰陽ハ成敗也。コレニヨテ十七箇条トスル也。此十七ヲ天ニ十七、地ニ十七、人ニ十七アテヽ、五十一箇条トスル也。（後略）[52]

十七条憲法に因み、十七箇条を天・地・人の三才に排し五十一箇条にしたというのが、右の説明である。十七条憲法をなぜ範としたのかといえば、それは「是日本ニ於テ法令ヲ定ル書ノ初」であったからである（当時の国法たる「律令格式」と雖も「皆是ヨリ後ノ作」であった）[53]。

十七条憲法を我が国の国法のはじまりと評価する見方は伝統的なものであり、権威ある「弘仁格式序」にも次の如く記されている。

推古天皇十二年、上宮太子親作憲法十七箇条。国家制法自茲始焉[54]。

したがって、『式目』が制定された当時においても、十七条憲法を国家制法のはじまりとする理解は、識者達の共通する認識であったはずである[55]。

十七条憲法はまさに律令法の原点であり、更に述べれば、日本律令の上位規範とも評価しうるものである。『式目』の条数を、右の如き性格の十七条憲法に由来する条数にしたということは、やはり我が国初の武家法典を権威づける為であったのではなかろうか。

おわりに

北条泰時は、東国支配権（寿永二年十月宣旨をその根拠とする）や守護・地頭の補任権をもとに、律令法とは別個の、律令法から独立した武家法の樹立を目指していた。その事は、『式目』を制定するにあたり、当該法典のことを「淡海公」（藤原不比等）の「律令」に比すべき「関東」の「鴻宝」であると宣言していることからも窺えよう（「律令」は「海内亀鏡」とされている。『吾妻鏡』貞永元年八月十日条）。しかし、武家法を確立する為には、まず新法典の存在を公家側に認めさせ、更には保証させる必要があった。そこで泰時は、以下の点に特に留意して、『式目』の性格を公家側に伝えたと考えられる。

①『式目』は律令法体系と矛盾するものではない。

この事を説明する為に泰時は、もっとも意を尽くしたと思われる。二通の泰時書状を見れば明らかな様に、泰時は律令法を否定も批判もしていない。もし「法意」と『式目』の立法内容との間に矛盾が生ずる場合には、できうる限り慎重にその説明がなされている。

②『式目』は式法典に準ずるものである。

律令法体系の式法典に準ずるものであるということを内外に示さんが為に、新法典に「式条」という名称を用いた。

③『式目』の体裁は、公家法に倣ったものである。

前章で既に指摘した様に、「裁判の際に争点となる問題を具体的に例示し、その規範を明示するという形式面でも」、また条文排列の上でも『式目』は、公家法の法書である『法曹至要抄』や『裁判至要抄』と相通ずる所がある。[56]それはこれら法書の体系性を模倣しながら『式目』が編纂されているからに他ならない。

『式目』の編纂方針は、既存の法や制度との整合性をはかりながら、一方ではそれを変えてゆくというものであった。律令法の存在が明確に否定されることは一度としてなかったのである。律令法は、『式目』の補充法として機能したのである。律令の規定に手を加えずに、時宜に応じた新法を制定することができるという泰時の理解は、明法道を学んだ者の見識であったと評価しえるのではないだろうか。

註

（1）鎌倉幕府法における悔還権については拙稿「中世法書における悔還の法理について」（『日本中世法書の研究』所収、汲古書院、二〇〇〇年、初出は一九九六年）を参照されたい。

（2）「義絶」はもちろん律令用語である。ただし律令用語としての「義絶」は夫婦関係を絶つことを意味した（親子関係が絶たれるということなどあり得ないのだから）。

（3）室町期の『式目』の註釈書である『清原宣賢式目抄』には、次の様に記されている（『中世法制史料集　別巻　御成敗式目註釈書集要』（岩波書店、一九七八年、四九八頁）。

　寡夫（婦カ）ノ養子本条無節文トテ、法意ニハユルサス、古法ハ如此ナレトモ、親類モナク只獨りアル婦人カ養子ヲシテ所領ヲ譲リ、菩提ヲ訪ハレントスルハ、其謂レアリ、令ニハ、寡婦ノ養子ヲサセス、其所トシテハカラヘトモ、婦人死テ他人カ財宝ヲ取ンモ、由ナキニ似タリ、是ニヨテ、右大将以來、女人ノヤシナイ子ヲユルス也

（4）「右大将家の例」の意味については上横手雅敬氏の「鎌倉幕府法の性格」（『日本中世国家史論考』塙書房、一九九四年、二九頁、初出は一九六〇年）を参照されたい。

（5）奴婢の取得時効十年という当該規定について、石母田正氏は次の様に指摘する（石母田正氏『中世政治社会思想上』「解説」、岩波書店、一九七二年、五七三頁）。

　奴婢雑人の取得時効についての第四十一条の規定が、右の不動産物権（知行年紀法を指す。長又註）より古い起源をもったであろうことは、奴婢、すなわち動産は土地と比較してその所在の移転、占有者の変更がはるかに容易であり、それだけ取得時効が成立しやすい性質からも推定され、また奴婢の所有権が法上の問題になる場は、奴婢を所有する領主層の内部ではなく、奴婢所有者相互間の相論であり、したがって訴訟当事者を超え、一定の領域的支配権の上に立つ公権力すなわち国衙の裁判であると考えるのが自然であろう。

（6）牧英正氏『日本法史における人身売買の研究』（有斐閣、一九六一年、一一四頁）。

（7）父母の籍が異なっているときには、男子の籍は父の籍に入れるべきことが記されている。女子の場合は父の籍でなくとも

よかった様である。牧氏は、女子の場合は母に付けるのが当時の慣習であったと指摘されている。

（8）瀧川政次郎氏『日本法制史』（講談社学術文庫本、一九八五年、初出は一九二八年）、上横手雅敬氏「鎌倉幕府法の性格」（『日本中世国家史論考』塙書房、一九九四年、初出は一九六〇年）。

（9）八条立法の意味について石母田正氏は次の様に指摘する（同氏註（5）所引『中世政治社会思想　上』「解説」、五七二頁）。「おそらく式目制定以前の国衙法または国衙の判例においては、国々によって、田畑領掌の習は、多年の領作に依らず、相伝の証文を基礎とすべしという正統的な法理のほかに、式目の知行年紀法の先駆となる異質の法理や時効完成の年序の異なった期間が法慣行として成立していたのであって、式目第八条の意義は、後者を選択し幕府法として確定した点にあったのではなかろうか」。

（10）新訂増補国史大系『令義解』（吉川弘文館、一九八三年、九八頁）。

（11）式目二十四条の註釈として『御成敗式目唯浄裏書』には「改嫁　法意ニハ未分以前之改嫁者。不可預其財云々。処分之後ハ不禁歟」とあり、『関東御式目』にも「法意ニハ未分以前改他人之時、不預夫之遺財、已所分預レハ許之。式目得譲之後家猶改嫁之科アリ」とある（共に『中世法制史料集　別巻　御成敗式目註釈書集要』岩波書店、一九七八年）。

（12）「式目」・「式条」の語は、三条、九条、二十四条、四十三条、五十条に登場する。笠松宏至氏は、註（5）所引『中世政治社会思想　上』一〇頁の「頭注」において三条中の「式目」に解説を加え、「24条中の『式目』、43条中の『式条』とほぼ同じ意味で、単に規定とか道理といった軽い意味」であると述べられている。しかし後述する様に立法者が「式目」・「式条」の語を「軽い意味」で使っているとは思えない。

（13）「時宜」の語義については、佐藤進一氏「時宜（一）」（網野善彦・笠松宏至等編『ことばの文化史〔中世1〕』所収、平凡社、一九八八年、初出は一九八六年）を参照されたい。

（14）法文中に立法の根拠や理由が記されていることについて、石母田正氏は、「法としての形式上の未熟」と消極的に評価されている（同氏註（5）所引『中世政治社会思想　上』「解説」、五八三頁）、しかし、それを法文に明示せざるを得なかった背景を考えるべきであろう。

(15)『式目』中に「右大将家」の例が引用されているのは、三条、八条、二十三条、三十四条、三十七条、四十一条である。
(16)ただし三十四条・三十七条の「右大将家の例」に関しては、何かしらの先例・根拠があった可能性が高い。
(17)二通の泰時書状は註(5)所引『中世政治社会思想　上』に翻刻されているものによった。なお八月八日付の泰時書状を現代語訳したものに、古澤直人氏「鎌倉幕府の法と権力」(笠松宏至編『中世を考える法と訴訟』吉川弘文館、一九九二年)がある。参照されたい。
(18)この「御式目事」というタイトルは、後世に付けられたものであろう。杉橋隆夫氏が指摘されている様に、二つの書状全体にかかる表題として掲げられている可能性が高い(杉橋隆夫氏「御成敗式目成立の経緯・試論」『日本政治社会史研究　下』塙書房、一九八四年)。
(19)『吾妻鏡』貞永元(一二三二)年五月十四日条には「関東諸人訴論事。兼日被定法不幾之間。於時縡亘両段。儀不一揆。依之固其法。為断濫之所起也」と記されており、当該問題が鎌倉幕府の法曹の問題とされている。しかし、この書状では「法意」に従い理非を勘案する「法令の官人」の問題、即ち、公家の法曹の問題とされている。
(20)新訂増補国史大系『令義解』(吉川弘文館、一九八三年、一頁)。
(21)橋川時雄氏「令義解附録〈官符・詔・表・序〉訳註」(『訳註日本律令　一巻首』東京堂書店、一九七八年、三七頁)。
(22)玉懸博之氏も、『日本中世思想史研究』(ぺりかん社、一九九八年、一六三〜一七二頁)において、合議制の運用のために「道理」を説く必要があり、その「道理」の観念を法令という形で具体化したのが「貞永式目」であったと指摘されておられる。しかし、『式目』で説かれる所の「道理」については、玉懸氏と見解を異にする。玉懸氏は、Ⅱの書状Dの「武家の人への計らひのためばかりに候」という泰時の説明を根拠として、『式目』で説かれる所の「道理」を「武家社会において武士の経験に即して形成されたもの」に過ぎないと限定的に理解されておられる。しかし、泰時が強調したかったのは、『式目』自体は武家社会の法であるから、公家法とはその内容に違いが生ずるのは当然だが、その根本法理は、普遍的な儒教思想に相通ずる、という点にあったはずである。
(23)佐藤進一氏は、『日本の中世国家』(岩波書店、一九八三年、一一一頁)において、Dの「この状は法令の教に違するところなど少々候」という文言から「たとえ律令法と違っても、武士が本当に納得できる法を作る、とするのが書簡の真意であろう」と述べられている。しかしDの部分は、『式目』が律令法と相反するものでも、否定するものでなく、根本は同じであることを主張したものであろう。即ち、難解な律令法を、我々にもわかるように敷衍したものが『式目』である、というのがその趣旨であろう。

(24)「隠喩」については野内良三氏は次のように述べられておられる（同氏『レトリック入門』世界思想社、二〇〇二年、七三頁）

隠喩は「類似性」に基づく「見立て」である。「XをYとして見る」ことだ。XとYは普通は結びつかない異質なもの同士である。この点で直喩と似ているが、直喩とは異なり、喩えを指示する指標（「のような」）がない。喩えの存在を見分けるのは聞き手（読者）の役目となる。喩えがあるのにそれに気がつかなければ、問題の文（表現）は非文（無意味）になるか、とんでもない誤解を与えることになる。

(25)［A2］の「まして子細を知らぬもの、沙汰しおきて候らんことを、時にのぞみて法令にひきいれてかんがへ候はゞ、鹿穴ほりたる山に入りて、知らずしておちいらんがごとくに候はんか」が直喩表現であることは言うまでもない。

(26)真名と仮名の関係については新川登亀男氏『日本史ブックレット9　漢字文化の成り立ちと展開』（山川出版社、二〇〇二年）を参照されたい。

(27)三浦周行氏はこの点について「貞永式目」（『続法制史の研究』岩波書店、一九二五年、九八〇頁、初出は一九一九年）において次のように指摘する。

こは式目がもと式條と題せられしを、公家に憚りて式目と改められし時（此事泰時の書状に見ゆ。）従つてこれを改め、若しくは改めもらしゝものならんも知るべからざれど、中には式條とある方可なる場合なきにあらず。第四十八條には別に制符の字を用ゐたり「背制符」とあるものこれなり。此場合は制符に代ふるに式目を以てするも不可なかるべし。

(28)菅本、鶴岡本、世尊寺本、平林本という代表的な古写本四本の中で、世尊寺本のみが「式条」とする。なお『式目』の諸写本の性格については池内義資氏『御成敗式目の研究』（平楽寺書店、一九七三年）を参照されたい。

(29) 代表的な古写本の中で、世尊寺本のみが「式条」となす。
(30) 代表的な古写本の中で、鶴岡本と平林本が「式目」となし、菅本と世尊寺本が「式条」となす。
(31) 代表的な古写本の中で菅本のみが「式目」とする。
(32) 河内祥輔氏「御成敗式目の法形式」(『歴史学研究』第509号、一九八二年、九頁)。周知の如く、「延喜式は、弘仁・貞観の両式を併合し、重複を删除し、不便を改め、不足を補ひたるもの」であるから、「延喜式」は、これまでの「式」を集大成したものといえる(佐藤誠実氏「延喜式序約解余論」『佐藤誠実博士律令格式論集』汲古書院、一九九一年、二四一頁、初出は一九〇四年)。
(33) 新訂増補国史大系『続日本紀　前篇』(吉川弘文館、一九八三年、二六四頁)。
(34) 新訂増補国史大系『類聚三代格　前篇』(吉川弘文館、一九八三年、二頁)。
(35) 新訂増補国史大系『令集解　第一』(吉川弘文館、一九八二年、七頁)。
(36) 註(34)所引『類聚三代格　前編』一頁。
(37) 瀧川政次郎氏「令集解巻首の令総叙」(『訳註日本律令一　首巻』東京堂書店、一九七八年)。
(38) 註(34)所引『類聚三代格　前編』二頁。
(39) 瀧川政次郎氏〔小林宏氏解題〕「中国の礼制と日本の儀式(一)」(『儀礼文化』第三十一号、二〇〇二年、五七頁)。
(40) 律・令と格・式との関係については、既に虎尾俊哉氏が「律と令とは国家の基本法であり、格と式とはその補充法・例外法ともいうべきものであった」と的確に指摘しておられる(同氏『延喜式』〔日本歴史叢書8〕吉川弘文館、一九六四年、五頁)。
(41) 瀧川政次郎氏註(37)所引論文三〇一頁を参照されたい。
(42) 義江彰夫氏は、「『関東御式目』作者考」において『関東御式目』の著者を斎藤唯浄であると推測されている(石井進編『中世の法と政治』吉川弘文館、一九九二年)。
(43) 『中世法制史料集　別巻 御成敗式目註釈書集要』二六頁。

(44)　貞永元（一二三二）年五月十四日条。同年九月十一日条。嘉禎元（一二三五）年九月十日条。同年十二月十一日条。延応元（一二三九）年二月三十日条。寛元元（一二四三）年十一月一日条。建長二（一二五〇）年九月十日条。

(45)　『鎌倉遺文』第七巻四五三四号。

(46)　『鎌倉遺文』第八巻五四〇二号。

(47)　『鎌倉遺文』第十六巻一二三五四号。

(48)　『鎌倉遺文』第十七巻一二九五八号。

(49)　上杉和彦氏は「訴訟当事者から見た鎌倉幕府法」（同氏『日本中世法体系成立史論』校倉書房、一九九六年、初出は一九九二年）において『式目』の適用範囲が相論当事者によって拡大して把えられていたことを指摘する。

(50)　増補編纂の過程は、拙稿「『御成敗式目』の条文構成について」（『國學院大學日本文化研究所紀要』第九十四輯、二〇〇四年、本書第二章）を参照されたい。

(51)　たとえば、瀧川政次郎氏「国家制法の始「上宮太子憲法十七箇条」」（同氏『法制史論叢　第一冊』名著普及会〈再版〉、一九八六年。初出は一九六三年）を参照されたい。

(52)　『中世法制史料集　別巻　御成敗式目註釈書集要』四二二頁）。

(53)　室町幕府の基本方針を述べた『建武式目』が十七箇条であるのも、やはり十七条憲法にもとづいたものであると考えられる。なお十七条憲法の国法としての歴史的位置づけについては、瀧川政次郎氏註（51）所引論文を参照されたい。

(54)　註（34）所引『類聚三代格　前編』一頁。

(55)　植木直一郎氏は、源実朝の例をもって（『吾妻鏡』承元四年十月十五日条）、武家社会においても十七条憲法が尊重されていたことを紹介されている（同氏『御成敗式目研究』名著刊行会〈復刊〉、一九七六年、四七頁、初出は一九三〇年）。

(56)　拙稿「御成敗式目の条文構成」本書第二章を参照されたい。

附録　（書評）新田一郎著「律令・式目――「法」テクスト注釈の非「法学」的展開」

（前田雅之編『中世の学芸と古典注釈』竹林舎）

本論文は前半部で、律令と『御成敗式目』（以下『式目』と略称）との関係が論じられ、後半部では、十三世紀後半以降に式目注釈書が著されたその歴史的意味が論じられている。評者が一番関心をもっているのは、律令と『式目』との関係であるが、その点については残念ながら不十分な説明に終わっている。(1)

律令と『式目』との関係を新田氏は次のように説明する。氏は、泰時が弟の六波羅探題重時に宛てた二通の消息（貞永元年八月八日付、同年九月十一日付）を解釈され、「『御成敗式目』が示しているのは、「武士社会の秩序モデル」ではなく、「法令」によって条件づけられた文明世界へのガイダンス」であると指摘する。そしてさらに「式目と律令と、両者が目指すところは調和しているはずなのであって、基本的には同じことを、別のかたちで表現している」と結論づけられている（二二一頁、傍点評者）。これは氏が前稿『法社会史』において、「『御成敗式目』は武士社会独自の設計図ではない。その制定の目的は、すでに公家社会を中心として存在している秩序に参加するための規矩を、そうした規律の方式に不慣れな武士たちに、嚙み砕いて示すことにあった」(2)という指摘と軌を一にするものであろう。ただし本稿における「同じことを、別のかたちで表現している」といった氏の主張や『式目』を「律令の主題による変奏曲」（二二一頁）、あるいは律令の「簡易版」（二二二頁）とする評価には、いささか釈然としないものがある。新田氏もこの見方が「当時の武家関係者の意識に沿った理解」（二二一頁）であったとされるが、もう少し丁寧に説明する必要があろう。

この二通の消息の解釈については拙稿「『御成敗式目』成立の背景」を御覧頂きたいが、(3) 二通の消息を解釈するにあたっては、この消息が記された目的を確認しておく必要がある。即ち、立法者である泰時が、重時を通じて公家側に武家が独自に法典を編纂した理由を説明し、その新法典の存在を認めさせることを目的に綴ったのがこれら二通の消息であった。当該消息で語られる所の主要な点は次の二つである。ひとつは①たとえ律令と『式目』との間で立法内容に違いがあろうとも、道義に基づいているというその立法理念は同じである事（これが新田氏の述べる「同じことを、別の形で表現している」ということの意味ならば、問題はないのであるが）、もう一つは②当初泰時は、『式目』を律令の従属法たる「式」典（＝式条）として立法しようとしたが、公家からの反発に遭い、慌てて「式目」とその名を改めたことである。

①については、式目注釈書諸書にも以下の様に説明されている。「一向涇渭《ケイイノ》義《ハ》少々、大較《カタハ》同《ト》知ヘシ、法家輩《ノ》雖《ラ》有中旨《ト》イフ句モアリ、又如法意《ト》イフ句アリ、一向可二参差《ス》一者、何有《ソン》二此文《ノ》章一哉、賞罰儀《ノ》浅深アレトモ底《ハ》一ナリ、又式目漏事前法意守所断アリ、更カハルヘカラス」・「式目罪名《ノ》法《ハ》意《ニ》カハリタル様ナレトモ、大意《ハ》法《ニ》令象《ル》、彼《モ》是《モ》底《ニ》治道《ヲ》孕《ルト》、一揆《ナリト》知ヘシ」（『関東御式目』）(4)、「格制者是雖破律令、皆為律令之条流、式目者亦雖非法意、終帰法意之淵奥」（『是円抄』）(5)。

特に重要なのは②であり、律令法学にも明るい泰時が、『式目』を中国法系の流れのなかに位置付けようとした事が肝要である。右で引用した『是円抄』において中原是円（鎌倉・南北朝の明法家）が看破している様に、恐らく泰時の本心としては、格典として武家の基本法を立法したいと考えていたのではないだろうか。格とは「時ヲ量ッテ制ヲ立ツ、或イハ律令ヲ破リテ出ヅ、或イハ律令ヲ助ケテ出ヅ」（『令集解』巻首の令総叙、長又読み下し）ものであった。しかし、格とするのは、やはりおこがましいと泰時も思い、律令の補充法・従属法として格よりは一段低い式として世に送り出そうとしたのであろう。格・式は、社会の変化に応じ、現実と律・令との矛盾を是正し、不備を補うものであったから、『式目』を式とすることによって、実質的に律令を破ることになる武家独自のこの法を公家達に認めさせようとしたのであろう。

勿論、『式目』が勅によって公布されていない以上、「式（＝式条）」と称することにも問題を残しており、そのことは泰時も自覚していたはずである。ただし、頼朝以来、鎌倉将軍家に日本国の軍事検断権（日本六十六箇国の総守護職・総地頭職の補任という形で）が委任されていた当時の状況からすれば（しかも承久の乱に勝利し、実質的に全国の軍事検断権を掌握していた）、幕府の式として立法することには、さほど問題はないと踏んでいたのであろう。しかし、結果として公家側からの抵抗にあった泰時は、「式条」という名称さえ改めねばならなかったのである。かく法典の名称は変更されたが、その立法趣旨は消息に記された通りであった。

新田氏は、消息の「この式目を作られ候事は、なにを本説として被注載之由、人さだめて謗難を加事候者也。ま事にさせる本文にすがりたる事候はねども、たゞ道理のおすところを被記候者也」という一文から、『式目』の性格に言及する。即ち、「この種のテクストは、まずしかるべき「本文」に依拠し、「本説」に対する注釈として構成されるべし」とする認識が公家側にあった事をこの消息から読み取ったのである（二二二頁）。また「この種のテクスト」として公家法の法書をとりあげ、その比較から、法書は、「律令の本文ないし本注・疏を『本説』として掲げ、そこから「法意」を汲みだそうと」しているのに対し、「『御成敗式目』は、そうした意味での「本説」に対する注釈としての体裁をとっていないし、「本文」を引照して字義語釈を明らめる、という方法によってもいない」として、「公家社会におけるテクストの一般的なありようとは異なってい」ることを強調する（二二四頁）。しかし法典である『式目』と律令法の解釈学説を記した（律令法の注釈書のスタイルをとる）法書とがなぜ同じ土俵で論じられているのかよく理解できない（もちろん「本説」・「法意」は、律令格式「本文」から当然導かれる所の法解釈という意味であろう(6)）。

新田氏は、『式目』が「それ自身では「本説」たりえず」、なおかつ、すがるべき「本説」も持たないと説明され、「先行するテキスト群から切断され正格を欠いた異端のテクストとして、公家社会の外部に孤立した位置を与えられることになった」と結論付けるのである（二二五頁。なお天皇への奏覧を経ていない為に異端のテクストとなっていたともいう）。しかし、もし『式目』が律令法からまったく孤立したものであり、泰時自身もその独自性を主張したとするならば、なぜ泰時は、公家側の顔色を窺いながら、『式目』を「式」典として位置付けようとしたのであろうか。やはりその意味を考えるべきであろう。

次に式目注釈書の性格を論じた後半部分についてコメントしたい。前半部の『式目』に対する評価を前提としているので、評者の見解とは隔たりがある。

新田氏は、「いったん「本文注釈」から離れて成立した『御成敗式目』を、あらためて注釈の対象として捉え直したものが式目注釈書であった」と評価する（二二六頁）。結論から述べれば、十三世紀以降に式目注釈書が著されたのも、実務上必要があってのことではなく、有職的な意味しかなかったというのである。「律令と式目をめぐる思惟が「形骸化」し条文の内容の異同や文理上の矛盾が致命的な問題とならなくなった条件のもとで」律令法と『式目』の異同を論ずる様な『式目』の注釈書が登場したと氏は指摘する（二三三頁）。これがまさしく副題にいう「「法」テクスト注釈の非「法学」的展開」ということになるのであろう。鎌倉後期に六波羅奉行人であった斎藤唯浄が著した式目注釈書（『御成敗式目唯浄裏書』『関東御式目』）も公家社会の人々に対して語られたものであり、「それは、公家社会の学知世界へと『御成敗式目』を取り込もうとする営為」であったという（二二九頁）。しかし『唯浄裏書』の正応二（一二八九）年十二月日付の奥書に「わが党の故実に擬して、群息親族に伝授す(7)」と記されているのを素直に読めば、代々武家の法実務に携わってきた斎藤家出身の唯浄が、実務に役立てる為に著作した、と理解するのが自然ではないだろうか。

新田氏は旧著『日本中世の社会と法』においては「中世後期に「式目注釈学」が盛んに講ぜられたことの背景には、「御成敗式目」が武家法の根本的な規範を記したものとしてその重要性を意識されていたことがあったには相違ない」と指摘し、さらには「「式目注釈学」者の思考方法が、政権の中枢に近い位置にある人々の法運用の発想、ないしは「国家」構想に対して少なからぬ影響を与えたことが予測される」とまで述べていたのだが[8]、本論文では右の如く消極的な評価に改められている。『式目』に対する評価が変わった為に、その注釈書に対する評価も変わったのかもしれないが、評者は右の如き氏の旧著の見解を支持する。鎌倉末期以降、公武関係が密接になり、公家武家の法が混然一体となったことにより式目注釈学が盛んになったとする旧著における指摘は[9]、至極尤もなものであったのだが。

そして十五世紀になると、公家社会においては、もはや『式目』は法典としてではなく、単なる「典籍」として「読む」対象となったというのである。清原宣賢の如き明経家が、訓詁学的な式目注釈書を著していることをその証左としている様であるが、この点も賛同できない。新田氏は、訓詁学的注釈をネガティブに評価されているが果たしてそうであろうか。『令集解』や『令義解』を見るまでもなく訓詁学的な注釈は律令法学の基礎であった。また中世に至っても公家・武家を問わず、現実社会からの要請に応えて新たな法的基準を提示する際には、経書に現れる原理や理念を援用することがまま見られたのであり[10]、そのような当時の状況から考えれば、経書の語句の知識は法曹にとっても不可欠なものであったはずである。ときに明経家の方が明法家よりも律令法の解釈を正確に行ない得たのもその故であった。しかも『清原宣賢式目抄』などは、十六世紀に著されたにもかかわらず、現在知られる式目注釈書の中で最も出来が良いものとなっている。字句の注釈のみならず、法意との異同に言及し、論理解釈まで行ない、その解釈も概ね妥当である。また関係する鎌倉幕府追加法も列挙されており、『式目』を解釈する上で非常に有用なテクストとなっている。勿論、この式目注釈書が法実務を行なう際に直接役立ったとは考えにくい。しかし、清原宣賢が公家や将軍、大名と親しく、彼らの求めに応じて和漢書の講釈を頻繁に行なっていたことを思えば、『式目』の講釈も彼らの要求に応え行なわれていたはずである（新田氏は「教養」としての需要だと言われるが）。そしてこれを受講した者達は『式目』の価値を再認識したに違いない。この式目講書が、『式目』を権威付けることに繋がったことは疑いない。『式目』が、形式のみならず、内容面でも伊達『塵芥集』をはじめとする多くの分国法に影響を与えたことは周知のことである。これなども当該期に質の高い式目講書が都で行なわれていたことと関係するのかもしれない。

註

（1）これまでの研究史の概略は拙稿「『御成敗式目』編纂試論」（林信夫・新田一郎編『法がうまれるとき』創文社、二〇〇八年、本書第一章）を参照されたい。
（2）水林彪等編『法社会史』（新体系日本史2、山川出版社、二〇〇一年、一三七頁）。
（3）拙稿「『御成敗式目』成立の背景―律令法との関係を中心に―」（『國學院大學日本文化研究所紀要』第九十五輯、本書第三章）。
（4）『中世法制史料集　別巻　御成敗式目注釈書集要』（岩波書店、一九七八年、二六頁）。
（5）『中世法制史料集　別巻　御成敗式目注釈書集要』（岩波書店、一九七八年、五五二頁）。
（6）但し、十三世紀末に六波羅奉行人として活躍した斎藤唯浄の「唯浄裏書」・「関東御式目」をはじめとし、室町期以降の式目の諸註釈書においては、『法曹至要抄』等の公家法をも「法意」として引用しているものが多い。即ち、この時期には、律令法と公家法との区別が曖昧になってしまったのであろう。

（7）『中世法制史料集　別巻　御成敗式目註釈書集要』（岩波書店、一九七八年、一六頁）。
（8）新田一郎氏『日本中世の社会と法―国制史的変容』（東京大学出版会、一九九五年、一九三・一九一頁）。
（9）新田氏註（8）所引『日本中世の社会と法―国制史的変容』一九六頁。
（10）公家法曹の解釈技法については、小林宏氏「因准ノ文ヲ以テ折中ノ理ヲ案ズベシ―明法家の法解釈理論―」（同氏『日本における立法と法解釈の史的研究　古代・中世』汲古書院、二〇〇九年）を、また『式目』に儒教理念が取り込まれていることについては、拙稿「北条泰時の道理」（日本歴史学会編『日本歴史』第七七四号、二〇一二年、本書第五章）を参照されたい。

第二部　立法者の思想

第四章　北条泰時の政治構想

はじめに

近年私は、『御成敗式目』の研究を進めているが、その編纂責任者でもあった北条泰時の思想に大変関心を抱いている。北条泰時については、周知の通り、上横手雅敬氏によって執筆された優れた評伝がある(1)。しかし、それは紙幅の限られた啓蒙書であるが為に、残念ながら泰時の思想については十分に論じられていない。また、近年の研究の成果によって泰時執権期の政治の内実が明らかになってきた点もあるので、それを踏まえいま一度、北条泰時の思想については多角的に検討し直す必要がある様に思われる。そこでまず本稿では、泰時の政治構想について考えてみたい。

従来、泰時執権期には、評定衆の合議によって共和的な政治が行なわれており、それこそが「執権政治」の典型的なスタイルであったと理解されてきた。しかし上横手氏が、論文「鎌倉幕府と公家政権」において、北条氏が一貫して目指す所は独裁政治であり、「執権政治」は妥協の産物に過ぎなかったと評価されたことによって、(2)執権政治＝共和的という前提にも疑問の目が向けられるようになった。それによって杉橋隆夫説の如く、泰時執権期も実質的には独裁政治が行なわれていたのではないかという評価も生まれることとなった。(3)しかし、この杉橋説は評定衆の選定方法（執権が選任する）や評定会議での結論が両執権に委ねられるという政策決定の手続きから導かれた仮説であり、立案から検討段階までを含めて泰時の政策が独善的であったのか否かを考察しているわけではない。もし仮に杉橋説の如く、「北条氏の独裁的な地位を被覆する為に」評定制度という合議システムが導入されたのだとしても、誰に対し、何のために被覆する必要があったのかという事を明らかにせねばならないであろう。

鎌倉幕府が鎌倉殿を首長とする政治組織である以上、泰時の目指した政治体制を論ずるのであれば、鎌倉殿と執権との関係をまず俎上に載せ論議せねばならない。そこで本稿では、将軍家の「執事」(4)として政務を主導した祖父時政や父義時と、執権として幕政を取り仕切った泰時とは、その権力に違いがあったのかどうかをまず確認した上で、泰時が如何なる政治構想をもって幕政に臨んだのかという点を明らかにしてゆきたい。

一　承久の乱の意味

北条泰時が幕府政治を掌握することができたのは、彼が、父義時と伯母政子によって敷かれたレールに乗ったからであった。まずはその概略を示しておこう。

三代将軍実朝亡き後、京都より僅か二才の摂家将軍藤原頼経（幼名三寅丸）を迎えた幕府であったが、頼経が幼少であった為に将軍宣下はなされずに、頼朝の妻であり、前将軍の母である政子が、頼経の後見役として鎌倉殿の役割を担うこととなった。しかし実質的に政務を執り行なったのは、政子を補佐した弟の義時であった。このとき義時の嫡子泰時は御家人を統制する侍所の別当に、泰時の異母弟重時は、将軍の儀式を掌る小侍所の別当に就任しており、北条一門に権力が集中する体制が、出来上がりつつあった。

だが、北条氏が幕政を掌握する体制を快く思わない後鳥羽院は、承久三（一二二一）年、義時追討命令を全国に下した（院の近習、北面・西面の武士、畿内近国守護をはじめとする在京御家人、検非違使、院分国・院領の兵士等がこれに応じた）。この時に発せられた追討宣旨には、義時が、幼少の将軍を傀儡として専横を極め、皇憲を蔑ろにしている旨が明記されている(5)。この報を受けた幕府は、直ちに遠江・信濃以東の東国十五箇国の武士達に動員令を発し、これらの兵をもって、泰時、朝時（泰時異母弟）等を大将軍として京へ攻め上らせた。この積極策が功を奏し幕府軍は京方の軍勢を撃破することに成功する。しかし、朝廷に対し弓をひくという行為は、さすがに関東の武士達をも戸惑わせた様で、出兵が決定するまでは慎重論を唱える者も多かった。公家方の史料をもとにした『承久記』『増鏡』『梅尾明恵上人伝記』などの書物はいずれも、義時を皇室に対する過激論者とし、泰時を穏健論者としている。しかし、泰時が実際に出兵に消極的であったのかどうかは明らかにし得ない。泰時と親交のあった明恵上人の伝記である『梅尾明恵上人伝記』には、泰時は撫民を第一とする公平無私な政治を行なうことで、自らの行動の正当性を内外に示そうとしたと記されている(6)。南朝の正統性を主張した南北朝期の公卿北畠親房も、その著書『神皇正統記』の中で、陪臣の身でありながら、北条一族が栄えたのは、泰時が徳政を心がけた結果であると評価している(7)。

結果として、承久の乱によって反北条氏勢力を一掃できたことは北条氏にとって幸いであった。(8)しかも、この乱の戦後処置として没収した、京方の貴族・武士達の所領三千余箇所と、多くの西国守護職を、北条氏に与した東国御家人達に恩賞として付与することができたのである。また、仲恭天皇を廃位し、新帝（後堀河）を擁立したのをはじめ、後鳥羽・順徳・土御門の三上皇を流刑に処し、倒幕に関わった貴族、武士等もすべて厳罰に処した。(9)

承久の乱以後、幕府は皇位継承者の選定や摂関以下公卿の人事にまで介入する様になり、朝廷を監視下に置いた。承久の乱によって北条義時がこの国の「国主」となったと日蓮が記しているのも、(10)義時の持つ実質的な支配権を評価したものであった。

承久の乱の際に、幕府軍の総指揮官として入京した北条泰時と叔父の時房（義時弟）は、戦後処理のために六波羅探題(11)として都にとどまった。

そして元仁元（一二二四）年に義時が急逝すると、その後継者として泰時が鎌倉に呼び戻された。しかし義時の後継者選びは難航した。なぜなら義時の後妻伊賀の方（朝光女）が、兄である政所執事の伊賀光宗と謀り、実力者の三浦義村をだきこんで、我が子北条政村に義時の跡を継がせ、それとともに娘婿の貴族、一条実雅を将軍にしようと画策したからである。だが北条政子がこの企てを未然に防ぎ、泰時を義時の後継者（「軍営御後見」＝鎌倉将軍の後見人）に指名する。政子亡き後、泰時が最も丁重に伯母政子に対する追善供養を行なったのも、(12)このときの恩にこたえんとしたものであろう。

二　執事と執権との相違

翌嘉禄元（一二二五）年に、その後ろ盾となっていた政子が死去すると、泰時は両執権制と「評定」制度を創出する[13]。幼い将軍頼経の後見役であった泰時であったが、独裁体制は執らずに、みずからは、叔父時房と共に「理非決断」職である執権に就任し、十一人からなる評定衆を選任し、両執権と評定衆からなる「評定」会議を幕府の最高機関とした。幕政の重要事項は、「評定」会議で審議されたが、最終的な決断は両執権によって為されたのである。この年の末に、頼経は、執権泰時を加冠役として七歳で元服するのであるが（さらに翌年頼経は将軍宣下を受け、正五位下征夷大将軍兼右近衛少将に昇叙される）、父の跡を継いだ泰時が、まず考えねばならぬ眼前の課題は、間もなく元服する鎌倉将軍をどのように幕政に参与させるかということであった。その答えが右の政治改革であった。鎌倉殿が幼少の間は、その後見人が幕政を取り仕切ることも可能であろうが、鎌倉殿が元服し己の意思をもつようになれば、後見人との間に軋轢が生じてくることは間違いない。そこで聡明な泰時は、この課題を克服する為に、「執権―評定衆」制度を確立させ、鎌倉将軍の役割を変えようとしたのである。祖父時政や父義時の場合は、如何に権力を握ったとしても、それはあくまでも将軍家の「執事」としての権力であり、鎌倉将軍の親裁をサポートするのが、その役割であった[14]。前述せる様に、幼少の頼経を鎌倉に迎えたときでも、理非を聴断したのは「尼将軍」「二位殿」と呼ばれた政子であり、義時は政子の命を受けて「執事」「奉行」として政務を行なったに過ぎなかったのである（泰時も政子生存中は「執事」に過ぎなかった[15]）。

しかし、泰時が創出した「執権」職は、鎌倉将軍に代わり、政務に関する重要案件を決裁する権限を有するものであった[16]（鎌倉時代末期に編纂された『沙汰未練書』には「執権トハ、政務ノ御代官ナリ」とある[17]）。勿論、重要な案件は「評定衆」による審議を経て結論が出されるのであるが、両執権が評定会議を主催し、その最終的な判断も両執権に委ねられていたことから考えれば権力の所在は明らかであろう。したがって、杉橋説の如く、泰時が評定衆を置き、執権を二人としたのも実権が泰時にあることをカモフラージュする為の策であったと評価する事も可能ではあろう。だが、そのような消極的な評価が果たして妥当なのであろうか。もし仮に泰時がその事を表面化しない様に画策したのであれば、誰に対して如何なる目的で「被覆」せねばならなかったのであろうか。

評定衆は、実務能力を有した御家人（杉橋氏は「文筆官僚」と表現されている）を主たる構成メンバーとしており、「豪族的領主層の代表者とおぼしき者」が少なかったことから、[18]評定会議を執権の政治判断に合理性を付与する諮問機関であったと杉橋氏は評するのであるが、この構成メンバーはむしろ評定衆が単なる名誉職ではなかったことを意味するのではないだろうか。文暦二（一二三五）年五月に評定衆となった結城朝光が、就任後わずか一箇月ばかりで重任に堪えずとして評定衆を辞している事はその事を如実に示す様に思われる（『吾妻鏡』文暦二年閏六月三日条）。また評定の公正さを担保する手段として、評定の席での発言の順番が、毎回籤で決せされていた事も看過できない。[19]

幕府評定制度成立後まもなく幕府の裁判規範として制定され、諸国に頒布された『御成敗式目』には、その末尾に評定衆十一名と両執権による起請文が附されていた。その文には、評定会議の際には、列席者一人一人が当該規範に基づき誰に憚ることなく公正に意見を申すこと、また、もし審議を経た最終的な結論がたとえ「非拠」であったとしても、全員で責任を負う事などが明記されていた。重要事案に関しては、両執権と評定衆十一名とが審議をつくした上で、両執権が判断を下し、その結果が「評定事書」として鎌倉殿に上申される、というのが原則であったはずである。[20]勿論、結論を下すのが執権であった以上、評定会議を開くことや鎌倉殿へ上申することは形式に過ぎないと評価するむきもあろう。しかし評定会議の意見をとりまとめ、主君たる鎌倉殿に最終判断を仰ぐ事こそが、執権本来の役割であったと思われる。[21]

三　鎌倉殿と執権との関係

源家三代将軍ならびに二位殿の親裁下では、必要に応じてメンバーを変えながら、将軍もしくは二位殿臨席の上で合議がなされ、将軍もしくは二位殿が最終的な判断を下す事が一般的であった[22]。しかし、新たな「執権」体制下では、鎌倉将軍は「評定」会議から締め出され、執権と評定衆だけで事が決せられた[23]。将軍に対しては、「評定」会議における決定事項が「評定事書」として報告されるだけであった。叙上の幕政改革は、幕府発給文書の形式の変化にも現れている。これまでは幕府は下文を正式な文書として用いてきた。たとえば源頼朝の代の下文は、奥上署判下文→袖判下文→(前右大将家・将軍家)政所下文の順に形式が変化し、頼家・実朝の代には、政所開設資格を持たない三位叙位以前には袖判下文を用い、三位に叙位されて政所の開設資格を得た後は将軍家政所下文を用いてきた[24]。

しかし、建仁三（一二〇三）年将軍頼家を幽閉し、弟実朝を新将軍に擁立した上で、北条時政が将軍の職務を代行した時期と、承久三（一二二一）年将軍実朝が暗殺されるという非常事態のもと幼少の藤原頼経を次期将軍として鎌倉に迎え、北条政子―義時体制が敷かれた時期には、将軍家の「執事」たる北条氏を単独奉者とする奉書様式の下知状を特別に用いてきた(前者は時政を、後者は義時を奉者とする)[25]。したがって下知状の発生は、北条氏の政治的な地位の上昇と密接に関係している様であるが、元久二（一二〇五）年に北条時政が失脚してから承元三（一二〇九）年に将軍家政所が設置されるまでの数年間は(つまり実朝が三位に叙されるまで)、実朝の近臣五人が連署する下知状が発給されているので(署判者に義時は含まれない)、近藤成一氏が指摘される様に「下知状を北条氏の奪権手段とのみ考えることは出来ない」であろう[26]。したがって、何か特別な事情があって下文が発給できないときに、下文の「略式」文書[27]、あるいは「代用物」[28]として、これまでは下知状が用いられてきたという事実をここでは取り敢えず確認しておきたい。

ところが、執権体制が整う嘉禄二（一二二六）年以降、下文と下知状とが併用されるようになる。[29]具体的には、所職の恩給と譲与の安堵には下文が、訴訟の裁許、守護不入等の特権付与、紛失安堵等には下知状が用いられる様になるのである。これを換言すると、佐藤氏が指摘された様に、「将軍が御家人に対してもつところの身分的、主従制的支配権の発動」には下文が、「将軍が領域的支配者としてもつ所の統治権的機能の発動」には下知状が用いられたということになろう。[30]鎌倉殿が実質的に政務から遠ざけられた嘉禄二（一二二六）年の幕政改革と、上述の文書様式の変化が軌を一にするものであったことから考えれば、鎌倉殿の実権が失われたことによって下文の使用が制限されたと理解されよう。下文を中心とするこれまでの文書体系は、嘉禄元（一二二五）年を境にして、下知状を中心とする文書体系に変わったのである。下知状も、下文も両者共に、「鎌倉殿」の仰せを奉ずる旨が記されているが、実際に鎌倉殿の判断を仰いだ上で、その家司が発給しているのは下文だけであった（たとえそれが形式的なものであったとしても）。下知状の場合は、執権一人の判断で署判を加え（連署が置かれず執権が一人の場合は単独署判で）、発給しているのである。[31]したがって執権への権力の集中がこのような文書様式の変化を生み出したと考えられる。それではなぜ、所領の宛行と安堵に限り下知状ではなく従来通り下文が用いられたのであろうか。それは所領の宛行や安堵が鎌倉殿と御家人達との主従関係（主従契約）を確認することに直結したからであると思われる。つまり鎌倉殿の「身分的、主従制的支配権」には、執権と雖も介入しないことを示す意味があったのではないだろうか。[32]ただし、執権が行なう事となった「理非決断」も、所領の宛行や安堵と同様、本来は鎌倉殿の親裁事項であり、その権限行使を制限することは容易にできなかったはずである（そのことは、たとえ形式に過ぎないとはいえ、下知状の書止文言に「依仰下知如件」と記されていることからも窺えよう）。仮に鎌倉殿の後見役と雖も、そのような事を強引にやったならば、御家人達から反感

を買うことは間違いない、

そこで泰時は、「執権―評定衆」体制という共和的な政治体制を導入するときを見計らって、新設された執権への権限委任を鎌倉殿に求め、それを認めさせているのである。政局の安定が求められている時期に鎌倉殿がいまだ七歳であったことは、御家人達に危機感を募らせ、幕府内は執権を中心とする新体制の導入に同調せざるを得ない空気となっていったのであろう。

執権職の創設に尽力した泰時であったが、武家政権の首長としての鎌倉殿の権威なくして武家政権を存続させることができない事は彼もよく理解していた。執権が如何に権力を握ろうとも、鎌倉殿あっての執権であり、その逆でないことを泰時は誰よりも認識していたはずである。(33) そのことは後述せる泰時の政策を見れば自ずと明らかになる。幼少の鎌倉殿を政務から遠ざけた泰時であったが、決して鎌倉殿を軽んずることはせずに、むしろ鎌倉殿の権威を高める為の努力を怠らなかったのである。

四　鎌倉幕府体制の樹立

前述せる様に、承久の乱の勝利により、京方の貴族・武士達の所領三千余箇所を没収した幕府は、(34) 戦功の恩賞として東国の御家人達を当該所領の新地頭に任命していった。新地頭への任命は鎌倉殿からの新恩給与であったのである（勿論その際には下文が用いられた）。この結果、全国的に地頭制度が実施されるようになり、「先に頼朝が意図して成功しなかったことが、ここに実現して、鎌倉幕府ははじめて実質的にも全国的政権となった」(35) のである。これによって御家人達の主君であり、日本国総地頭・日本国総守護である鎌倉殿の社会的役割は一層重要性を増したといってよい。

しかし、実際のところ幕政を主導していたのは北条氏であり、幼少の鎌倉殿は形式上の首長にすぎなかったという所に問題があった。執権職を新たに設け実権を掌握した泰時であったが、鎌倉幕府体制を堅固なものとする為には、どうしても武家政権の首長としての鎌倉殿の権威を高めておく必要があったのである。

たとえば、将軍の新御所の設営と、それにともなう都市機能の整備・拡張は、鎌倉を武家の都として相応しい都市に再生させようとするものであった。(36)父義時のときから計画は練られていたのであるが、嘉禄元（一二二五）年大倉御所から宇都宮辻子御所へ移転した。これにともない、新御所に面した鶴岡八幡宮寺から由比ヶ浜に向かう若宮大路（最大道幅三十三メートル）がメインストリートになった。この若宮大路は、将軍を中心に武家が儀式を執り行なうハレの場であり、京の朱雀大路と同じ役割を担った。(37)また都市化を進める為に帝都平安京にならい「保」制を敷き、(38)平城京・平安京で採用されていた家地の単位である「丈尺」制や地割面積の単位である「戸主」(39)制を導入した。(40)さらに鎌倉への交通網の整備も行なわれている。切り通しなどの開削により幹線道路が整備され、海路により鎌倉へ物資を搬入する為に港湾（人工の築島＝和賀江島）も新たに築造された。(41)

また、鎌倉殿が新御所へ移転したのにともない、鎌倉大番役が関東十五箇国の御家人役として新たに課される様になったことも注目される。(42)西国御家人達には従来通り、平安京の内裏・院御所諸門の警固にあたる京都大番役が課されたのであるが、(43)東国御家人達には輪番で鎌倉殿御所の西侍に詰め、御所内部や御所諸門を警固することが義務付けられたのである。(44)これが鎌倉殿の権威を高めんが為の施策であることは疑いない。(45)

承久元（一二一九）年に頼経が鎌倉へ下向してきた際にも、義時が泰時の弟重時を別当に任じて小侍所を新設し、宿侍を行なう体制を整えていたのだが（『吾妻鏡』承久元年七月二十八日条）、当初は、鎌倉殿に近侍する御家人が御所東小侍に詰めていただけであった。しかし、嘉禄元（一二二五）年に新御所へ移転すると、西侍に関東十五箇国の御家人を結番勤仕させ、東小侍には「可然人々」を祗候させるという、所謂鎌倉大番役の制度を開始した。京都大番役も同様であるが、「大番役」は、軍役として御家人の統制機関である侍所の統括する所であった。当時の侍所別当が執権泰時の兼務する所であったことから考えれば[46]、鎌倉大番役の制度化も泰時の発意であった可能性が高い。将軍御所諸門の警固は侍所の職掌であったらしいが、御所内の警護は小侍所の管掌であった。小侍所は承久元（一二一九）年の頼経下向の際に、泰時の父義時によって新設された役所であり、将軍御所への宿営や将軍出行の際の供奉等を管掌するという侍所の職務を特化させる為に、侍所から分立されたものであった。泰時の弟重時が小侍所の初代別当に任ぜられたが、鎌倉殿の動向、特に北条氏以外の御家人との接触を監視する事こそが真の目的であったはずである。小侍所には諸事芸能に堪うるものを詰めさせたが、川添昭二氏が既に指摘されている如く、これは鎌倉殿を学問・文芸の世界に閉じ込めることで、政治から遠ざける狙いがあったと思われる[47]。嘉禄元（一二二五）年に開始された鎌倉大番役は、東国御家人達に鎌倉殿への直接的奉公を行なわしめるもので、武家の棟梁としての鎌倉殿の立場を御家人達に再認識させる狙いがあったと思われるが、それが泰時と小侍所別当重時両者の監督下で行なわれていたという点に着目しておきたい。

また、鎌倉殿の威容を整える為に、鎌倉殿に関わる儀式が整備されたのもこの頃であった。天皇の「浄」・「聖」を守る為に平安京で行なわれていた四角四堺祭[48]・七瀬祓[49]が武家の都鎌倉でも行なわれる様になったのである[50]。ただし、鎌倉での四角四堺祭は、将軍御所の四隅と鎌倉の四つの境界で行なわれているように、鎌倉の主である鎌倉殿の「浄」と「聖」を守る為に執り行なわれたのだった。この時期にこれらの祭りが導入されたのもやはり、鎌倉殿の社会的地位を高めようとする一連の動きと連動するものと思われる。当該期に新御所と若宮大路という新たな祭祀空間が生まれ、それにともない鎌倉殿を中心とする武家儀礼も整えられていったのである。

それでは執権泰時自身の鎌倉殿への態度はいかなるものだったのであろうか。執権泰時自身も、御所東小侍に宿侍していた事を『吾妻鏡』は伝えるが（『吾妻鏡』安貞三年正月十三日条）、同書貞永元（一二三二）年十一月二十八日条には、泰時自らが当番として宿直した際に、付き添った家臣が泰時の為に筵を持参したのを見て、東小侍に詰めている御家人達に聞こえる様に、板の間で控えるのが臣下として当然の礼であると泰時がこの従臣を叱責したことを美談として記している。また翌十一月二十九日条には、泰時と評定衆の一人である後藤基綱との間で交わされた次の様な連歌が載せられている。

あめのしたにふればぞ雪の色もみる　泰時
みかさの山をたのむかげとて　基綱

鎌倉殿が催した永福寺での雪見の和歌会が雨により中止となった。その帰路、後藤基綱が中止を口惜しがり、それを耳にした泰時が基綱との間で取り交わしたのが、右の連歌であった。「鎌倉殿のおかげで天下が治まっているからこそ、雪見などができるのである」と泰時が歌ったのを受けて、後藤基綱が「天下の御笠である近衛中将＝鎌倉殿のおかげですね」と唱和したのである。[51] 右の『吾妻鏡』の両記事は史実を伝えたものであろう。公の場において泰時は、他の御家人達の手本となる様に、鎌倉殿に対して臣下の礼を尽くしたものと思われる。泰時が御所における祭祀や儀式を整えたのも、君臣関係を視覚化し、礼による秩序を作りだそうとしたのであろう。

おわりに―泰時の目指した政治体制とは如何なるものか―

必ずしも執権＝将軍家政所別当ではなかったが、[52] 貞永元（一二三二）年の将軍家政所開設時に、[53] 初代執権の二人が共にその別当（長官）に任ぜられているのは、執権職と政所別当職との密接な関係を示すものであろう。鎌倉殿と評定衆との橋渡しを行なうのが執権の役割であったとするならば、鎌倉殿の家政機関の長官（政所別当）こそが執権に相応しいと言うことができよう。鎌倉殿が行なうべき政務を一部代行するポストとして執権職が創設されたという、その歴史的な意味をやはり確認しておく必要があろう。泰時は単なる将軍家の「執事」から実権を握る「執権」へと転身をとげたのである。(54)

自らが執権となり、幼少の鎌倉殿を政務から遠ざけた泰時であったが、決して鎌倉殿をぞんざいに扱うことはなく、主君としてもり立てて、これまで以上に武家の首長としての権威を高める様に努めたのである。『吾妻鏡』貞永二（一二三三）年正月十三日条には、頼朝の御忌月に当たるとして頼朝の法華堂にやってきた泰時が、堂上に登らず堂下に敷皮を布いて座し念誦した事を記しているが、このエピソードからも泰時の謙虚な姿勢を垣間見ることができよう。このとき別当が、堂に上る様に頻りに促すと、泰時は「御在世之時、無左右不参堂上、薨御之今、何忘礼哉（御在世ノトキ、左右ナク堂上ニ参ラズ、薨後ノ今、ナンゾ礼ヲ忘レンヤ）」と述べたと『吾妻鏡』は伝えている。自らの烏帽子親でもある頼朝に対して、特に敬愛の念が強かったのかもしれないが、最高権力者でありながら堂下で念誦する姿勢は、自らが頼経の御所に宿直する際に、板の間に直接座し控えるのが臣下の礼であると述べそれを実践した泰時の態度とも共通するものがある。泰時は鎌倉殿に対する忠義の大切さを御家人達に説き、自らもそれを実践したのである。泰時は鎌倉殿（頼経）を政務から遠ざけて、評定会議には臨席させなかったけれども、毎度その結果を評定事書として鎌倉殿に報告している。形式的とはいえ鎌倉殿に裁可を仰ぐという事にやはり泰時は重きを置いていたのであろう。

しかし、泰時の後を襲い執権に就任した経時は、泰時の様には鎌倉殿へ敬意を払わなかった。執権に就任した翌寛元々（一二四三）年九月、訴訟に関しては一々鎌倉殿に裁可を仰いでいては政務が滞るとして、執権が下した判決のままに奉行人が下知状を作成する様、問注所執事に命じている（追加法213条）[55]。そして経時は翌二年四月にわずか六歳の藤原頼経の子頼嗣をみずからが烏帽子親となって元服させると（『吾妻鏡』寛元二年四月二十一日条）、壮年の頼経に強要して、幼少の頼嗣に将軍職を譲らせている。また翌三年七月十三日には経時は自らの病気平癒の祈禱の為に、自邸に幕府の陰陽師を呼び寄せ四角四境祭を行なわせている（『吾妻鏡』同日条）。前述せるように四角四境祭は、もともと天皇、あるいはそれに準ずる人々に関わる特別な祭祀であったのだが、承久の乱以後、関東においても鎌倉殿の権威を高める為に行なわれていた。その特別な祭祀を執権が自らのために自邸で行なわしめたという事実は、執権経時が権勢を誇っていた事を窺わせる。かくの如く経時の代に生じた鎌倉殿と執権との確執は、やがて時頼執権期に北条一門名越光時による反乱や、三浦氏による宝治の乱を惹起させた。この二つの乱は、退位後も鎌倉に留まり隠然たる勢力を培っていた藤原頼経と気脈を通ずる有力御家人達によって起こされた執権に対する反乱であった。これらを鎮圧したことにより結果的には執権政治は安定したのであるが、一歩誤れば北条嫡宗家が没落し執権政治体制自体が瓦解する可能性もあったのである。泰時は、頼経を政務からは遠ざけはしたが、その反面、関東の主、御家人達の主君として頼経を祭り上げ、そのプライドを傷つけるような事はしなかった。執権政治体制は鎌倉殿と執権との良好な主従関係を前提とすることを泰時はよく認識していたのであろう。御家人達に忠義の心を持つように訴え、自らそれを実践したのもその故であろう。

また、執権を中心とする幕府体制を築き上げようとする泰時が、執権の定員を敢えて二名としたのもやはり泰時の政治判断によるものであったに違いない[56]。泰時は、今後の幕政の事も考慮し、頂点に立つ執権を二人とすることで相互に自専を戒めさせようとしたのではないだろうか[57]。泰時は、叔父時房をもう一人の執権とするが、泰時はこの叔父を執権としても、政所別当としても自らの上位に位置付け[58]、儀式の際にも、この叔父を上席に据えて悌順の心を示している。

「執権—評定衆」制度は、承久の乱後、実質的に全国政権となった幕府が政務を迅速に処理する為に創出したものであった。なぜ、これまでの鎌倉殿主導の政治から、執権主導の政治に移行させることができたのかと言えば、それは承久の乱という武家政権存続の危機があったからに違いない。泰時の伯母である政子が、承久の乱の出兵に際し、御家人達を集め、その結束を促した様に（『吾妻鏡』承久三年五月十九日条）、新たな時代の幕開けを前に泰時も御家人達がイニシアチブをとる新たな政治体制の採用を訴えたのであろう。伯母政子が愛読した治道規範の書『貞観政要』には、「乱後の治め易きこと、なほ飢人の食し易きがごときなり」という一文があるが、泰時はこの道理をよく弁えていたのかもしれない。御家人達が自分達の手で強固な武家政権を創出せねばならないと自覚していた所に、リーダーシップを発揮する泰時が登場し、その彼が実力、人格ともに人より秀でていたからこそ「執権—評定衆」制度を創出することができたのではないだろうか。泰時が儒教的な徳治政治を標榜し、自ら公正、無欲な態度で政務に臨んだのも執権を中心とする新たな政治体制を軌道に乗せねばならないという、彼なりの使命感があったからではないだろうか。そして時を置かずして評定会議の裁判規範ともいうべき『式目』を制定したことも、客観的な道理にもとづいて、政務が処理されている事を内外に示す意味があったのであろう。泰時は、己に権力を集中させることよりも、幕府組織の屋台骨を確固たるものにすることに尽力したのである。

泰時は、藤原定家の『新勅撰和歌集』にも収められている次の歌を詠んでいる。

世の中に麻はあとなくなりにけり心のままの蓬のみして

これは、『荀子』勧学篇の「蓬も麻中に生えれば扶けずして直く」という一節を受けたものである。つまり、曲がりくねってのびる「蓬《よもぎ》」（つる草）も、まっすぐに伸びる麻の中に育てば、まっすぐに育つものであるという一節を受けて、今の世は、まっすぐな心持の人がいなくなった為に、性質の劣った人ばかりになってしまった、と嘆いた歌である。

泰時が『荀子』を読んでいたことが、右の歌からも知ることができる。性悪説で知られる荀子であるが、彼は、社会的な立場で善悪を考え、「正理平治」（ただしく治まること）こそが善であると主張した思想家であった(59)。荀子は、「礼」と「刑」を用いて人々に己の分を弁えさせ、それによって社会を秩序づけてゆくことの重要性を説いたのだが(60)、北条泰時はこの荀子の思想に共感を覚えていたのではないだろうか(61)。

南朝の忠臣で賢才として知られる北畠親房が著した歴史書『神皇正統記』のなかで、もし頼朝と泰時の二人がいなければこの日本国はどうなっていたかわからないと泰時の治政を称賛したその意味を我々はもう一度考えてみる必要がありそうである(62)。

註

（1）上横手雅敬氏『北条泰時』（吉川弘文館、一九五八年）。

（2）上横手雅敬氏「鎌倉幕府と公家政権」（『鎌倉時代政治史研究』吉川弘文館、一九九一年、初出は一九七五年）。

（3）杉橋隆夫氏は「執権・連署制の起源―鎌倉執権政治の成立過程・続論」において次の様に述べている（『日本古文書学論集5中世Ⅰ』吉川弘文館、一九八六年、一四五頁。初出は一九八〇年）。

時政の時代を含めて執権政治をふり返ってみると、十三人合議制をはじめ、いわゆる合議的政治形態は、いずれも前体制が崩壊した動揺期に、対蹠的・過渡的に出現する事実が確認される。むしろ独裁・専制志向こそが成立期執権政治の基調となっていたとしなければならない。泰時が創設した評定衆を、過渡的とするには存続期間の点で微妙だが、この制度は、真の意味での合議政治運営機関とはいえないし、かえって北条氏の独裁的な地位を被覆する役割を期待されたと考えてさし支えない。（副）執権時房の地位も泰時と対等とはいえなかった。最近では、得宗専制政治の開始を時頼の時代にまで遡らせる見解も見られるだけに（上横手「鎌倉幕府と公家政権」〈新『岩波講座日本歴史5　中世Ⅱ』〉）、ますます合議制を執権政治の基軸に据ええないのである。

（4）ここでの「執事」は、政所執事という職名を指しているわけではない。「主人の近くに侍して、家政をもっぱらとり行なう者」（小学館『日本国語大辞典』）という意味である。五味文彦氏が紹介された史料（『中世法制史料集　第一巻 鎌倉幕府法』（三七四頁「参考資料九九」）に、時政、義時が政所別当として行なった沙汰を「執事御方御下知」と表現しているのがこの用例である（五味文彦氏「執事・執権・得宗」『吾妻鏡の方法—事実と神話にみる中世』吉川弘文館、一九九〇年、二〇一頁）。なお本稿で用いた「執事」はいずれもこの意味で用いている。

（5）実例としては、「承久三年五月十五日付官宣旨案」（『鎌倉遺文』古文書編第五巻二七四六号）がある。

（6）「梅尾明恵上人伝記　下」（久保田淳・山口明穂校註『明恵上人集』岩波書店、二〇〇九年改版、初出は一九八一年、一九一—一九六頁）。

（7）『神皇正統記』「後嵯峨」条には次の様に記されている（岩波日本古典文学大系『神皇正統記・増鏡』、一九六五年、一六二頁）。

大方泰時心タヾシク政スナヲ《（ホ）》ニシテ、人ヲハグクミ物ニオゴラズ、公家ノ御コトヲモクシ、本所ノワヅラヒヲトヾメシカバ、風ノ前ニ塵ナクシテ、天ノ下スナハチシヅマリキ。カクテ年代ヲカサネシコト、ヒトヘニ泰時ガ力トゾ申傳ヌル。陪臣トシテ久シク権ヲトルコトハ和漢両朝ニ先例ナシ。其主タリシ頼朝スラ二世ヲバスギズ。義時イカナル果報ニカ、ハカラザル家業ヲハジメテ、兵馬ノ権ヲトレリシ、タメシマレナルコトニヤ。サレドコトナル才徳ハキコエズ。マタ大名ノ下ニホコル心ヤ有ケン、中ニトセバカリゾアリシ、身マカリシカド、彼泰時アイヒツギテ徳政ヲサキトシ、法式ヲカタクス。己ガ分ヲハカルノミナラズ、親族ナラビニアラユル武士マデモイマシメテ、高官位ヲノゾム者ナカリキ。其政《まつりこと》次第ノママニオトロヘ、ツヰ《（ヒ）》ニ滅ヌルハ天命ノヲハルスカタナリ。七代マデタモテルコソ彼ガ余薫ナレバ、恨トコロナシト云ツベシ。

(8) 承久の乱の際に、倒幕に立ち上がった者のなかに、源氏将軍の縁故者や関係者、北条氏により排除された御家人達の残党が多く含まれていたことを石井進氏は指摘されている（同氏『日本の歴史7　鎌倉幕府』新装版中公文庫、二〇〇四年、初出は一九七四年）。

(9) 後鳥羽・順徳・土御門三上皇と後鳥羽の皇子である六条宮、冷泉宮等は、そろって流罪となり、践祚したばかりの幼い仲恭天皇（順徳の皇子）も廃位され、後鳥羽上皇の兄行助親王の子が新たに皇位についた（後堀河天皇）。また京方に加わった貴族や武士達は、殆ど極刑となった。

(10) 建治三（一二七七）年六月日付下山兵庫五郎光基宛書状（所謂「下山御消息」）には「日本国の万民等、禅宗・念仏宗の悪法を信仰を用ヒし故に、天下第一先代未聞の下克上出来せり。而ルに相州（北条義時）は謗法の人ならぬ上、文武きはめ尽クせし人なれば、天許し国主となす。随ツて世且ラく静カなりき」とある（『昭和定本日蓮聖人遺文』第二巻、身延山久遠寺、二〇〇〇年、一三二九頁）。この書状は日蓮聖人が弟子因幡房日永に代わって筆をとり、日永の父下山光基に提出した弁明書と言われている。

(11) 六波羅探題は、承久の乱後に幕府が六波羅においた出先機関の長官を示す言葉として一般的に用いられているので本稿でも使用したが、鎌倉期の史料上に「六波羅探題」と記されたものはなく、「六波羅（殿）」「六波羅守護」「六波羅管領」と記されていた。六波羅探題の呼称については熊谷隆之氏「六波羅探題考」（『史学雑誌』第113編第7号、二〇〇四年）を参照されたい。

(12) 上横手雅敬氏註（1）所引『北条泰時』一五三頁。ただし執権政治の開始期については諸説見解が分かれている。泰時の祖父時政を初代執権とする上横手雅敬氏（同氏『日本中世政治史研究』塙書房、一九七〇年）や石井進氏の説（同氏註（8）所引『日本の歴史7　鎌倉幕府』）、泰時の父義時を初代執権とする佐藤進一説（『世界歴史事典』「執権政治」の項）等がある。だが承久の乱後に執権政治が確立されるという点では共通の認識を持っておられる様である。おそらく『吾妻鏡』が時政や義時をも「執権」として表現していることが、諸説を生むことになったのであろう（『吾妻鏡』は鎌倉後期の編纂物である）。しかし、評定衆あっての執権であると考えるので、私は初代執権を泰時と考える。なお五味文彦氏も註（4）の如く、初代執権を泰時と考えている。

(13) 上横手雅敬氏註(12)所引『日本中世政治史研究』三八七頁。

(14) 五味文彦氏は、「執事」体制から「執権」制への推移を次の様に述べておられる(同氏註(4)所引『吾妻鏡の方法―事実と神話にみる中世』二〇九頁)。

将軍の親裁体制の時期においては、政所が重要な機構として位置を占め、時政や義時はそこでは後見・執事として将軍を補佐していたのであった。ところが泰時の代にいたると、それが大きく変わる。後見の執事から理非決断の職の執権への転換である。泰時は、理非決断職を将軍から奪い執権の権限を確立させたのである。

(15) 仁平義孝氏は、実朝没後、北条義時はその地位を向上させて、評議を主導し、政子を補佐するようになったと指摘されている(仁平義孝氏「鎌倉前期幕府政治の特質」『古文書研究』第31号、一九八九年)。

(16) 従来、将軍家の政所別当の内の一人が執権に任命されると理解されてきた(たとえば杉橋隆夫氏「鎌倉執権政治の成立過程―十三人合議制と北条時政の「執権」職就任―」『日本古文書学論集5中世Ⅰ』吉川弘文館、一九八六年、一四五頁。初出は一九八一年)。しかし、政所別当の構成を調べた毛利一憲氏は、執権が必ずしも主席別当ではなかったこと、また将軍がいまだ三位に達せず政所が開設されていないときにも執権の存在を認めることができることなどから、執権を政所別当と切り離して考えるべきであると主張された。毛利氏は、幕府執権の職掌、即ち①審理機関を主導する。②上裁を仰いで決定をみた後は自ら文書の発行にあたる、などといった職掌が記録所の執権と共通点を見出せるとした上で、これを執権職の特徴と考え、泰時の祖父時政も、十三人合議制の中で、自らを奉者として下知状を発行しているから時政を初代執権と考えるべきであると指摘された(同氏「鎌倉幕府執権の職制について―記録所執権と幕府政所別当の考察を通じて―」『北見大学論集』第9号、一九八三年)。しかしこの推論はいささか乱暴な様に思われる。時政が下知状の奉者となったのは、頼家を将軍職から退かせた非常時のことであり、しかも当時、十三人合議制が機能していたかどうかもわからない。執権を政所別当と切り離して考えるべきであるという主張や合議機関あっての執権であるという毛利氏の主張には賛同しうるが、初代執権を時政とする点には従いかねる。

(17)『中世法制史料集 第二巻 室町幕府法』（岩波書店、一九五七年、三六一頁）。

(18) 杉橋氏は註（16）前掲論文一四四頁において「評定衆十一名中八名まで文筆官僚によって占められ、豪族的領主層の代表者とおぼしき者は、わずかに三浦・中条・後藤の三氏に過ぎない」と述べられている。

(19)「幕府の評定においては、年令順か、逆に年令の若い方からかの二様として、前者を老、後者を若と名付けて、老若二つの籤を用意し、評定会議に先立って籤役が老若の何れかを決定するという方式がとられた。もし常時若年の方から発言させるとした場合に予想される事前の協議を防ぐ趣旨で、このような籤方式がとられたのであろう」（佐藤進一氏『日本の中世国家』岩波書店、一九八三年、一一八頁）。

(20) その事は、寛元元（一二四三）年九月二十五日付の追加法213条から窺うことができる。

(21) この点に関し註目されるのは、後嵯峨院政期の院評定制に対する美川圭氏の評価である。美川氏の評価は従来の評価と異なるものであった。後嵯峨院政期に朝廷に初めて導入された院評定制の意味に関しては、従来、公卿の議定に独立性を与え、院の専制を抑制することにあったとする橋本義彦説が支持されてきた（橋本義彦氏「院評定制について」『平安貴族社会の研究』吉川弘文館、一九七六年、初出は一九七〇年）。しかし美川氏は、橋本氏の評価とは全く反対に、後嵯峨院政期に院評定制が成立したのは、みずからが擁立した後嵯峨の院政を強化せんとする幕府側の思惑があったと評価されたのである。美川氏は、後嵯峨が北条氏によって擁立された人物であった以上、「北条氏が公卿（評定衆）の合議によって、後嵯峨の権力を掣肘させようとしたはずはなく、むしろ合議によってその権力あるいは権威の上昇をはかっていたと考えるべきであろう」と指摘されている（同氏「建武政権の前提としての公卿会議──『合議と専制』論をめぐって──」『日本国家の史的特質　古代・中世』思文閣出版、一九九七年、六一〇頁）。また美川氏は、同論文の中で、杉橋氏の泰時期の幕府評定制に対する前掲の評価を首肯した上で、「「専制」の有無は、「合議」の有無とアプリオリなのではなく、それが真の意味での『合議』がどうかを含んで、その『合議』自体のありかたに規定されていると考えるべきであろう」とも述べられている（六一八頁）。合議の有無から、専制の有無を判断することはできないとする氏の指摘は従うべきものであるが、美川氏も指摘される通り、合議自体のあり方を具体的に検討することこそが専制の有無を判断する為には必要なのである。泰時の政務の進め方を見る限り、やはり彼が専制を志向したとは思えないのである。

(22) 仁平義孝氏は、註(15)所引論文四六頁において次の様に指摘する。

将軍頼家・実朝期の幕府政治は、大江・三善・二階堂氏といった幕府奉行人と北条氏とからなる合議機関において案件が審議され、将軍が最終判断を下すという方式で運営されていた。北条氏は合議機関の一構成員でしかなく、いまだ幕政の主導権を握っていない。しかし、実朝の死を契機に、義時は他の奉行人の一ランク上に位置する存在となり、合議機関の主導権を握るに至った。合議による政治運営と、実朝の死を契機とした北条氏による合議機関の主導権掌握、この二点が鎌倉前期幕府政治の特質といえよう。

また当該期においては合議に参加するメンバーも、必要に応じて区々であったとも指摘されている。

(23) 仁平義孝氏は、泰時以降、将軍は評定会議に参加しなくなるが、それまでは将軍邸内で合議＝評定が開かれるのが一般的であったと指摘されている(同氏「執権政治期の幕政運営について」『国立歴史民俗博物館研究報告』第45集、一九九二年)。

(24) 日本歴史学会編『概説古文書学　古代・中世編』(吉川弘文館、一九八三年、七一頁)。ただし「建長四(一二五二)年四月、将軍藤原頼嗣が廃され、宗尊親王が宮将軍となってからは、最初から将軍家下文が出され、袖判下文が用いられることはなかった」という。

(25) 下知状は「依鎌倉殿仰。下知如件」という書止文言を有した。

(26) 近藤成一氏「文書様式にみる鎌倉幕府権力の転回―下文の変質―」(『鎌倉時代政治構造の研究』校倉書房、二〇一六年、八一頁。初出は一九八一年)。

(27) 佐藤進一氏「中世史料論」(『日本中世史論集』岩波書店、一九九〇年、二九八頁、初出は一九七六年)。

(28) 註(26)に同じ。

(29) 佐藤進一氏註(27)所引論文二九八頁。佐藤氏は下文と下知状の併用を「承久の乱以降」と漠然と表現していたが(同氏『古文書学入門』法政大学出版会、一九七一年、一二八頁)、近藤成一氏は、その時期を嘉禄二(一二二六)年以降と厳密に述べておられる(同氏註(26)所引論文八二頁)。また毛利一憲氏も近藤説と同様の指摘をされている(同氏註(16)所引論文三四頁)。
(30) 佐藤進一氏註(27)所引論文三〇〇頁。
(31) 前述せるように泰時執権期には、評定での審議結果が評定事書として鎌倉殿へ報告され、その後に執権が下知状を作成したのであるが、経時執権期からは、政務が滞るとして、評定事書を提出することさえ行なわれなくなってしまう(追加法213条)。
(32) 下文によって為される鎌倉殿からの安堵が、主従関係を確認するための形式的なものであったことは、「理非は安堵によらず」といった法諺からも窺うことができる。もし、安堵を受けた所領について提訴があれば、その理非が審理され、執権による判定(安堵状の有効性の判定)を仰がなければならなかったのである。
(33) 佐藤進一氏は、註(19)所引『日本の中世国家』一二四頁において「そもそも鎌倉幕府の体制では、将軍のもつ統治の機能は執権制によって受託代行されえた(その故にこそ執権は「政務の御代官」であった—沙汰未練書—)のに対して、将軍のもつもう一つの主従制的支配権は本来的に身分支配の権能である性質上、他者による受託代行になじまないばかりか、この権能を弱化、形骸化すれば、それは直ちに幕府を支える主従制(具体的には御家人制)を崩壊に導く危険を蔵していた。その意味で、将軍勢力と執権勢力との対立は鎌倉幕府の体制に根ざす抜きがたい矛盾であった」と述べられている。ただし、執権制度の開始直後から、将軍と執権の間に対立や緊張関係があったとは思われない。両者に対立が生まれるのは経時以降のことであった。
(34) これは頼朝が得た平氏没官領五百余箇所とは比較にならない膨大なものである。
(35) 安田元久氏『北条義時』(吉川弘文館、一九六一年、一二〇頁)。
(36) 上横手雅敬氏は註(12)所引『日本中世政治史研究』三九二頁において「治承四年(一一八〇)以来世十五年にわたる大蔵の幕府が移転されたことは、規模の大小を別とすれば、意識の面では、朝廷での遷都にも匹敵する事件であり、政治の一新が意図されたのである」と指摘されている。
(37) 松尾剛次氏『中世都市鎌倉の風景』(吉川弘文館、一九九三年、一〇—一六頁)を参照されたい。

(38) 平安京では条坊制の一単位として用いられた、即ち坊を四分割した区画であった。
(39) 戸主とは、都城における地割面積の単位で、間口五丈・奥行十丈（面積五十平方丈の地所）を一戸主とした。
(40) 松尾剛次氏は、鎌倉における丈尺制、戸主制の採用を嘉禄元年の宇都宮辻子への御所移転にともなうものであると指摘されている（同氏註（37）所引『中世都市鎌倉の風景』五八―六一頁）。
(41) 往阿弥陀仏が、泰時の強力な後援をうけ、遠浅の海岸に人工の築島＝和賀江島が築かれた。この築港によって周囲は、和賀江津、飯島津と呼ばれる様になり、物資の陸揚げ港となった。中国からの輸入品も多数ここから陸揚げされた（『吾妻鏡』貞永元年七月十二日・八月九日条）。
(42) 当然のことながら、これまでも将軍御所の警備は御家人役として課されてきた。その変遷を五味克夫氏は次のように述べておられる（同氏「鎌倉御家人の番役勤仕について（二）」『史学雑誌』第63編第10号、一九五四年、二二頁）。
頼経の下向以前、御家人はすべて（西）侍に祗候していたのであるが、新将軍の下向に及んで（東）小侍に移り、（西）侍は一時無人の如き状態となったので、嘉禄元年には西侍、東小侍と夫々勤番者を定め、西侍は諸国交代勤番の御家人の侍するところとし、東小侍は「可然人々」の侍するところとしたのであり、諸門警固役の如きは前者に於て勤仕させることになったのである。そしてこの西侍の勤番役を「号大番之」した訳である。
(43) ただし、貞永元（一二三二）年十二月二十九日、在京人には大番役が免除された（『吾妻鏡』同日条）。
(44) 五味克夫氏によれば、東国御家人の場合は、鎌倉大番役のみならず京都大番役も課されていたという（同氏註（42）所引論文二十四頁）。
(45) 上横手雅敬氏は註（2）所引『鎌倉時代政治史研究』二九頁において次の如く指摘する。
泰時は叔父時房を副執権（連署）に迎え、評定衆を設置し、合議による政治運営を図るとともに、御成敗式目を制定して裁判の基準を定めた。このような統治権的支配の面の整備とともに、彼は主従制的支配の面にも配慮を加えており、鎌倉殿の権威を尊重した。鎌倉殿の居館の移築（それは公家政権における遷都に匹敵する）、鎌倉大番制の整備、三寅の元服（頼経）と将軍宣下などは、泰時の政治のスタートにあたって行われたのである。政子という群像的な鎌倉殿を失った幕府は、新たな鎌倉殿の権威を設定しなければならなかったし、その新たな鎌倉殿が決して偶像的な独裁者であり得ない以上、鎌倉殿への忠誠を補い、あるいはそれにかえて幕府体制への忠誠を導くためには、多数の御家人の支持を得るような合議と道理の政治を行わねばならなかったのである。

カリスマ性を失った鎌倉殿の権威を取り戻す為に、これらの施策が為され、御家人達からの忠誠を取り戻す為に合議と道理の政治が導入された、とする点には疑問があるが、泰時が、頼経の権威を高めんが為に、実行した一連の政策であったと評価する点には同意する。

(46)　実朝将軍期に北条義時が侍所別当和田義盛を滅ぼして、その後任に就いて以来、侍所別当職は北条氏の手に帰していた。義時から泰時に別当職が譲られた際に、次官である所司には四人の有力御家人が任ぜられているが、これは、侍所機構を北条氏が掌握しているという批難を避ける為であったと推測される。この四人の所司には職務が割り振られており、当時の侍所の主たる職掌が窺えるのである。即ち、二階堂行村と三浦義村は「御家人の事を奉行」し、大江能範は「御出已下御所中の雑事を申し沙汰」し、伊賀光宗は「御家人の供奉所役以下の事を催促」した（『吾妻鏡』建保六年七月二十二日条）。そして承久元（一二一九）年に、頼経が東下してくると、大江能範と伊賀光宗が分担した職務が特化され、小侍所が置かれた。遅くとも天福二（一二三四）年頃までには、北条氏の被官（平盛綱）一人が侍所の所司を独占するようになっているので（細川重男『鎌倉政権得宗専制論』吉川弘文館、二〇〇〇年、一五二頁）、小侍所が新設される頃に、侍所所司＝北条氏被官体制ができ上がったと考えてよいのではないだろうか。

(47)　川添昭二氏『日蓮とその時代』第二編第六章「中世の儒教・政治思想と日蓮」（山喜房佛書林、一九九九年、二五三頁）。

(48)　『吾妻鏡』元仁元（一二二四）年十二月二十六日条を初見とする。陰陽道の祭祀で、鬼気を祓うことを目的とした。このときは、御所の四隅と、鎌倉の四つの境界である六浦（東）、小坪（南）、稲村ヶ崎（西）、山内（北）で行なわれた。

(49)　『吾妻鏡』貞応三（一二二四）年六月六日条を初見とする（条文にも「此御祓。関東今度始也」とある）。これも陰陽道の祭祀である。このときは、将軍の様々なわざわいを負わせたヒトガタを七人の使いに命じて、霊所である七箇所（由比ヶ浜、金洗弁沢池、固瀬河、六連、独河、杜戸、江嶋の龍穴）において祓いを行なわせた。

(50) 松尾剛次氏註(37)所引『中世都市鎌倉の風景』二三—二七頁。
(51) この連歌については、大谷雅子氏『和歌が語る吾妻鏡の世界』(新人物往来社、一九九六年、一一五頁)に解説がある。
(52) 註(16)を参照されたい。
(53) 貞永元(一二三二)年に将軍頼経が従三位に叙せられ政所の開設資格を得た。
(54) 村井章介氏や五味文彦氏が既に指摘されている様に(村井氏「執権政治の変質」『中世の国家と在地社会』校倉書房、二〇〇五年、一五〇頁。五味氏註(4)所引論文二〇三頁)、幕府が貞永式目制定以後、度々発令した不易法からも執権の役割をうかがい知ることができる。不易法とは、再審請求の期限を定めることで、当知行者の権利を擁護し、在地の秩序の安定を図るものであった。『式目』では、源家将軍三代と政子(頼経の後見役)の御成敗が不易化されたのであるが、それ以後の不易法は、正嘉二(一二五八)年に泰時の成敗が不易化されたのを皮切りに執権在職期間を基準として発令されている。そこには、鎌倉殿ではなく執権が幕府の「御成敗」の主体となっていたことを示す意味があった。法文中に、執権を御成敗の主体と明示することは、すでに泰時の次代執権経時の頃から確認できるのであるが(追加法211条)、この泰時の成敗の不易化は、泰時の後継者による所為であり、泰時自身の意思とはまったく無関係であることに注意すべきである。
(55) 仁平義孝氏は、この決定により「訴訟を中心とする評定会議に関する権限は、完全に執権の掌握するところとなり、将軍は一切関与できなくなったのである」と評価されている(同氏註(23)所引論文一五一頁)。
(56) 北条氏の政治権力を示すものとして先学が註目してきたものに正月垸飯儀礼がある。これは正月の三が日(一日〜三日)に重臣が鎌倉殿を饗応し祝う儀式であったが、誰がこの沙汰人に選出されるのかが大事であった。幕府の正月垸飯儀礼に最初に着目されたのは八幡義信氏であった。八幡氏は、「鎌倉幕府垸飯献儀の史的意義」において頼朝将軍期より開始された当該儀礼は、北条氏が正月垸飯を独占する承久の乱以後、献儀の内容が大規模になっていくことを指摘された(『政治経済史学』85、一九七三年)、これを受けて村井章介氏は、「執権政治の変質」において「垸飯儀式の参加者、ことにその主催者たる沙汰人の役目が、幕府内の実体的な地位に対応すること、具体的にいえば、正月一日〜三日の沙汰人が地位ランキング一位〜三位に近似する」と指摘された(同氏『中世の国家と在地社会』校倉書房、二〇〇〇年、一三六頁、初出は一九八四年)。また永井晉氏の研究「鎌倉幕府垸飯の成立と展開」によって沙汰人を初めとする儀式の実態とその変遷が明らかになった（小川信先生の古希記念論集を刊行する会編『日本中世政治社会の研究』続群書類従完成会）。ところが、近年桃崎有一郎氏は、当該儀礼に主従関係・支配関係が如実に反映されていると評価してきた先学の見解を否定し、「同じ主君を共有する傍輩間の紐帯認識確認儀礼」であったと主張された。つまり当該儀礼は、縦の繋がりを認識させる儀式ではなく、横の繋がりを認識させせる儀式であったと主張されたのである（同氏「鎌倉幕府垸飯儀礼の変容と執権政治―北条泰時の自己規定と傍輩・宿老・御家人」『日本史研究』613、二〇一三年）。垸飯の儀の歴史的変遷を明らかにした上での桃崎氏の主張には説得力がある。しかし、それもまた形式的・一面的な評価である。桃崎氏は、その事を前提として垸飯の沙汰を行なう者の役割は、傍輩としての役割にしか過ぎないと過小評価されたのである（氏はこの事から執権自体も「事務局長の類」に過ぎないと評価される）。氏が述べる如くたとえ垸飯の儀の本来的意味が「共同体内での富の再配分」であったとしても、その大事な儀式を御家人の代表として取り仕切るということに政治的な意味があったはずである。桃崎氏も指摘するように、北条氏が当該儀礼の沙汰人を勤め、傍輩であることを強調することは、御家人達との連帯感を強める狙いがあったはずである。

（57）後の事例であるが、執権就任間もない若年の執権時頼が、六波羅探題の重時を連署とする為に鎌倉に呼びもどそうとした際にも、時頼は「短智ノ一身軍営ノ政ヲ扶ケテ、スコブル自専セザルコトヲ怖畏ス。六波羅ノ相州ヲ招キ下シ。万事ヲ談合セシメント欲ス。コレ日ゴロノ所存ナリ」と述べたと『吾妻鏡』寛元四年九月一日条は伝えている。しかし時頼のこの提案に対し、有力御家人たる三浦泰村は反対の意向を示したと同条は記している。おそらく三浦泰村は、北条氏による支配体制が強固となることを怖れたのであろう。翌年、三浦一族が時頼を除かんと挙兵した事はよく知られている。なお幕府職制上の二人制については、佐藤進一氏が『日本の中世国家』（註（19）前掲書一一二頁）において、「原理的には、二名の協議は合議制の最小単位であるから、合議制のもつ長所に数えられる判断の公正、穏健や独走的傾向の制御などは、そのまま二人制にも適合するわけだが、二人制の場合には、相互監視（牽制）及び多人数の合議制には求めがたい責任の明確化が大きな効用として認識されたのではあるまいか」と述べられている。

（58）当該期に発給された政所下文や下知状の署判をみると、叔父時房の方が泰時より上位に署判を加えている（毛利一憲氏

「鎌倉幕府将軍家下文について―貞永式目の研究―」『北見大学論集』第8号、一九八二年、二八頁）。

(59)『荀子』性悪篇に「孟子曰。人之性善。曰。是不然。凡古今天下之所謂善者。正理平治也。所謂悪者。偏険悖乱也。是善悪之分也」とある。すなわち、荀子のいう「悪」とは、「秩序が与えられず、人間が道徳規範を遵守しないことであった」（内山俊彦氏『荀子』講談社学術文庫、一九九九年、二二四頁）。

(60) やはり『荀子』性悪篇に「枸木必将待檃括烝矯。然後直。鈍金必将待礱厲。然後利。今人之性悪。必将待師法。然後正。得礼儀。然後治。今人無師法。則偏険而不正。無礼儀。則悖乱而不治。古者聖王以人之性悪。以為偏険而不正。悖乱而不治。是以為之起礼儀制法度。以矯飾人之情性而正之。以擾化人之情性而導之也。使皆出於治。合於道者也」とある。参考までに全釈漢文大系本第八巻『荀子　下』（集英社、一九七四年、二三二頁）の当該部分の通釈を記しておく。

> 曲がった木は必ずため木をあてたり火で蒸して柔らげてはじめてまっすぐになり、鈍い刃物も必ずといしに当ててみがくことによってはじめて鋭利になる。同様に人間の本性も悪いものであって必ず先生の教化を受けてはじめて矯正され、礼儀の規制を受けてはじめて人格も治まるのである。もし仮に、先生の教化がなかったら、その人間は偏って陰険不正なものとなり、礼儀の規制をうけなかったらその人間は道理に背いた行いをして人格も破綻する。昔、聖王は人間の本性がこのように悪いものなので、これを放置しておけば偏って陰険不正なものとなり、道理に背いた行いをして人格も破綻してしまうことを思い、そこでこの事態から人間を救うために、礼儀を作り法制を定めてそれを通して人間の性情を矯正して正常なものとし、また、人間の性情を礼儀や法制になじませてよい方向へ向かうように指導した。これらの措置はすべて人々の人格を育成し、また道理にかなうようにさせるためのものであった。

(61)「礼」に関して、荀子は「議兵篇」において「礼なる者は治弁の極なり、強固の本なり、威行の道なり（礼は政治の極致であり、国を強固にする基本であり、権威が行われる方途である）」と述べている（註（59）所引『荀子』一四五頁）。あるいはこの語が泰時にとっての金言であったのかもしれない。

(62)『神皇正統記』「後嵯峨」条に「凡保元・平治ヨリコノカタノミダリガハシサニ、頼朝ト云人モナク、泰時ト云者ナカラマシカバ、日本國ノ人民イカヾナリナマシ。此イハレヲヨクシラヌ人ハ、ユヘ《（エ）》モナク、皇威ノオトロヘ、武備ノカチニケルトオモヘルハアヤマリナリ」とある（註（7）所引岩波日本古典文学大系本一六三頁）。

第五章　北条泰時の道理

はじめに

北条政子亡き後、政治を主導する立場になった甥の泰時は、叔父時房と共に新たに設けた執権職に就任した。執権泰時は、まず評定衆を選任して、執権二人と評定衆十一人を構成メンバーとする合議体制（「評定」会議体制）を整えた。(1)その上で泰時は、評定会議の際に、執権、評定衆等が理非を判断する際の規範とすべき『御成敗式目』（以下『式目』と略称）を貞永元（一二三二）年に制定したのである。したがってこの『式目』は執権政治の公正さを担保する役割を担って誕生したとも評価できよう。(2)『式目』の末尾に付された起請文の一文に「凡評定之間、於理非者不可有親疎、不可有好悪。只道理之所推、心中之存知、不憚傍輩、不恐権門、可出詞也。御成敗事切之条々、縦雖不違道理一同之憲法也。設雖被行非拠一同之越度也（オヨソ評定ノ間、理非ニオイテハ親疎アルベカラズ、タダ道理ノ推ス所、心中ノ存知。傍輩ヲ憚ラズ、権門ヲ恐レズ、詞ヲ出スベキナリ。御成敗事切レノ条々、タトヒ道理ニ違ハズトイヘドモ一同ノ憲法ナリ。タトヒ非拠ニ行ハルルトイヘドモ一同ノ越度ナリ）」と記されているのは、その事を端的に示すものであろう。それでは武家の為政者達が弁えなければならない右の「道理」とは具体的には如何なるものであったのだろうか。それは、『式目』の立法目的を公家側に伝える貞永元（一二三二）年八月八日付書状のなかで泰時自身が語っているように、「従者主にちう《（忠）》をいたし《（致）》、子をや《（親）》にけう《（孝）》あり、妻は夫にしたが」う、という普遍の原則＝道義そのものであった[3]。

泰時が道理を重んじていたことは周知のことであるが、泰時が、右掲の『式目』起請文や書状の中で記した「道理」の意味について、これまでは深く考察されてこなかった様に思われる。

通説は、その「道理」を武家社会内部の慣習的な規範として理解してきたが[4]、武家社会に限定されない、当時の社会通念的な道徳規範として読みとるべきことを本書第三章で既に論じた。問題は、泰時の主張せる道理が単に理念・理想に過ぎなかったのか、或いは実際の政策に反映されていたのかという点である。これを明らかにしなければ、政治家としての泰時の力量を正しく評価することも、また泰時が確立させようとした執権政治を正当に評価することもなし得ないのではないだろうか。そこで本章では、泰時の重んじた道理が、どのように政策に反映されているのかをまず立法面から検討した上で、それが当時の状況とどう絡むのかを考察してゆきたい。

一　『御成敗式目』にみる「忠」「孝」「貞」の理念

それでは、まず『式目』の中で、どの様に道理が語られているのか、その点を具体的に確認しておきたい。例えば「忠」に関しては次掲の『式目』十九条が注目される。

『式目』第十九条

一、不論親疎被眷養輩、違背本主子孫事

右、憑人之輩、被親愛者如子息、不然者又如郎従歟。爰彼輩令致忠勤之時、本主感嘆其志之余、或渡充文、或与譲状之処、称和与之物対論本主子孫之条、結構之趣甚不可然。求媚之時者、且存子息之儀、且致郎従之礼、向背之後者、或仮他人之号、或成敵対之思。忽忘先人之恩顧、違背本主之子孫者、於得譲之所領者、可被付本主之子孫。

当時の社会においては、「和与物不悔還」の法理というものが存在した、[5]これは、所領所職を譲渡する際に当事者間で「和与」という特別な契約（授与者の積極的意思にもとづき交わされた「不悔還」を原則とする譲渡契約）が取り交わされていた場合には、その契約を無効とすること（つまり授与者が取り戻す行為）を許さないというものであった。この法理は武家社会にも受容されていたのであるが、[6]右の『式目』十九条からは、御家人の従者がこの「和与物不悔還」の法理を盾にとって主人からの「和与物」であると称して被譲渡物の返還を拒否し、恩ある主人やその子孫に敵対してくることがままあった事が窺えよう。この事を憂えた泰時は主従間での「和与」契約を禁止し、たとえ主人の積極的意思によって従者へ所領所職を譲渡した場合でも、その従者が不忠を犯したならば、いつでも主人ならびにその子孫が悔還権を行使できるように『式目』十九条において立法化したのである。『式目』十九条から我々は、権利の譲渡についての普遍的な法理の適用を限定してまでも、主人の悔還権を全面的に認めようする泰時の姿勢を窺うことができる。

泰時は右の如く、従者に対する主人の権限を全面的に認めたのであるが、親権についてもこれと同様に保護している。その事は次の『式目』十八条からも窺えよう。

『式目』第十八条

一、譲与所領於女子後、依有不和儀、其親悔還否事

右、男女之号雖異、父母之恩惟同。爰法家之倫雖有申旨、女子則憑不悔還之文、不可憚不孝之罪業。父母亦察及敵対之論、不可譲所領於女子歟。親子義絶之起也。教令違犯之基也。女子若有向背之儀、父母宜仁進退之意。依之、女子者為全譲状竭忠孝之節、父母者為施撫育均慈愛之思者歟。

右の『式目』十八条は、親の悔還権が男子ばかりではなく、女子にも及ぶことを示したものである。公家法では、有夫の女子へ譲与したものについては、悔還を禁じていたのだが、『式目』では、「男女ノ号ハ異ナルトイヘドモ、父母ノ恩ハコレ同ジ」であるとして、女子へ譲与した場合でも、その者が「不孝」を犯せば悔還の対象となることを明らかにしている。ここでは「法家ノ倫、申ス旨有リトイヘドモ」と公家法との違いを殊更に強調するが、立法の理由づけは「女子ハスナハチ悔イ返サザルノ文ヲ憑ミテ、不孝ノ罪業ヲ憚ルベカラズ。父母マタ敵対ノ論ニ及ブヲ察シテ、所領ヲ女子ニ譲ルベカラザルカ。親子義絶ノ起リナリ。教令違犯ノ基ナリ」というものであった。すなわち、公家法では夫婦同財の論理によって、妻家からの将来物を妻家が悔還することを禁じたが、『式目』の場合は、もし妻家の父母の悔還を認めなければ、女子に「教令違犯」の罪、「不孝」の大罪を犯させることになるとして、妻家の父母の悔還権を認めたのである。姻族の財産を保護することよりも、本族の家父長権を強化することの方がより大事であるという価値判断が立法者によって示されていると評価できよう(7)。

次の『式目』二十条もやはり親の悔還権の強さを物語るものである。

『式目』第二十条

一、得譲状後、其子先父母令死去跡事

右、其子雖令見存、至悔還者有何妨哉。況子孫死去之後者、只可任父祖之意也。

右の『式目』二十条では、相続人である子孫が早世した場合は、被相続人である父母がこれを悔還し、新たに相続人を選定し直すことができるとされている。当時の公家法曹の有力な学説（『法曹至要抄』下巻処分条）では、早世した相続人に妻子があれば、妻子をもって次なる相続人とし、被相続人である祖父母父母が相続人の死をもって直ちに悔還すことを禁じていたので、『式目』二十条は、親の悔還権の対象範囲を広げたと言えそうである。相続人が被相続人より早く死去するということは、相続人がその責務を果たさずに死去した事を意味する。当時において公家・武家を問わず相続人としての責務を全うできない事が相続人の欠格事由の最たるものであったから、相続人の死をもって被相続人は悔還権を行使する事ができると泰時は解釈したのであろう[8]。

ところで『式目』十九条において主従間での「和与」契約を禁じた事は前述したが、十八条と二十条の法理から考えれば、法文に明記はされていないけれども、幕府の方針としては、前述せる主従間と同様、親子間でも「和与」の契約は禁じられていたと理解するのが穏当であろう。次掲の泰時執政下の延応二（一二四〇）年の追加法147条は、そのことを前提として立法されていると思われる。

一、兄弟姉妹和与物悔還否事

右、如法意者、被和与物難悔還歟。但、或依成父母之礼。譲与所領、或偏以恩顧之儀、譲得所帯之輩等、忽忘教命及敵対者、猶可任本主意。将又就証文可有子細歟。

延応二年六月十一日　　前武蔵守（泰時）判

兄弟姉妹間で「和与」契約が成された場合は、通常、悔還は認められないのであるが、和与契約を行なった当事者の関係が、親子関係に準ずる場合は、例外的に悔還を認めるというのが右の追加法の趣旨である。右の立法は、親子間での「和与」契約が禁じられていなければ不可解なものとなってしまう。

晩年に泰時は、親権を絶対的なものとする様に、更に一歩進め、次の如き命を下している（泰時は二年後の仁治三（一二四二）年に病没する）。

一、敵対于祖父母幷父母、致相論輩事　延応二　五　十四評

右、告言之罪不軽之処、近日間有此事。教令違犯之罪科是重。自今以後、可令停止也。若猶及敵対者、慥任本条、可被処重科。

信濃国落合後家尼与子息相論之間被定之畢。

右の追加法143条は、信濃国落合の後家の尼と子息太郎との間で生じた相論を裁く際に、幕府が下した決定であった。祖父母父母を「告言」するという行為は「教令違犯」にあたるので今後はこれを禁止し、子孫が提訴してきた場合には重科に処すというものであった(9)。これまで武家社会においては相続問題を中心に親子間で相論に及ぶことも珍しくなかった。しかし泰時は、律令法の原則に立ち返り、祖父母父母が如何なる処分を行なおうとも、子孫がそれを告発することは許されないとしたのである(10)。かく子孫が直系尊属を訴える道を幕府が閉ざしたとするならば、親が子孫に異財（贈与）した物を悔還す際の要件等をあれこれ議論することは、もはや意味のない事となる。親が子や孫に対して如何なる契約違犯を行なおうとも、子や孫はそれを訴える術がないからである。この政策が親権を絶対視し、これを強化しようとするものであったことは言うまでもない（しかし泰時が亡くなると共に、この追加法も効力を失ったらしい(11)）。

泰時が親権を重んじた事は、右の追加法が出された翌仁治二（一二四一）年十二月の次のエピソードからも知るこ

とができる（『吾妻鏡』同月二十七日条）。武田信光が、次男信忠を義絶する旨を泰時に申し入れた際、泰時は、公私にわたり大功ある者の義絶ということで、父信光に対し信忠を宥免する様に再考を促すが、信光から「奉重御旨之事雖勿論、限此一事者、枉欲蒙御免（御旨ヲ重ンジタテマツルノ事勿論トイヘドモ、コノ一事ニ限リテハ、枉ゲテ御免ヲ蒙ラント欲ス）」と拒絶されると、その後は何も干渉しなかったと『吾妻鏡』は伝えている。この一件は、権力の介入を許さない親権の強さを示したものであると評価される事が一般的であるが[12]、実のところは親権を強化せんとする泰時のパフォーマンスであったと私は考えている。前年に発令された追加法との関連を考えれば、執権といえども親権（ここでは親の義絶処分）には干渉しないことを御家人達に知らしめる狙いがあったのではないだろうか。

また遺産分割法に関しても、やはり幕府は親の意思を尊重した。そのことは次の『式目』二十二条からも明らかである。

『式目』第二十二条

一、父母所領配分時、雖非義絶、不譲与成人子息事

右、其親以成人之子、令吹挙之間、励勤厚之思、積労功之処、或付継母之讒言、或依庶子之鍾愛、其子雖不被義絶、忽漏彼処分。侘傺之条、非拠之至也。仍割今所立之嫡子分、以五分之一可充給無足之兄也。但雖為少分、於計充者。不論嫡庶、宜依証跡。抑雖為嫡子無指奉公、又於不孝之輩者、非沙汰之限。

右の『式目』二十二条は、親からの推挙によって幕府に奉公し忠勤に励んでいる者が、継母の讒言にあったり、或いは親が他子を偏愛することによって、義絶の身でないにもかかわらず親の遺産配分に与かれなかった場合には、親が嫡子と定めた者の相続分の五分の一を削って、その子に与えよ、という規定である。この条文は、親の贈与処分に幕府が干渉する場合がある事を明示している様であるが、重要な点は傍線部の「タダシ少分タリトイヘドモ、計ヒ充

ツルニオイテハ、嫡庶ヲ論ゼズヨロシク証跡ニヨルベシ」という一文である。たとえどのような配分となろうとも、親が相続分を定めていたならば、それに従うのが子の道理であると『式目』は語っているのである。この点こそ立法者である泰時が、強調したかった所であったはずである。[13]『式目』二十二条は、無足の御家人に対する特別な配慮を見せたに過ぎないのである。しかしその場合でも親から義絶されているような場合には論外とされている。

以上の様に「忠」「孝」の実践を『式目』はうたっているのであるが、妻の「貞」についてはどうであろうか。『式目』二十四条を見てみよう。

『式目』第二十四条

一、譲得夫所領後家、令改嫁事

右、為後家之輩、譲得夫所領者、須抛他事訪夫後世之処、背式目事非無其咎歟。而忽忘貞心、令改嫁者。以所得之領地可充給亡父之子息。若又無子息者可有別御計。

後家はすべてをなげうって亡夫を弔うのが筋であるのに、不貞の咎を犯し改嫁するのであれば、亡夫から相続した遺領を相続すべきではないというのがその趣旨である。[14]つまり右の『式目』二十四条は、後家として亡夫の家に留まることが亡夫の遺領を相続する条件であることを規定していたと言えよう（つまり不貞を犯した後家は、夫家から悔還を受けることになる）。

したがって当該条は、何らかの罪科によって離縁された妻妾が、従前に夫から譲与されていた所領を離縁後もそのまま知行する事を禁じた『式目』二十一条と同趣旨であったと評価しえよう（但し二十一条は、離縁された妻妾に功あれども咎なく、夫のわがままから離縁されていた場合には、夫の悔還を認めていない）。つまり泰時は、夫婦間においても主従間、親子間と同様、「和与」の契約を認めていなかったということになろう。

以上の立法化はひとえに、主従間、親子間、夫婦間の絆を重視し、財産の帰属等をめぐって信頼関係を損ねることが無いように配慮した結果であったと思われる。重時宛の貞永元（一二三二）年八月八日付の書状のなかで、泰時は「せん《詮》するところ、従者主にちう《忠》をいたし、子をや《親》にけう《孝》あり、妻は夫にしたかはゝ、人の心のまか《曲》れるをはすて《棄》、なを《直》しきをはしや《賞》うして、おのつから土民あんと《安堵》のはかり《計》ことにてや候」と記し、『式目』制定の意味を説明しているが、これが単なる文飾でなかった事が以上の説明で明らかになったと思う。かく儒教的理念を武家の基本法の中に取り込んだのは、泰時が家の秩序を重んじたからに他ならない。

二　承久の乱と家督権の強化

叙上の如く、北条泰時が、成文法のなかで家臣並びに子孫や妻の忘恩行為を強く戒めたのは、御家人達の家の秩序を保たんとするものであったことは言うまでもない。この立法化をどう評価するのかという点が肝要であるが、少なくとも泰時がやみくもに儒教的社会秩序の実現を図った結果であると考えることは、彼への評価を誤らせることになろう。やはりここにも泰時の政策的な意味があったと考えるべきであろう。その点を本章では考察してゆきたい。

当時の武家社会の事を考えるにあたっては、承久の乱の影響をまず念頭に置かねばならない。承久の乱に際し、西国を本貫とする御家人（庶子家が独立したものも多かったはずである）や在京御家人等の多くが京方についたことは鎌倉幕府の首脳陣に衝撃を与えたが、源家譜代の家人で幕府を支えてきた豪族佐々木氏や三浦氏の一族からも離反者が生まれたことはさらなる衝撃を与えたはずである。[15] 父子・兄弟が京方と幕府方とに別れて戦った為に、戦後処理をめぐっては在地社会で混乱が生じ、所領相論が多発した。京方に加担した事が明らかになれば厳罰に処され、その所領は悉く幕府に没収されたからである。幕府方についた者が家長としてこの混乱を収拾し、一族をまとめてゆかねばならなかったのである。[16] 幕府の屋台骨を支える有力御家人達の権力基盤が不安定となれば、必然的に幕府機構自体も弱体化することとなる。

また幕府方に一家を挙げて加担した東国武士の場合でも、幕府からの恩賞として本領と離れた場所（特に西国の場合）に新恩地を得るケースが非常に多く、[17] その遠隔地の所領経営については、必然的に庶子や郎従等に委ねなければならず（地頭或いは地頭代として）、それが経営上は独立したものである以上、一門の家督への求心力が弱まることは明らかであった。かくの如き状況下で、御家人社会の秩序の回復を図らんが為に執権泰時がとった手段が、大番役・関東御公事を媒介とした一族結束の強化であったと推測されるのである。

五味克夫氏は、鎌倉殿の御所が新造された嘉禄元（一二二五）年から関東十五箇国の御家人に対し、鎌倉大番役の賦課が開始されたことを指摘されたが、[18] 大番役（平時の軍役）だけではなく、御家人に対する公事賦課、いわゆる関東御公事の制度（御家人役としての経済負担）が整えられてゆくのもこの頃からであったと思われる（泰時は『式目』二十五条においても御家人達に対し関東御公事の勤仕を強調している）。[19] 関連史料を検討された安田元久氏は「「関東御公事」考」において「以上の史料と先述の貞永式目二十五条とを勘案すれば、鎌倉幕府に対する公事が恒例化し、「関東御公事」として制度化するのは、御家人制が成立した建久・正治の頃ではなく、むしろ承久の乱の後の、貞応以後とせざるを得ない」、「恐らくは承久の乱の後、御家人統制の強化の一環として、関東公事の恒常的かつ普遍的な制度化がすすめられたのであろう」と指摘されている。[20] 実質的にも武家の都鎌倉を整備・拡張する為の諸費用が必要となったのである（勿論、将軍御所の修造用途や将軍の儀式用途等も恒常的に発生した）。[21]

ここで問題としたいのは大番役（京都大番役・鎌倉大番役）と鎌倉御公事の賦課方法である。京都大番役は守護の指揮のもとで（『式目』三条）、一門の家督が一族を統率して勤仕する軍役であったのである。つまり、京都大番役は六波羅—守護—家督という縦の連繋を密にするものであった（ただし有力御家人の場合は、守護を介さず直接家督に番役勤仕が命ぜられた）(22)。鎌倉大番役の場合は、関東十五箇国の御家人が守護を介することなく直接動員された様であるが、家督に課され、その負担を庶子達に配分する方法は京都大番役と変わらなかったと思われる(23)。以上のように幕府は、一貫して家督に軍事統率権を与えることによって、一族を結束させ、それによって軍事体制を強化しようとしたのである。その端緒はやはり承久の乱後の幕府の政策に求めるべきであろう。

また、泰時執政期に整えられたと思われる関東御公事の場合も軍役と同様、当初から一門の家督を通じて徴収されていたようである(24)。泰時執政期に書き表された有力御家人大友氏の譲状には、「於関東御公事幷大番役者、随所領之分限、守嫡子之支配、可令勤仕。惣兄弟互可相思也。若於背嫡子之命者、件所領等者、可令嫡子進退領掌」と見えている（『鎌倉遺文』第七巻四九四五号、嘉禎二（一二三六）年三月十七日付「大友親秀譲状」(25)）。ここでの嫡子は、一族に賦課された軍役や関東御公事の負担責任者であり、家督を継いだ嫡子が、庶子達を従えて鎌倉将軍に奉公するというスタイルが明確になっている(26)。家督から独立しているか否かといった現実の所領経営の在り方とは関係なく、庶子達には、家督を通じて幕府へ関東御公事を納付することが義務付けられたのであろう。

羽下徳彦氏は、「惣領制」なるシステムを、鎌倉幕府が宗家の「惣領」に与えた二つの権限、すなわち公事徴収権と軍事統率権をもとに宗家の「惣領」が一族を統制するシステムであったと定義された(27)。もしこれが首肯されるのであれば、「惣領制」とは、泰時によって採用された御家人統制の為のシステムであったと評価できよう(28)。分割相続とそれにともなう庶子家の独立が進んだ段階において、家督に求心力を持たせるために、創出されたのが「惣領制」であったとは言えまいか(29)。当該期以降、家督が「惣領」と呼ばれる様になることもこれに符合しよう(30)。おそらく泰時は、一門の家督に強力な権限を与えることによって、一族を統率させ、御家人社会の秩序を取り戻そうとしたのであろう。

ここで、もう一度注目したいのが、前掲の大友親秀譲状である。ここでは、親の命として、庶子は嫡子に従うよう定められている。前掲の『式目』二十二条でも、親による所領配分を最優先とする姿勢が窺えたように、親秀の指示は幕府によって保障されるものであった。おそらく、強い親権を行使する形で、親秀譲状のごとき処分状や置文が作成されることを泰時は期待したのであろう。その意味で、兄弟たちが相互に協力しながら嫡子をもりたて、嫡子の命に従うことを厳命した大友親秀の譲状は、理想的なものであったといえるであろう。かくして強い親権が、未来の家督権を保障することとなったのである。

三　一族結束の為のもう一つの道理

それでは、承久の乱の際に浮き彫りとなった兄弟間の確執問題について泰時はどのように対処したのであろうか。泰時が「孝」のみならず「悌」をも重視していたことは、『吾妻鏡』嘉禄二（一二二六）年五月八日条の記事からも窺うことができる。御家人内藤盛家に対する盗賊追捕の賞として、盛家の嫡男盛親が検非違使に任ぜられる事になっていたのであるが、在京していた父盛家が二男盛時を鍾愛するあまり、兄に代えて弟の盛時を推挙し、それによって弟盛時に検非違使宣旨が下されてしまった。この問題を重く見た泰時は、評定を開いて審議し、「爰父有任雅意之咎。子又無可超兄之理（爰ニ父雅意ニ任スルノ咎アリ。子マタ兄ヲ越ユベキノ理ナシ）」として、宣旨の召名を止めるべしとの結論を下した。泰時にしてみれば、たとえ父の意思であろうと、弟が嫡男である兄を越えて任官する事など、序次を弁えない許されざる行為だったのである。右の事例を見るまでもなく、一族を結束させるためには、親権の強化のみでは不十分であった。

泰時は、惣領と庶子たちとの融和をも重視した。このことは実は泰時の実践のなかに示されているので、以下、その点について言及しよう。北条泰時は、当初から北条氏宗家の嫡子として安泰な地位にあったわけではなかった。泰時の不安定な地位は父義時の代まで遡って考える必要がある。泰時の祖父時政の嫡子は、義時の兄宗時であり、義時は江馬氏を名乗る庶流に過ぎなかった。宗時が石橋山の合戦で戦没した後も、父時政は、義時を嫡子とせずに時政の後妻牧氏との間に生まれた政範を嫡子に指名した。しかし、その政範も元久元（一二〇四）年十一月に夭折した為に時政は、外家である比企氏の主要な遺領を継承していた義時の次男＝朝時を養子に迎え入れ、継承させようとしていたようなのである（時政が朝時に自邸＝名越邸を譲渡している）。翌年六月、牧氏が娘婿の平賀朝政を鎌倉将軍に就任させようと企てている事（牧氏の変）が発覚すると、義時は直ちに実力行動に出る。義時は鎌倉将軍の実母でもある姉政子と結託して父時政を引退させ、ついに義時が北条一門の家督となる。(31)

ただし、時政の嫡子候補となった二男朝時との間に、義時もわだかまりを残したらしく、朝時は、建暦二（一二一二）年に些細な事により父義時から一時義絶されている（『吾妻鏡』同年五月七日条）。義時が、朝時の同母弟（三男）重時を要職（小侍所別当）に就けて重用し、兄朝時よりも早く叙爵させているのも、父義時が朝時を警戒していたからに他ならない。これとは別に、義時の後妻伊賀の方（朝光女）は、義時との間に生まれた政村を嫡子に擁立しようと画策していた。このために泰時の在京中（六波羅探題在職中）に父義時が急逝すると、たちまちに泰時の立場は危うくなった（義時の急逝も伊賀氏による毒殺であるとの噂が当初からあったようである）。だが泰時は、伯母政子と叔父時房の全面的な支援を受けることで伊賀氏を排除することに成功し（伊賀氏の乱）、父義時の跡を継ぐことができた。

泰時は、執権職を創設し当該職に就任すると、叔父時房をも同職に就かせる。泰時が家督となったが、公式行事においては、父義時のパートナーでもあった時房を自分より上座に着けて悌順の礼を示した。また兄弟達にも心配りを見せ、父義時の遺領配分の際には、政子と申し合わせて、弟や妹達に多くを与え、嫡子である自らの相続分を異例なほど少なくした[32]。『吾妻鏡』貞応三（一二二四）年九月五日条によると、泰時は、政子に対し「奉執権之身、於領所等事、争強有競望哉（執権ヲ奉ル身ニハ、領所等ノ事ニオイテ、イカデカ強チニ競望アランヤ）」と述べたという[33]。

泰時が親族問題で最も苦慮したのは、やはり長弟の名越朝時（重時の同母兄）の扱い方であった。彼は名越流こそが正統であるという自負を持っており、しかも実力を兼ね備えていた（一門中最も多く守護職を帯していた）。嘉禎二（一二三六）年九月に兄泰時の求めに応じて評定衆の一員となるが、初参の後、直ちに辞任している。やはり泰時の指揮下に入ることを嫌ったのであろう（『関東評定伝』）[34]。

『吾妻鏡』寛喜三（一二三一）年九月二十七日条には、朝時邸に賊が入ったとの報を受けた泰時が、評定中であったにもかかわらず、公務をなげうって朝時の救出に向かい、朝時を感動させる話を載せている。これは朝時が評定衆として出仕する数年前のでき事であるが、懐疑的な見方をすればこの行動なども泰時一流のパフォーマンスであった可能性もある。兄泰時の行動に感激した朝時は、「至于子孫、対武州流、抽無弐忠、敢付可挿凶害（子孫ニ至ルマデ武州ノ流レニ対シテ無弐ノ忠ヲ抽ンデ、敢ヘテ凶害ヲ挟ムベカラズ）」という誓状二通を書き、一通を鶴岡八幡宮寺に納め、一通を家蔵したという。『吾妻鏡』所載のこの話は兄弟に対する泰時の深い愛情を示すエピソードとして評価されることが多いが、川添昭二氏が指摘されている様に、このような誓状が書かれること自体、「朝時が平生泰時に対して、相対的独自性をもって対していたことが」解るのである[35]。泰時は自分に反目する庶子朝時を懐柔することで、家督としての地位を確かなものにしようと努力したのである。

前述した様に、父義時存生中は同母弟の重時より下位に位置付けられていた朝時であったが、泰時の家督相続後は、泰時の長弟として両執権に次ぐ地位を与えられている。(36) 長幼の序を唱える泰時にしてみれば、当然是正すべき処遇であったかもしれないが、朝時の態度を軟化させる狙いがあった事はやはり否めないであろう。(37)

泰時の弟重時が、子供達の為に晩年に記したとされる家訓、「極楽寺殿御消息」第五十四・第五十五条には、惣領と庶子双方の立場からその心構えが示されている。(38) すなわち、第五十四条では、親が惣領に家を譲るのは、庶子等を扶持する器量があると見込んだことによるのであるから、惣領が一門親類を庇護するのは当然のつとめであるとした上で、惣領たる者は、庇護下の者に対しても驕ることなく、「礼」を尽くさねばならないと述べられている。また続く第五十五条においては、主君とも親とも神仏とも思い惣領に仕えるのが庶子の役割であると述べられている。同条の後半部で重時が「惣領・庶子のかなしみのあらんを、各別とてはなすべからず。ふるきことばにも『六親不和にして三法の加護なし』といへり」と強調している点も印象的である（「六親」とは父母・兄弟・妻子をいう）。つまり惣領・庶子双方が互いに相手の立場を慮ることが肝要であると重時は子供達に諭したのである。

当時重時には五人の男子がおり、嫡男長時のもとに一族が結束することを望んだのであろうが、重時自身がイメージする惣領とは、やはり兄泰時であったはずである。一族内の対立に苦慮しながら、それを兄弟達への配慮によって、一族を融和させることに成功した泰時こそ、右の家訓で語られる所の理想の惣領であったはずである。(39)

おわりに

泰時と親交の深かった明恵上人は、人は己の立場をわきまえ、言動・行動・心持ちに十分注意し、しかるべき作法に基づいて目前のことに精進せねばならないと説いていた（それを自然に為せるようになる事が明恵の説く「あるべきよう」であった。[40]明恵の右の主張は、往古に儒家が説いた「名を正す」ことと相通ずる所がある。[41]もともと儒家の唱えた「正名」とは封建制的な秩序の中で、支配・服従関係にある己の立場（「君」「臣」「父」「子」等）を再確認し、その「名」に相応しい行動をとることであった。

明恵を景仰する泰時は、明恵の言葉（「あるべきやう」）を聞き、「正名」こそ明恵の主張する所であると理解したのではないだろうか。泰時は、御家人達に対しても、それぞれの立場でなすべき事を明らかにし、その実践を命じたのである。それこそが泰時にとっての道理であった。すなわち、臣下としての道理、家督としての道理、父としての道理、子としての道理、兄弟としての道理、妻としての道理等があったのである。かくの如き道理を御家人一人一人が弁えることにより家内部に秩序がもたらされ、ひいては幕府の権力基盤が整うと泰時は考えたのであろう。

孔子は、人が相互に親愛することを「仁」と呼び、それを「普遍的な礼の精神に立ち返ることである」と説いたが（『論語』顔淵第一二）[42]、孟子は、その「仁」を具体的に、父子の親、君臣の義、夫婦の別、長幼の序、朋友の信、の「五倫」として説明した（『孟子』滕文公章句上）。泰時が御家人達へ説いた道理は、まさにこの儒家の説く「仁」の実践であったと言えよう。

弘安六（一二八三）年に無住によって著された『沙石集』（岩波日本古典文学大系本、巻第三ノ（二）「問注所ニ我ト劣タル事」）には、泰時の人物評として「実ニ情アリテ、万人ヲハグ、ミ、道理ヲモ感ジ被申ケル。マメヤカノ賢人ニテ、民ノ嘆キヲ我ガ嘆トシテ、万人ノ父母タリシ人ナリ。仁恵世ニ聞へ、道理程面白キ者ナシトテ、道理ヲ人申セバ、涙ヲ流シテ感ジ申サレケルトコソ、聞伝ヘタル。」とある。道理を前面に押し出した当該期の政策はやはり泰時の個性によるところが大きかったのであろう。

註

（1）上横手雅敬氏は、「複数執権制＝連署制の成立は義時の没した元仁元（一二二四）年六月の事件ではなく、政子の没した嘉禄元（一二二五）年の事件であり、換言すれば政子のアイデアはなく、泰時の発案だったのである」と指摘されている（同氏『日本中世政治史研究』塙書房、一九七〇年、三八九頁）。なお拙稿「北条泰時の政治構想」（『身延山大学東洋文化研究所所報』第一五号、二〇一一年、本書第四章）も参照されたい。

（2）『御成敗式目』の編纂過程については拙稿「『御成敗式目』の条文構成」（『國學院大學日本文化研究所』九四輯、二〇〇四年、本書第二章）を参照されたい。

（3）『中世法制史料集　第一巻 鎌倉幕府法』（岩波書店、一九五五年、五六頁）。なおこの書状の解釈については拙稿「『御成敗式目』成立の背景―律令法との関係を中心に」（『國學院大學日本文化研究所』第九十五輯、二〇〇五年、本書第三章）を御覧頂きたい。

（4）三浦周行氏（「貞永式目」『続法制史の研究』、岩波書店、一九二五年、初出は一九一九年）や植木直一郎氏（『御成敗式目研究』、名著普及会、一九七六年、初出は一九三〇年）をはじめとする通説であったといえよう。近年刊行された『日本法制史』（植田信廣氏執筆）においても「ここにいう道理とは、平安時代以来、主として武士身分の生活の中で慣習的に成立してきた武家社会の常識的生活規範を核とする、当時の社会通念上の衡平・正義ともいうべき道徳的規範のことである」と説明されている（青林書院、二〇一〇年、一〇八頁）。

（5）和与の法理については拙著『日本中世法書の研究』第三章「『和与』概念成立の歴史的意義」（汲古書院、二〇〇〇年、初出は一九九八年）を参照されたい。

（6）『吾妻鏡』元久二（一二〇五）年十一月二十日条には「於為和与芳心物者、不可改変之由、今日被定」とある。

（7）詳しくは本書第三章を参照されたい。

（8）詳しくは、拙著註（5）所引『日本中世法書の研究』第四章「中世法書における悔還の法理について」を参照されたい。

（9）追加法159条（仁治元年の立法カ）には、次の様に記されている。

一、祖父母父母、就所領有謀書由、其子孫訴申時、依告言科、不及成敗。可有罪科否事。去五月十四日重被定置御式目条云、敵対于父母、致相論之輩、告言之罪不軽之処、近日聞有此事。教令違犯罪科是重。自今以後、可停止之。若猶及敵対者、慥任本条、可被処重科也。可為此儀候歟。

右追加法159条に先行する「五月十四日被重置御式条」が追加法143条を指し示す事は疑いない。「重」は衍字かもしれないが、右文から延応二（一二四〇）年五月以前にも同趣旨の追加法が発令されていた可能性を考えねばならない（その場合でもさほど遡るものではないと思われる）。

（10）律令法では、祖父母父母を告言することは、八虐の一つ「不孝」の大罪にあたり、絞罪に処された（闘訟律44告祖父母父母条）。

（11）この事は、泰時と懇意にしていた明恵上人の伝記「梅尾明恵上人伝記巻下」（久保田淳・山口明穂校註『明恵上人集』岩波書店、二〇〇九年改版、一九一頁、初出は一九八一年）に「然るに太守（泰時）逝去の後、漸く父母に背き、舎弟を失はんとする訴論多く成りて、人倫の孝行、日に添へて衰へ、年に随ひて廃れたり」と記されている事とも対応するものである〈平泉洸氏は『明恵上人伝記』〈講談社学術文庫、一九八〇年〉において十四世紀初頭までに作成されたものと推測されている。ただし明恵は貞永元（一二三二）年に死去している）。

なお泰時の没後、父祖の行為を訴える道が開かれたことは『吾妻鏡』寛元元（一二四三）年十一月一日条からも窺える。当該条には佐々木重綱が、嫡子である弟泰綱の所領を奪わんが為に、亡父の違法行為を訴えた事が記されており、「重綱法師只為阿党泰綱、不忠不孝、令敵対死骸致告言、可被処罪科之由云々」とそれを批難するコメントが付されている。この事案は泰時の没後一年余り後に提訴されたもので、亡父に敵対する行為として批難されてはいるが、結局の所、重綱の訴えは受理され、当該所領は没収されている。

（12）上横手雅敬氏は『北条泰時』（吉川弘文館、一九五八年、一〇四頁）において「執権の力をもってしても義絶を解き得ぬまでに、親権は権力の介入を許さぬ強さをもっていた」と指摘する。また拙稿においても当該条や『式目』二十二条を評価し

「相続人たる者に明白なる欠格事由が存する場合には、たとえ幕府と雖も親の義絶や悔還に干渉することは困難であった様である」と述べたが（註（5）所引拙著『日本中世法書の研究』二四九頁）、本稿の如く訂正しておきたい。

（13）以前に、註（5）所引拙著『日本中世法書の研究』二四八頁において、私は、当該条文の立法目的に言及し、「幕府に忠勤を尽くす者を保護することが当該条の立法目的であり、その為には親権に干渉することも辞さない姿勢を打ち出したものといえる」と述べた。しかし、立法者の狙いは、本文の如く、親権に干渉することではなく、親権を尊重することにあったと考えを改めた。

（14）『礼記』郊特牲第十一には「天地合而后万物興焉。夫昏礼、万世之始也。取於異姓、所以附遠厚別也。（中略）信。婦徳也。一与之斉。終身不改。故夫死不嫁」とある。

（15）佐々木氏の場合は、家督である定綱をはじめ主たる者達が京方につき、三浦氏の場合は、義村の弟、胤義が京方についた。一族が分裂し、敵味方となった事例については長村祥知氏『中世公家関係と承久の乱』第五章「一族の分裂・同心と式目十七条」（吉川弘文館、二〇一五年、初出は二〇一〇年）を参照されたい。

（16）幕府側もこれをサポートするために、『式目』（十六条）を制定する際には、のちに京方与同が判明しても所領の没収を五分の一に止めることとしている。

（17）田中稔氏は、いわゆる新補地頭の補任地と被補任者を調査され、一覧表にして示されている（同氏『鎌倉幕府御家人制度の研究』第二編第一「承久京方武士の一考察―乱後の新地頭補任地を中心として―」・第二「承久の乱後の新地頭補任地〈拾遺〉―承久京方武士の一考察・補論」、吉川弘文館、一九九一年、初出は一九五六年と一九七〇年）。宮田敬三氏は、「「承久京方」表・分布小考」（『立命館史学』22号、二〇〇一年）において京方与同者が、西国ばかりではなく、東国にも多くいたことを指摘している。また氏は畿内近国に集中していることを併せて指摘する。

（18）五味克夫氏「鎌倉御家人の番役勤仕について（二）」（『史学雑誌』第63編第10号、一九五四年）。

（19）「関東御公事」の初見は、貞応二（一二二三）年十一月二日付「大友猶直譲状案」であるという（七海雅人氏『鎌倉幕府御家人制の展開』吉川弘文館、二〇〇一年、一四七頁）。なお、関東御公事の管轄について七海雅人氏は、「鎌倉幕府の御家人役負担体系」において十三世紀後半の史料から、「関東御公事の賦課・決算を問注所職員が担当し、その運用自体は政所が管轄」したとする（七海氏前掲書一五〇頁）。ただしそれが当初からの管轄であったかどうかは不明である。

(20) 安田元久氏「「関東御公事」考」（御家人制研究会編『御家人制の研究』所収、吉川弘文館、一九八一年、四五六頁）。なお、上横手氏は、建暦二（一二一二）年八月十九日付「佐伯考友同大子連署譲状写」（『鎌倉遺文』第四巻一九三八号）を挙げられて、庶子達が嫡子の下知のもと公事御家人役を務めていたことを示す最初の史料として紹介されている。氏はかくの如き公事御家人役の徴収法は幕初にさかのぼるものと推測されている（「惣領制序説」『日本中世国家史論考』塙書房、一九九四年、初出は一九六二年）。もちろん、頼朝の時代から臨時の公事は御家人達に賦課されており、家督（嫡子の場合もあったであろう）を通じて徴収されることもままあったはずであるが、これが制度化されたのは、やはり頼経将軍期からであったと考える。大饗亮氏は御家人役の内実を検討され、当初の頼朝期の御家人役がいずれも臨時的なものであり、所課の金額も極めて軽微であった事を指摘されている（同氏『封建的主従制成立史研究』後編第三章第三節、風間書房、一九六七年）。

(21) 当該期の鎌倉の都市機能の拡張・整備については、さしあたり松尾剛次氏『中世都市鎌倉の風景』（吉川弘文館、一九九三年）を参照されたい。

(22) 京都大番役については、五味克夫氏「鎌倉御家人の番役勤仕について（一）」（『史学雑誌』第63編第9号、一九五四年）を参照されたい。

(23) 五味克夫氏註（18）前掲論文二四頁。

(24) 七海雅人氏は、註（19）所引『鎌倉幕府御家人制の展開』二五九頁において、源家将軍期の「御家人役負担の基本形態は特定有力御家人への個別的な賦課（大名賦課）」であったと指摘する。そして承久の乱後に土地調査を経て、全国的御家人役負担の体制が構築されていくとする。七海氏は、同書一四九頁において御家人役負担単位の確定化・固定化と惣領制にもとづく負担方法の採用を十三世紀中葉頃と推測されている。なお、近年の研究により、御家人役には、幕府の日常的運営に関わる、鎌倉大番役、正月垸飯役、右大将家月忌用途、修理替物用途、五月会流鏑馬役などの恒例役と御所・鎌倉幕府関連寺社などの造営、朝廷への経済援助（関東御訪）等を税目とする臨時役があったことが明らかになっている（筧雅博氏「鎌倉幕府掌論」〈『三浦古文化』第50号、一九九二年〉、七海氏註（19）所引『鎌倉幕府御家人制の展開』、清水亮氏『鎌倉幕府御家人制の研究』〈校倉書房、二〇〇七年〉等を参照）。清水氏は、恒例役、臨時役の制度的成立を嘉禄頃とみている。また、恒例役は東国御家人（その相伝私領）に対して課されるのが基本であると筧氏は指摘する。

（25）寛喜二（一二三〇）年八月十三日付の「藤原（長沼）時政譲状」（『鎌倉遺文』第六巻四〇一一号）にも同趣旨の文言が見えている。

（26）寛元二（一二四四）年十二月十二日付追加法237条「御公事間事」には「勤仕之輩中、於不被仰下各別者、付父祖之跡知行、各寄合随分限、可被勤之」とある様に、関東御公事勤仕について幕府から各別の沙汰を得ていない場合は、御家人たる父祖の跡を分割相続した者が、相続分に応じて負担せねばならないと規定されている。また右の文に続き「又、雖非其跡、被充行勲功之所領已下、別御恩地者、相加可被勤仕之由、所被仰下也」とあることからも、関東御公事を御家人領に普く賦課しようとするのが、この追加法の狙いであったと思われる。安田元久氏は、この追加法を挙げられ「この勤仕の方法が鎌倉時代を通じての関東御公事の原則的勤仕方式であったことを考えれば、この寛元二年の追加立法の意義は大きい。すなわち、寛元年間に、関東御公事の制が法的にも、より整えられたものと考えたい」と評価された（註（20）前掲論文「関東御公事考」）。氏が述べられるように、経時執権期に関東御公事の制がより整えられたのであろうが、このシステムを作り出したのは、あくまでも泰時であったのである。

（27）羽下徳彦氏『惣領制』第二章第四節（至文堂書店、一九六六年）。

（28）新田英治氏や石田祐一氏も、「惣領制」を在地社会の族的結合を反映したものとは考えずに、幕府との関係において創出された制度であると考えておられる（新田英治氏「惣領制」『歴史学研究』二四〇号、一九六〇年。石田祐一氏「惣領制度と武士団」『中世の窓』六、一九六〇年）。ただしその制度が創出された時期については明言されていない。

（29）その意味において、「惣領制」（惣領の公事支配権として述べておられるが）を「実質から隔絶した法的擬制」に過ぎないと評価された上横手雅敬氏の見解は首肯されよう（上横手雅敬氏註（20）所引『日本中世国家史論考』一九二頁）。

（30）家督を「惣領」と呼ぶ事例は、譲状で確認できる。その初見は貞応二（一二二三）年十一月二日付の「大友能直譲状」

（『鎌倉遺文』第五巻三一七〇号）であろう（義時執政下の最晩年にあたる）。この譲状には嫡子が家督を継いだ後に、「惣領」として関東御公事を支配せよと明記されている。

（31）細川重男、本郷和人の両氏は、「北条得宗家成立試論」において「この事件は庶家江馬氏による本家北条氏の乗っ取りという側面を有していた」と指摘されている（『東京大学史料編纂所研究紀要』第一一号、二〇〇一年、五頁）。

（32）しかし泰時は、父義時存命中から、和田合戦や承久の乱の勲功の賞として多くの所領を既に得ており、家督として十分な所領を獲得していたという事実を忘れてはならないであろう（秋山哲雄氏『北条氏権力と都市鎌倉』第二部「北条氏所領と得宗政権」、吉川弘文館、二〇〇六年）。父義時は、和田合戦、承久の乱で獲得した所領の多くを、嫡子泰時と弟時房とにほぼ均分して分け与えていたのである（しかも時房の場合は、承久の乱後の貞応二年頃、丹波・伊勢・遠江・武蔵四箇国の守護職を兼務しており、義時が時房を如何に信頼していたかが窺えよう）。

（33）しかしその反面、一門を統括するために泰時が、家政機関（公文所）を整備した上で（尾藤景綱を「家令」とした）、家法を制定していることは看過できない。なぜならこれが家督の権限強化と家領の円滑なる支配を目指したものであることは間違いないからである。

（34）『関東評定伝』嘉禎二（一二三六）年条の評定衆「遠江守平朝時」の項には「九月十日如。初参之後即辞退。但年紀不分明」とある（『群書類従　第四輯〈補任部〉』続群書類従刊行会、昭和五十八年〈訂正三版第五刷〉、二八七頁）。

（35）川添昭二氏『日蓮とその時代』第三編第二章「北条一門名越（江馬）氏について」（山喜房佛書林、一九九九年、三三八頁、初出は一九八七年）。

（36）八幡義信氏「鎌倉幕府垸飯献儀の史的意義」（『政治経済史学』八五、一九七三年）、村井章介氏『中世の国家と在地社会』第二部Ⅳ「執権政治の変質」（校倉書房、二〇〇五年、初出は一九八四年）。

（37）泰時が病で亡くなる直前に、日ごろ不仲な朝時が出家したことが、都に報されると、公卿達は驚き、関東の動向に註意をはらっている（『平戸記』仁治三年五月十七日条、増補史料大成本32、一九〇頁）。おそらく朝時の出家には、泰時の積極的な働きかけがあったはずである。泰時にしてみれば孫の経時に執権職を無事譲り渡すことが最後の仕事であった。そして泰時が危篤となると、関東で反乱が起こったとの噂がすぐに都へ広まった（『平戸記』仁治三年五月二十日条、増補史料大成本32、一九一頁）。都の人々が想定したこの反乱の首謀者は名越朝時であったに違いない。実際の所、泰時の死去によって鎌倉は騒然とし、当時六波羅探題であった重時（朝時の同母弟）が鎌倉へ下向する事で何とか事態は沈静化した（これは義時が急逝した折、六波羅探題であった時房が関東へ下向してまず鎌倉を沈静化させ、その後に泰時が鎌倉入りしたことを想起させるものである）。

(38)「極楽寺殿御消息」（『中世政治社会思想　上』、岩波書店、一九七二年、三三五頁）。

一、兄弟あまたありて、親のあとを配分してもちたらんに、惣領たる人は公方をつとめ、庶子を心やすくあらすべし。またく恩と思ふべからず。我がれうを扶持すべしと親も見給ひ、家をゆづり給ふうへは、一門・親類を育むべし。さようにあればとて、無礼にすべからず。然ば又惣領をうやまひ、一大事の用にたつ事まめやかなるべし。仏・神の御はからいあり。又は前生の宿執あるらんと思ひて、よきをばよきにつけ、あしきをば我見すて、はたれか他人は扶持すべきと、ことにあはれみふかゝるべし。

一、庶子として思ふべき事、いかに我は親のもとよりゆづり得たりとも、扶持する人なくば、たからに主なきがごとし。たゞ惣領の恩と思ふべし。されば主とも、親とも、神・仏とも、此人を思ふべし。たとひ庶子の身にて君にみやづかふとも、惣領の義を思ひ、われ各別と思ふべからず。たゞ君と兄とを同じうすべし。又、惣領・庶子のかなしみのあらんを、各別とてはなすべからず。ふるきことばにも、「六親不和にして三宝の加護なし」といへり。

(39) 父義時の遺領を公平に配分した泰時は、同家訓第五十四条中の「兄弟あまたありて、親のあとを配分してもちらんに、惣領たる人は公方をつとめ、庶子を心やすくあらすべし」をまさに実践した人物であった。

(40) 平野多恵氏『明恵—和歌と仏教の相克—』第十四章「『阿留辺畿夜宇和』の再検討」（笠間書店、二〇一一年）。

(41) 両者に相通ずるものがあったことは、室町以降に著された明恵の伝記等に、明恵の主張として、例えば「帝王ハ帝王ノ可有様、臣下ハ臣下ノあるへきやう、僧は僧のあるべきやう、俗は俗のあるべきやう、女ハ女ノあるへきやうなり」（「明恵上人伝記断簡」『明恵上人資料　第一』五九〇頁）等と記されていることからも窺えよう。

（42）　宮崎市定氏は『現代語訳　論語』において、「顔淵第一二」の冒頭の一文「顔淵問仁。子曰、克己復礼為仁」を「顔淵が仁とは何であるかを尋ねた。子曰く、私心に打ち勝ち、普遍的な礼の精神に立ちかえるのが仁だ」と訳している（岩波現代文庫、二〇〇〇年、一八五頁）。

第六章　本所訴訟から見た北条泰時執政期の裁判構造

はじめに

承久の乱によって、朝廷の権威は凋落し、鎌倉幕府は、軍事警察権に留まらず、国家権力を発動する中心的な役割を担うようになっていったのである(1)。

西国を中心に京方の貴族・武士達の所領三千余箇所を幕府が没収し新地頭を入部させた為に、全国各地で所務（所領所職の管理、年貢徴収などの収益事務）をめぐる諍いが跡を絶たず、荘園領主や地頭領主は、その裁定を幕府に求めた。国家権力の発動主体となった幕府は、その立場上、領主相互間の対立の調整を行なわねばならなかったのである。貞永元（一二三二）年に泰時が『御成敗式目』（以下『式目』と略す）という裁判規範を制定したのも、幕府が裁判権者としての道理を訴訟当事者に示す必要があったからに他ならない。

承久の乱後、調停者としての幕府の立場が明確になったと上横手雅敬氏が指摘されて以後、当該期の幕府の調停者的性格は定説となっていると言って良い。(2) しかし、承久の乱以前の幕府の基本方針を、上横手氏の如く、「御家人保護の色彩が濃厚であった」と理解するのか、(3) あるいは、瀬野精一郎氏の如く、「古代勢力と妥協して、地頭・御家人の非法狼藉を停止していた」(4) と理解するのかによって、その意味あいは大きく変わってくる。

古澤直人氏は、本所訴追による地頭御家人の裁許結果を分析され、(5)「式目制定以前は、本所が幕府に訴えた訴訟二十件五十三項にわたる論点のうち、本所は四十七項にわたる勝訴を得て、敗訴＝棄却はわずか一項だったのに対し、式目制定以後は十三世紀をとおして本所の勝訴七十五項、敗訴六十五項とほぼ相均衡していた」と指摘された。これが首肯されるのならば、氏の説明の如く、「式目成立以前においては、本所の地頭御家人を相手どった訴訟はほぼ例外なく幕府の認めるところとなっ」ていたこととなる。(6) つまり、承久の乱に勝利したことによって御家人達は、対等な訴訟当事者として、本所と相対することが可能になったのである。

本稿では、泰時執政期における本所訴訟の内容を明らかにした上で、それらの諸問題に対し、裁判権者として幕府がどのように対処したのか、具体的に検討してゆきたい。それが当時における国家権力の在り方を考えることにも繋がるからである。

泰時は『式目』をはじめとする法制度の整備を積極的に行ない、理非の究明に尽力したと評価されている。またその一方で、当事者間の和解（相互和与契約）を促し、それを公認する和与認可裁許状も発給している。現在確認できる当該期の和与認可裁許状はいずれも訴訟上の和解の確認判決として下されたものであったことから、和解に至る裁判権者の関与が推測できる。裁判権者である泰時が、如何なるレトリックを用いて当事者を和解に導いたのかその手法についても考察を加えてみたい。

幕府の和与認可裁許状は承久の乱以後一般化するものであり、なぜ当該期に和与認可裁許状が登場するのか、その歴史的な意味についても明らかにしてゆきたい。

一　承久の乱後の地頭非法について

それでは、承久の乱後の領主権をめぐる争いを概観することで幕府の役割を考えてみよう。承久の乱後の戦後処分により三千余箇所が幕府に収公され、そこに新地頭が入部した為、当然の如く在地では混乱が起こり紛争が多発した（治承・文治の内乱の際に、没官の対象となった平家一門領でさえ五百余箇所に過ぎなかった）。新地頭には所務の先例遵守が義務付けられたが、先例が明白でないと主張する地頭によって実力支配がなされた。これに対し、本所・領家は地頭の「自由の非法」を止めさせようと幕府に提訴した。特に本所関係の訴訟のなかで焦点となったのは、地頭の得分についてであった。

承久の乱の二年後の貞応元（一二二二）年六月十五日に所務の先例が不明な新地頭の為に、一律にその得分を定めた新補率法が官宣旨により下されたのも、荘園領主側からの強い要請によるものであった。まずは、当該宣旨を次に掲げ、その内容を検討してみよう。

左弁官下　　五畿内諸国七道

応令自今以後、庄公田畠地頭得分、十町別給免田一町、幷一段別充加徴五升事

右、頃年依勲功賞居地頭職之輩、各超涯分恣侵土宣。因茲、云国衙、云庄園、寄事於彼濫妨、懈勤於其乃貢、是非相替、真偽互雑歟。然間無止之仏神事、空以陵替。有限之公私領、不弁地利、天下之衰弊、職而斯由。方今四海已定、萬方靡然、誰軽宗廟社稷之重事、誰掠五畿七道之済物。然則一為休庄公之愁訴、一為優地頭之勲労、旁従折中儀、須定向後法。文武之道捨一不可之謂也。左大臣（藤原家通）宣、奉勅、庄公田畠地頭得分、十丁別賜免田一丁、一段別宛加徴五升。於自今以後者、厳守制符、宜令遵行者、諸国承知、依　宣行之。

貞応二年六月十五日　　大史小槻宿禰

左中弁藤原朝臣(7)

右の宣旨が本所・領家からの強い要請にこたえ、発せられたものではないかと前述したが、ここで規定された「新補率法」と雖も、決して本所・領家を十分に満足させる結果ではなかったことをまず確認しておかねばならない。傍線部にあるように、十町ごとの免田一町、一段ごとの加徴米五升の地頭得分は、荘公の人々からの愁訴と地頭からの要求を勘案した「折中儀」であったのである。このことを右の宣旨は「文武ノ道、一ヲ捨ツベカラザルノ謂ナリ」と説明している。つまり「新補率法」は、両者の主張の「落としどころ」であったのである。新補率法は両者が妥協しうる（或いは妥協を命ぜられた）公的な基準であったと評価できよう。

この新補率法に関して幕府は、寛喜三（一二三一）年五月十三日令（追加法29条）において、「但領家地頭令和与、就本司之跡所々者、非沙汰之限」と規定している。即ち、領家・地頭間で取り交わされた「和与」によって所務法が

明らかな場合、もしくは、本司跡（旧知行者が存した跡）に置かれた新地頭に対しては右の新補率法の適用対象とはならないと明言しているのである。要するに、新地頭と領家との間で所務法が確定しないケースを想定して作られた基準が右の新補率法であると幕府は解釈したわけである。

ところが、その後に発令された幕府法を見ても明らかな様に、在地での混乱は収まらなかった。今度は、右の新補率法の適用の可否をめぐり相論が多発したのである。明確な基準が作られたにも拘わらず、なぜこのような混乱が生じたのであろうか。勿論当該法の解釈適用の問題もあったが、所務法は当事者間での合意を最優先とするという原則があったからである。そこでまず承久新恩地頭の得分をめぐる問題を簡潔に示しておきたいと思う。

次掲の貞応二（一二二三）年七月六日付の「去々年兵乱以後所被補諸国庄園郷保地頭沙汰条々」第一条「得分事」には、承久新恩地頭の得分について規定がある（追加法10条）。

去々年兵乱以後所被補諸国庄園郷保地頭沙汰条々

一、得分事

右、如　宣旨状、彼令、田畠各拾一町内、十町領家国司分、一丁地頭分、不嫌広博狭小、以之率法免給之上、加徴段別五升可被充行云々。尤以神妙。但、此中本自帯将軍家御下知、為地頭輩之跡、為没収之職、於被改補之所々者、得分縦雖減少、今更非加増之限、是可依旧儀之故也。加之、新補之中、本司之跡、至于得分尋常地者、又以不及成敗、只勘注無得分所々、守　宣下之旨。可令計充也。仍各可賦給成敗之状也。且是不帯此状之輩張行事出来者、可被注申交名、随状可被過断也。

（中略）

以前五ヶ条、且守　宣下之旨、且依時儀、可令計下知也。（以下略）

前陸奥守（義時）　判

貞応二年七月六日

相模守（時房）殿

右の如く、いかなる闕所地（没収処分により、領有者のいない地）に補任されたかによって、承久新恩地頭の得分には差違が生じたのである。[8] 本司跡地頭には先例を踏襲させ、得分不明な新地頭には新補率法を適用するといった単純なことではなかったのである。その違いを整理すると以下のようになる。

①将軍家下知状を帯せる本司の闕所地に補任された承久新恩地頭の場合

たとえ得分は少なくとも、旧儀に従い、加増させることは許さない。

②本司跡の得分尋常の地に補任された承久新恩地頭の場合

本司の旧儀による。

③本司跡の得分乏小の地に補任された承久新恩地頭の場合

②の反対解釈により導かれるものである。貞応二年四月二十六日付の「国々守護人幷新地頭非法禁制御成敗条々事」第四条「地頭等可存知条々」（追加法4条）には「但、本下司得分無下為乏小之所者、随御使之注申、可有御下知也」と記されており、本司跡でも、得分乏小の場合は、本所・領家側と折衝し、新たに得分を定めるとある。

④本司がおらず、得分無き地に補任された承久新恩地頭の場合

新補率法による。

本司跡地頭であっても、先例となる地頭得分が乏小な場合（③）は、領家との折衝を認めているのである。当事者間の和与を推奨する幕府の立場としては、当然の判断であった。ただし、本司が将軍家下知状を帯していた場合（①）

には、たとえその得分が乏小であっても旧儀に従うべきことが示されている。①は、源家将軍から拝領した恩地を法的に保護した『式目』七条（不易法）との関連で考えるべきものであろう。

安田元久氏が指摘される如く、本司跡とはいっても、必ずしも郷保荘園を対象としたものとは限らず、郡・村・名にも地頭職は置かれたので、(9)地頭得分が乏小な場合も想像がつく。地頭は荘官たる下司と職掌を同じくしたので、本司が下司であれば通常は問題ないと思われるが、本司が名主などの場合は得分に問題が生ずることとなろう。問題は、如何なる基準をもって得分「乏小」と判断し、得分の増加をどこまで認めるのかという点である。おそらく地頭側とすれば、公的基準である新補率法と比較して論じ、地頭得分をそこまで引き上げることを主張したはずであるし、それに対する本所・領家側としては、最低限度の増加を目論み、新補率法の適用を無条件では認めない方針でのぞんだはずである。

天福二（一二三四）年五月一日令「西国御家人所領事」（追加法68条）に「承久兵乱之後、重代相伝之輩中、挿奸心之族、擽新地頭之所務、奉蔑如国司領家之由、有其聞」と記されている様に、承久の乱以前から補任されている地頭、いわゆる本補地頭が、先例たる得分が乏小であるとして、新補率法を勝手に適用させる非法行為を行なったのも、幕府が右の方針を打ち出したからであろう。「嘉禎四年九月九日御評定事書」には、地頭の「両様混領」に対して所領没収の厳罰でのぞむことが示されている。

嘉禎四（一二三八）年九月九日付「評定事書」（追加法94条）

嘉禎四年九月九日御評定事書中　斎藤兵衛入道奉行(長定)

一、新補幷本地頭不叙用御下知事

右、新補地頭者、云本司跡、云新補率法、不可混領両様之由、被下知之処、不叙用其状。猶令違犯者。改易其所、可被充行勲功未給之輩也。次本地頭之輩、或背先例、或違父祖之例之由、訴訟之時、不従御下知者、召其所、可被充行官仕忠労輩幷所知之替也。

（以下省略）

右の如く、「両様混領」は、新補地頭の場合も、本地頭（本補地頭）の場合も考えられる。新補地頭の典型的なケースは、根本領主たる本地頭が承久の論功行賞によってさらに地頭職を獲得した場合に、新恩地頭にあらざると称して、根本所領で獲得していた下地進止権や得分を先例無き新恩地でも適用しようとするケースが想定できる。一方の本地頭の場合は、前述した様に、これまでの先例があるにも拘わらず、得分乏小と称し、地頭側の判断で新補率法に基づいた得分を主張するケースが考えられよう。鎌倉末期に成立したとされる『沙汰未練書』(10)に

一、本新両様所務事　両様兼帯所務トハ、本補地頭トシテ、下地一円管領之上、又新補率法ノ得分取之、両様兼帯ト云也、地頭有其咎。(11)

と記されているのは、右の解釈を裏付けるものであろう。右の『沙汰未練書』では、下地進止権（「下地一円管領」）を有する本補地頭が、新補率法を利用して、地頭得分の加増を画策するケースを「本新両様所務」の典型例として挙げている。本補地頭と新補地頭とでは得分に多寡があったが、このことよりも、新補地頭には下地進止権が認められていなかったという点にこそ決定的な違いがあった（ただし、すべての本地頭に下地進止権が認められていたわけではなく、先例ある場合に限定されることに注意されたい）。その事は少し時代が下るが、時頼執政期の建長五（一二五三）年十月十一日令「諸国本地頭所務事」（追加法295条）に「新補地頭者、任率法、有限給分加徴之外、不可及地本管領」と明記されていることからも伺い知ることができる。

ところで、宝治・建長頃の幕府法においては、新補率法地頭のみが「新補地頭」と表記され(12)、承久新恩地頭であっ

ても、新補率法を適用しない本司跡地頭に対しては、承久以前に補任されていた地頭とともに「本地頭」「本補地頭」と表記されていたことを安田元久氏が明らかにされている。そしてこの新補地頭の概念が成立する機縁をなしたのが、寛喜三（一二三一）年頃の幕府法にあったのではないかとも氏は指摘されている。[13] 厳密な考証にもとづいた穏当な理解であるが、私が強調したいのは、寛喜三（一二三一）年頃に新補地頭の概念を明確にしたのが、ほかならぬ北条泰時であったという点にある。

北条泰時は、寛喜三（一二三一）年四月二十一日付の六波羅探題宛の御教書（「諸国新補地頭得分条々」追加法23〜27条）において、新補率法の解釈をめぐる疑義に答えた上で、新補率法地頭のみを「新補地頭」と定義し、先例に従うべき「本地頭」、「本補地頭」と明確に区別したのである。それは新補率法適用をめぐる紛争が跡をたたず、「両様兼帯」を試みる非法行為を取り締まる必要があったからに違いない。新補率法地頭のみを「新補地頭」と縮小解釈することによって、在地や法廷での混乱を無くそうというのが泰時の狙いであったのではなかろうか。

また、秩序や名分を重んずる泰時であれば、領家側と協力しながら、土地管理権・徴税権・検断権等といった行政的役割を担うことを新補率法地頭に期待したはずであり、新補率法地頭に与えられる給田・加徴米等についても、あくまでも公権的職務に付随する収益権と位置づけていたのではないだろうか。本補地頭は開発領主、本領主の権益を引き継ぐものであったが、新補地頭は非本領的性格が強かったのであり（大半は東国御家人が縁なく新恩地に入部した）、そのことを当初から幕府も強く認識していたのではないだろうか。泰時が本補地頭と新補地頭を明確に区別し、新補地頭に対しては、排他的な下地進止権（＝下地一円支配権）を認めなかったのも、地頭の侵略を抑制し、荘園制的秩序を維持しようとする幕府の姿勢の現れであったと評価できないであろうか。

泰時は、御家人領の売買を制限するなかで、相伝の私領と恩領とを次にように区別している。

『式目』四十八条

一、売買所領事

右、以相伝之私領、要用之時令沽却者定法也。而或募勲功、或依勤労預別御恩之輩、恣令売買之条、所行之旨、非無其科。自今以後慥可被停止也。若背制符令沽却者、云売人云買人、共以可処罪科。

右の『式目』四十八条には、必要に応じて「相伝之私領」を売買することは「定法」として許されるが、[14]「勲功」「勤労」によって獲得した恩領を売買することは許さないと規定されている。承久新恩地頭は、まさに恩領を拝領した地頭であった。つまり承久新恩地頭は、当初から新恩地の処分権を認められていなかったのである。ただし、幕府の先例遵守の方針から、下地進止権を有する本司跡に補任された承久新恩地頭には、下地進止権を継続的に認めたことから、同じ承久新恩地頭であっても、下地進止権を認めるケースと認めないケースがあり、この点も混乱をきたす要因となったはずである。したがって従うべき先例のない新補率法地頭を「新補地頭」と定義し直す意味があったのであろう。

さて、それでは次に、貞応元（一二二二）年五月十八日令を掲げ、地頭と本所・領家側との相論の実態についてもう少し詳しく見ておこう。

貞応元（一二二二）年五月十八日令（追加法7条）

一、諸国守護人幷庄々地頭等、偏如不輸私領抑沙汰、或追出預所郷司、或雖自相交上司、不及所当弁済。加之、以吹毛之咎、損土民等。自去秋冬依院宣幷殿下仰、雖被禁符、更以不承引。因之糺真偽令□注文如是。相模守（時房）武蔵守（泰時）相分国々、代官一人可被相副也。尾張国先為入部之始、定代官下向可相散也。御使者、五月会神事以後、即可進発者、仰旨如此。仍執達如件。

貞応元年五月十八日　陸奥守平（義時）判

追申

国々代官者、器量相叶可被定遣也。又経廻計略者、為在庁沙汰、訴訟所々可充之。子細御使被仰畢。

右の貞応元（一二二二）年五月十八日令には、諸国守護人・庄々地頭の非法行為が列挙されているが、殆どが地頭の非法に該当する行為である。イ「不輸ノ私領ノ如ク沙汰ヲ抑ヘ」、ロ「預所郷司ヲ追ヒ出シ」、ハ「ミヅカラ上司ニ相交ハリ所当ノ弁済に及バズ」、ニ「吹毛ノ咎ヲ以テ土民ヲ損フ」等の行為が挙げられている。朝廷からの度重なる要請を受け、幕府が本腰を入れて守護・地頭の非法行為の禁遏にのりだす姿勢が示されている。そこで右の貞応元（一二二二）年五月十八日令に挙げられている非法の実態を具体的に検討する。

イの「不輸ノ私領ノ如ク沙汰ヲ抑ヘ」とは如何なる行為を言うのであろうか。地頭にとって年貢公事が免除となるのは、地頭給田・給畠のみであり、地頭名は、公事雑役のみが免ぜられ、年貢は課された。ところが、地頭名を「不輸ノ私領」の如く沙汰する地頭達が多かったのであろう。次掲の寛喜三（一二三一）年四月二十一日付「諸国新補地頭得分条々」第二条「本司跡名田事」（追加法24条）において泰時が解釈している様に、新補率法地頭の場合は、この雑免田（地頭名）でさえ認められていなかったのである。

寛喜三（一二三一）年四月二十一日付「関東御教書」

諸国新地補地頭得分条々

（前略）

一、本司跡名田事

右、地頭者、以件名田内、引募新給田、其残者弁済所当、不可勤公事之由申之、雑掌者、給田之外者、如百姓可弁勤所当公事之旨申之、雑公事不蒙領家預所之免許、任自由不及立用、雑掌所申、有其謂歟。然者於給田余剰者、可令弁勤所当公事矣。

（後略）

右の如く、新補地頭に雑免田が認められるのは、「領家預所」から、「免許」された場合（つまり荘園領主から和与された場合）だけであった。雑免田は、一般的に百姓を免家の「下人」「所従」として隷属的に駆使することで経営されたから、雑免田の経営は、地頭が農奴制的関係を確立させ、領主権を伸張させるのには、もっとも好都合であった。泰時が新補地頭に対して雑免田を認めなかったのも、在地の状況をよく理解していたからであろう。

ロの如く地頭が荘官等を追い出すという行為は、地頭が一円支配を試みたものと想像できる。貞応元（一二二二）年四月二十六日付「国々守護人幷新地頭非法禁制御成敗条々事」第四条「地頭等可存知条々」（追加法4条）に「非指請所、任自由預所郷司追出事、慥可令停止」とあるように、地頭が「請所」であると主張し、荘官を追却したのであろう。

前述せる如く、新補率法が適用される承久新恩地頭に対して、幕府は排他的な下地進止権を認めていなかった。開発領主が下地進止権を留保しながら地頭職を獲得した場合、もしくは本所・領家から下地進止権を付与された場合に限り、下地進止権が地頭に認められていたのである。当該期の地頭の下地進止権とは、「夫々の土地における勧農権及び収納権、従ってまたこれらの権限と表裏一体の関係にある検注権などを具体的内容とするものであり、また更に荘内百姓の進退権までも含み得る」(15)ものであったから、地頭が領主制を展開するためには、下地進止権はやはり不可欠なものであった。そこで地頭達は、たとえ下地進止権が認められていない場合でも、領主権を確立するために、職務上の権限を利用しながら荘民に対して直接的な働きかけを行ない、時には強引な手法で彼等を支配下に置こうとしたのである。もし、本所・領家から管理・経営権を委託される請所契約を取り結ぶことができれば、排他的に在地支配を行なうことができたのであり、領主権を伸張させるには最も有効な手段となった。

貞永元（一二三二）年に、筑前国東郷の地頭中原季時が、父親能の代からの先例であるとして、領家宗像社に対し請所契約の継続を要求したのに対し、泰時が、請所契約は、当事者間で「和与」されたものでなくてはならないと、地頭の主張を退けたことは看過できない[16]。請所契約については先例主義を採らないという泰時の判断は、先例を主張し本所・領家を蔑ろにする地頭を取り締まる意味があったと思われる。

ハの「所当の弁済に及ばす」という非法行為は、地頭としての職責を全うしていないということである。地頭は所管の荘園・国衙領の徴税権を有するのが一般的であった。定田畠の総てが対象となる加徴米と所当米を自らの責任で徴収し、自己の得分を差し引いて、残余を領家方に進納するのがその責務であった。地頭がこれを弁済しない場合、領家方は、年貢の「抑留」として幕府に訴え、速やかな対処を要求した。

ニの「吹毛ノ咎ヲ以テ土民ヲ損フ」とは、地頭が自らの検断権にかこつけて、僅かな罪で荘民を罰し、財産を没収する職権濫用行為を指す。寛喜三（一二三一）年五月十三日付「諸国新補地頭沙汰事」（追加法29条）には、「自今以後、若以小事、令追捕民烟、及乱罰之地頭者、随領家預所住民等之訴、可被改補所職、縦雖為先祖之本領、亦雖為勲功之勧賞、永不可被宛行其替」と違犯した地頭には厳しい処分を科すことが定められている。地頭は、犯人の捜査逮捕検、裁判権のみならず、犯科人跡の処分権をも有していたから、職権を利用して強引な処断が為されたのであろう。貞応二（一二二三）年七月六日付「去々年兵乱以後所被補諸国庄園郷保地頭沙汰条々」第四条「犯過人糾断事」（追加法14条）には、「領家国司三分之二、地頭三分之一」と承久新恩地頭を対象にした犯科人跡の配分法が示されている[17]。しかし、この割合も新補率法と同じく先例無き場合の公的基準に過ぎなかったから、相論となった場合は、先例に従うことを幕府は指示している（たとえば幕府は「折半」[18]や「地頭之進止」[19]といった配分法も認めている）。もちろん本所・領家の和与によって、その割合が決定することもあったはずである。

以上、当該期の地頭の非法、とくに新補率法地頭の非法の内容を見てきたが、勿論訴訟において、地頭側の言い分が認められ、本所・領家側の主張が退けられる場合もあった。たとえば、地頭側と本所側とで新補率法の解釈をめぐって齟齬が生じたケースを見よう。神社仏寺への上分または本家・領家の公物のみを「本年貢」とみなし、山野河海からの産物等、残りは折半するというのが地頭側の解釈であったのに対し、本所側は、預所、定使の得分も本年貢の内であると解釈し、これを主張したらしい。しかし、泰時は、地頭側の法解釈こそ是であるとし、かくの如き本所側の主張を事後、退けるように六波羅に指示している。また、本所側は、新補率法に示されていないものは、「一塵トイヘドモ交ワルベカラズ」と主張するケースが多かったようだが、地頭側は新補率法に記載がなくとも本年貢の他はすべて折半とすべきであると主張し、これも争点となっていた。泰時はここでも地頭側の主張を認めている。右の二例はどちらも寛喜三（一二三一）年四月二十一日令（追加法23条「本年貢半分事」、追加法26条「芋在家役、麻樹木五節句以下事」）で確認できるが、少なくとも頭ごなしに地頭の主張が退けられていたわけではないということがうかがえよう。

泰時は裁判の公正を期するため、朝廷側に次の如く申し入れるよう、六波羅に命じている。

文暦二（一二三五）年七月二十三日付関東御教書（追加法87条）

一、諸国庄公預所地頭相論之時、糺定両方之処、於地頭非法者、被処罪科。至預所定使者、雖有非拠、不及別沙汰之間、依無所恐、国々所務嗷々之間、異論遅々不絶歟。然者為絶向後濫訴、預所定使等有非法之時者、可被改易彼職之旨、兼可被仰下之由、可被言上二条中納言家《（定高）》之状、依仰執達如件

文暦二年七月廿三日　　　武蔵守《（泰時）》　判

相模（時房）守　判

駿河（重時）守殿
掃部（時盛）助殿

即ち、幕府裁判所の裁定で、地頭の非法が明らかになった場合は、幕府が地頭を処罰するが、「預所・定使」の「非拠」が明らかとなった場合は　本所が彼等を罰しない為に、在地で混乱を来しているとし、濫訴を絶つためにも、「預所・定使」等に非法があらば、本所がその職を改易するように朝廷から命じて欲しいと六波羅から要請せよ、という内容である。

本所訴訟であっても当事者双方を同じ立場で法廷に召喚し、双方の主張に耳を傾けた上で、理非を明らかにせんとした泰時の姿勢を右の六波羅宛御教書からも窺うことができる。

二　泰時執政期の和与について

以上、承久の乱直後の地頭の非法行為を概観した。北条泰時は理非の究明に積極的であったが、その反面、所務法については先例を重視した。ただし、当事者間の合意、和解を優先させたので、荘園領主・地頭間で紛争が生ずると、本所・領家のみならず、地頭達も積極的に幕府法廷に訴訟を繋属させることで事態の打開を試みた。理非を究明する為の当該期の審理手続きの特徴については後述するが、まず本節では、泰時がどのように当事者を和解に導いたのか、その手法について検討してみたい。また、理非の究明を重んじた泰時が、なぜ当事者間の和解（＝相互和与）を積極的に促したのか、その理由についても検討する。

ところで、当該期を含め、鎌倉幕府の和与判決について、先学はこれを消極的に評価してきた。主たる指摘を以下に示そう。

(1) 幕府裁判所は、「既に成立せる契約に対して認可を与へただけであって、契約の成立に関与することはなかった」（石井良助説[20]）

(2) 法の原則から逸脱した、理非によらない例外的手段であった（平山行三説[21]、古澤直人説[22]）

(3) 幕府が調停者としての自信を失ったことが和与に繋がった（瀬野清一郎説[23]）

(4) 荘園領主側の妥協の結果である（平山行三説[24]、稲垣泰彦説[25]）

(5) 訴訟繋属中に、和与契約締結を申し込むのは、地頭御家人側が多かった（江藤恒治説[26]）

しかし、如上の評価は、鎌倉幕府の訴訟制度の変遷、なかんづく和与裁判の内実を十分に検討した上での結論とはいえず、多分に問題を残すといわざるを得ない。

しかも、これらの先学は、当事者同志の和解契約を前提とした和与判決と領家側からの一方的な申請に基づき下される和与判決を明確に区別せずに論じているのである。後者の典型的な事例としては、領家側の一方的な申請に応じて下された強制的な下地中分命令を挙げることができよう。この下地中分命令は寛元・建長頃から確認できるものであり、和与中分とはいいながらも、その実は、強制的な下地の折半命令であった。和与契約は、元来多様なものであり、限定された所領所職あるいは得分権の一部を対象として当事者互譲の上、締結されたものであったはずである。[27]しかし、寛元・建長以降の下地中分命令は、大半が当事者の是非に関係なく、領家側の申請通りに判決が下されたのであり、折中の理とは相入れない性格のものであった。やはり後者については先学の指摘の通り[28]、速急終結を目的として導入された裁決方法であったと評価できるであろう。

一方、泰時執政期の和与判決は、前者、すなわち当事者同士の和解契約＝互譲を前提とするものであり、そこに為政者としての泰時の法思想を読み取ることができる。

そこで、当該期の本所訴訟で和与判決が下された事例を具体的に見てみよう。

①承久三（一二二一）年正月十八日付「源実澄契状」（肥前阿蘇文書[29]）

これは父義時執政期の事例であるが（和与状の初見とされるもの）、御家人である肥後国木原実澄は、甲佐社と幕府法廷で争った結果、和与している。木原実澄が当国二宮甲佐社の神人を殺害したことから、甲佐社から提訴されたのを受けて、肥後国守富荘を甲佐社に寄進（「和与」）した上で、所当米の半分を寄進するが（請所とする）、下地支配権は実澄の手に留めるというものであった。神人殺害の罪を追求せずに、地頭に下地支配権を与えるというのが、甲佐社側の譲歩＝和与であった（ただし、実澄の子孫が契約違反をした場合は、下地中分をし、社家が半分を一円知行するという条件が付されている）。

②嘉禎二（一二三六）年九月四日付「関東下知状」（山内首藤文書[30]）

蓮華王院領備後国地毗荘内本郷所務条々について、預所僧盛尊と地頭山内首藤重俊法師とが相論となり、訴訟を幕府法廷に繋属させたが、法廷に出廷する段になって両者が和与状を提出したことにより訴訟は終結する。その和与状にもとづき幕府は和与裁許状を発給し、これを公認している。

③仁治元（一二四〇）年十月十日付「関東下知状」（出羽中條家文書[31]）

越後国奥山荘の所務の諸問題に関して、預所藤原尚成と地頭高井時茂との間で同年九月二十七日に和与状が取り交わされている。当該案件では、審理が進み、法廷での直接対決の後に当事者間で和与状が取り交わされている。

下知状の内容から、預所と地頭との合意内容を領家に報告し、許可を得てから和与状を作成していることがわかる。そして和与状作成後、その公認を幕府に求めたのである。

右の三例は、いずれも幕府法廷において当事者の主張の是非が審理される過程で、両当事者から和与状が提出され、それを幕府が公認する形で訴訟が終結している。③の場合などは対決後に和与状が取り交わされているのである。つまりいずれの場合も訴訟上の和解を前提としているのである。(32)

幕府における和与判決の歴史的意味を考える上で、まず最初に確認しておきたいことは、当初から幕府法廷において、和与判決が下されていたわけではなく、承久の乱後に一般化するようになったという事実である。

残された史料が少ない為に幕府が、本所訴訟において和解（相互和与）を推奨していたことに疑念を抱く向きもあろうが、前節で紹介したように、当該期の幕府法の中には、当事者間の和与を前提としているものが少なくなかったのである（この事は幕府法のなかで「地頭令進止否事者、可依本所和与也」（追加法44条）と表現されている）。

以下で説明するが、本所と地頭との相論において、双方の証拠調べを行なった上で、口頭弁論を行ない、理非を明らかにするという一連の手続きを幕府が実行するようになるのも、やはり承久の乱以降のことであった。(33)つまり、審理手続きが厳格化する時期に、和与認可裁許状が発給されるようになるという事実をおさえておきたい。

承久の乱以前においては、地頭御家人を被告とする本所訴訟は朝廷（記録所）に提訴された上で律令法の論理で裁かれ、その判決の執行を幕府に要請するという形が一般的であった。

ところが、承久の乱後は、地頭御家人を当事者とする本所訴訟の殆どが直接幕府に提訴されるようになり、幕府は裁判権者としての立場を明確にしていった。承久の乱後、政治的権威を失墜させた領家が、地頭に対抗し、権利を確保する為には幕府にすがるしか他に手段がなかったのである。また、幕府としても国家権力を担う立場上、領家と地頭御家人の利害関係を調整する調停者とならざるをえなかったのであった。そしてその公正さは厳格な審理手続きによって担保されるものであったのである。そのことは、本所訴訟の扱いをめぐる六波羅探題への指示を与える嘉禄三（一二二七）年閏三月十七日付の御教書（追加法18条）の文言に「訴訟出来者、対決両方為是非、於京都与沙汰人預所可遂問注之旨、被下知」と記されていることや、諸国守護人に大犯三箇条の職務遵守を命ずる寛喜三（一二三一）年五月十三日付関東御教書（追加法31条）に「若有違乱之輩者、就領家預所住民之訴訟、尋決両方、可被注申、罪科無所遁者、可令改補所職」と記されていることからも窺うことができるのである。

それでは厳格な審理が為される中で、なぜ和解が推奨されたのであろうか。承久の乱後に全国の闕所地三千余箇所に入部した承久新恩地頭の得分が社会問題となったことは前節で言及した。所務の先例が不明な承久新恩地頭の為に、新補率法が制定されたが、これとて地頭得分が定まらない場合に適用される公的基準であったにすぎず、地頭得分と雖も領家、地頭間で合意の上、決定することが望ましかった。荘園領主は、行政的役割を担う新補地頭を荘官組織の中に組み入れた上で、地頭とも協調的に新体制を構築していく必要があったのである。そのような状況下で、荘園領主達は前節で言及した如き承久新恩地頭の非法に直面したのであった。

荘園領主にとっては、幕府法廷において是非を明らかにし、地頭の非法を糾弾するだけでは意味がなかった。幕府のサポートを得ることで、地頭に譲歩をせまり、恒常的な収取体制（＝本所法）を確立させせなければならなかったのである。

そこで訴訟上の和解が必要となるのであるが、裁判権者である幕府は、これにどのように関与したのであろうか。鎌倉幕府の和与制度の特徴に言及した石井良助氏は、和与の成立に裁判所たる幕府は許可を与えただけであり、直接には関与しなかったと論じられた。しかし、少なくとも当該期の訴訟上の和解は幕府主導のもとで為されたはずである。なぜならば、本所・領家が独力で非法行為をものともしない地頭達から訴訟物に関する譲歩を引き出すことはできなかったと推測できるからである。

弘安六（一二八三）年に成立したとされる無住著作の『沙石集』には、泰時の御前で下総国の御家人と領家代官とが争う法廷闘争の話を載せている。双方が何度も訴陳に番えた後（訴状・陳状の交換の後）、幕府法廷で対決した所、領家代官の「肝心の道理」を聞いた地頭が一言も釈明せずに年貢未進を素直に認めた。そのことを泰時が賞賛すると、領家代官は、「道理が解らない地頭だと思っていたが、故意に非道な事をしていたわけでなかったのですね」と言い、六年分の未進分を三年分に減債したという話である。(34) この話しを美談とする為に、情けある領家代官が積極的に減債したことになっているが、訴陳状の交換を繰り返し、直接対決にまで及んでいる事から考えれば、実際の所は裁判権者である泰時の仲介があったはずである。つまり泰時が、領家代官に未進三年分の減債を「和与」する様に求め、それを領家側が受け入れることで訴訟が終結したものと思われる。勿論、当該説話には伝承に基づく著者の脚色もあったかもしれないが、和解に導く際の泰時の仲介の方法を推し量ることができよう。たとえば『式目』五条には

『式目』第五条

一、諸国地頭令抑留年貢所当事

右、抑留年貢之由、有本所之訴訟者、即遂結解可請勘定。犯用之条若無所遁者、任員数可弁償之。但於少分者早速可致沙汰。至于過分者三ヶ年中可弁済也。猶背此旨令難渋者、可被改易所職也。

と規定されている。右の『式目』五条では、幕府法廷において、年貢抑留の事実が明らかになった場合、「少分」ならば直ちに納め、「過分」ならば、三ヶ年中に「弁済」せよと規定している。前述した様に、地頭が年貢を「抑留」し、そのことを本所・領家が幕府に提訴するというケースは非常に多かった。該事案を幕府が審理する過程で、地頭

に対しては、適法な徴税行為を義務付けると共に未進分の完済を命じ、本所・領家に対しては、『式目』第五条の如き和解案を了承させるというケースがままあったはずである。このような裁判（和解）の積み重ねが『式目』第五条の立法化につながったのであろう。

勿論、非法行為の真偽を問うだけの案件は和解になじまなかったが、当事者が互いに譲歩した場合は、和与状の交換がなされ、和解が成立した。

ところで、鎌倉幕府の裁判を「理による裁判」と「理によらない裁判」とに区別されたのは平山行三氏であった。氏によれば「理による裁判」とは、証拠に基づき理非を明らかにする裁判であり、「司法の原則」であったという。これに対し「理によらない裁判」とは、「相論の性質上司法の原則を行ふのが事情に適しない場合」に、「例外的手段として理非によらない裁判が行なわれたのであり、「和与」判決を導く裁判がこれにあたると言う(35)。

西村安博氏は平山説に言及され、裁判による紛争解決を公式な解決方法とし、和解を非公式な解決方法とする見方と通ずるのではないかと指摘されている(36)。ただし、通常の裁判の判決も、和与判決も幕府裁判所に繋属された上での判決であることに変わりはないのであり、公式・非公式の別も意味をなさないであろう。

嘉禎四（一二三八）年二月将軍頼経に随行し、上京した泰時は、その年の六月、「都鄙安穏」を祈り四聖天部神祇等に起請文を奉っているが、その中の一文に

虞芮之訴訟、呉楚之諍論、御成敗之間、被裁許之趣、蒙昧之愚、不意而迷理致。庸材之拙、短慮而背人心歟。寤寐所恐也。旦暮所慎也。

とある(37)。この起請文では、まず不肖の身でありながら父祖の官位を超えたことを愁いており、その後に右文が続くのであるが、泰時は、「虞芮ノ訴訟」「呉楚之諍論」の成敗に誤りがないかを自省しているという。「虞芮ノ訴訟」とは、

殷代末期に虞・芮の二国が田を争い、周の文王の裁決を求めて周に赴いたところ、周人が畦を譲り合い、諸事、礼を弁えているのを見て、両者は恥じ入り、互いに譲り合い、争った土地を閑田としたという「史記」（周本紀）所載の著名な故事である。もう一つの「呉楚之諍論」とは、呉国と楚国のような犬猿の仲同志の諍いを指すのであろう。つまり、前者は和解の確認判決を、後者は、理非曲直を明らかにする判決を指すと思われる。平山説の如く、和解を「理によらない」解決法と考えるのは、少なくとも泰時執政期の訴訟上の和解についてはあてはまらないであろう。当事者間で和解がなされる場合も、繋属中の法的紛争を解決する手段として裁判権者を介して為されたのであり、裁判所の審理が進むなかで、「落としどころ」が模索・発見され、当事者双方の合意を得た所で初めて和解が成立したのである。したがって、和解が成立し確認判決が下されるケースでも審理を経てそのまま判決が下されるケースでも、その審理方法に大差はなかったと考えられる。

前述せる様に、当該期の本所・領家は、在地社会の混乱のなかで、地頭の協力を得ながら新たな法秩序の形成をめざしたのであった。しかし、武力を誇る地頭から抵抗を受けた場合、独力で地頭を従わせることは困難であった。かくの如き事態を打開するのに最も有効な手段が、幕府裁判所に所務相論として訴訟を繋属させることであった。これによって鎌倉幕府の権力で地頭を交渉のテーブルにつかせることができたからである。

国家権力の担い手であることを認識した鎌倉幕府は、中立的な立場で事の是非を判断した。上横手氏は、当時の幕府の立場を次のように説明している。

承久の乱によって、院政の機能が衰えた結果、幕府（執権政治）は貴族・寺社と妥協し、客観的には荘園制擁護の機能を果すようになった。即ち幕府は一方的に地頭・御家人を支援するのではなく、地頭・御家人対荘園領主の対立の調停者の機能を露骨に示すようになった。乱後の非法の暴力的な高まりを鼓舞するのではなく、阻止することが、秩序の維持と幕府体制の安定のために必要となったのである。[38]

いうまでもなく、当時の社会的階級基盤は、荘園制にあったから、[39]国家の安寧秩序を保持するためには、荘園制のヒエラルヒーを堅持する必要があった。[40]鎌倉幕府が、地頭御家人達の利益を代表する政権でありながら、本所・領家に対する地頭御家人達の非法を一切認めなかったのもその為であった。

しかし、地頭御家人達の支持なく幕府権力を維持することはできなかったから、幕府が荘園領主と地頭との相論を裁く際には、公正中立な立場を強調する必要があった。北条泰時が施政にあたり、道理を強調したのも当然であった。承久の乱後、幕府が、所務法を矢継ぎ早に立法化し、裁判規範となる『式目』を制定したのも、幕府の調停者としての立場を内外に示す為であった。新補率法をはじめとする所務法は、和解に導く際の規範ともなったのである。

幕府と雖も、自らの正当性を主張する当事者に対し、無条件に譲歩を迫ることなどできなかったからある。幕府が和解に導く場合でも、当事者の主張に耳を傾け、客観的な基準に照らしながら、事案に応じて「落としどころ」を模索する必要があったからである。

幕府が裁判権者として当事者間の権利関係を確定せねばならない場合に、極力、当事者間の和解（和与）を前提とする確認判決で行なおうとしたのも、当時の幕府の政治的立場を物語っているのかもしれない。

それでは、その「落としどころ」はどのように見出されたのであろうか。これについて新補率法を定めた前掲の貞応二（一二二三）年六月十五日付の宣旨の一文が示唆を与えてくれる。

然則一為休庄公之愁訴、一為優地頭之勲労、旁従折中儀、須定向後法。文武之道捨一不可之謂也。

右文には新補率法制定の経緯が明快に記されている。すなわち、荘園領主の「愁訴」を無視できないし、地頭の「勲労」にも答えねばならないから、「折中ノ儀」をもって、「向後ノ法」を制定したというのである。つまり「折中ノ義」に従った判断こそ、当事者双方を納得せしめる「落としどころ」となることが示されている。

それではこの折中の義とは如何なるものであったのだろうか。折中とは、小林宏氏が指摘せる如く、本来は「衡平、実質的正義、具体的妥当性等に近似する律令法の理念」であり[41]、明法家が法を解釈・適用するにあたり、最も重視するものであった。中世の明法家が法実務の指南書として著した『法曹至要抄』に「只以因准之文、可案折中之理」と記されているが[42]、まさにこれは明法家にとっての金言であった。状況に応じて新しい法的内容を盛り込んだ立法を行なう場合に、その正当性の根拠を「様々な諸法規、理論、原理等からなる既存の法体系になんらかの仕方で関連づけ[43]」新法に説得力を持たせようとした、その技法が「因准」であった。しかしこの「因准」の技法が強引だと恣意的な立法であると批判を浴びるので「人々をして納得せしめるような中正な法理を案出しなければない」というのが、右文の意味であった、

折中と因准との関係について、小林氏は「折中とは因准なる操作に対して方向づけを与えるものであり、因准とはその法的決定が折中にかなっていることを証明する為の理由付けの操作であると[44]」的確に説明している。しかし明法道の衰えと共に、因准の技法も精彩を欠くようになり、「法創造に対する合理的なコントロールという因准の機能が正常に果たされない事態を将来することになる」と小林氏は見通されている[45]。さらに小林氏は「わが平安・鎌倉期における「折中」は、適用すべき制定法が欠けている場合、又時代の推移や非常事態の発生等により制定法のもつ妥当性が失われた場合に多く援用される傾向にある」と言及されるが[46]、当該期における折中の技法なかんづく武家法曹の折中の技法については詳しく語られていない。

たとえ伝統的な因准の技法が忘れ去られたとしても、法曹が人々を満足せしめる法的決定を行なう為には、その根拠を示し、その理由付けを行なわねばならなかった。

それでは、承久の乱後の幕府裁判所において、幕府法曹が示した折中の理とは如何なるものであったのだろうか。泰時執政期において、所務法をめぐり荘園領主と地頭との間で争いが生じた際に、泰時が、極力当事者間での和解で解決させようとしていたことは前述した通りである。当事者双方を譲歩させることで妥協点を見出し、わだかまりのない結論に導くことがその狙いであった。

しかし、裁判権者がその妥協点を見出すためには、当事者の主張に基づきこれまでの経緯や先例を調べ、該事案の正義がどこにあるのかを明らかにせねばならなかった。先例がなく新たに所務法を立法する場合には、両者に互譲を促すことができたであろうが、先例や証拠により理非が明らかとなった場合は、勿論、判決を下さざるを得なかったはずである。少し時代は下るが、弘安二（一二七九）年八月、東大寺学侶等が、訴訟の中で「被求折中之法者。無先例幷証文時之事歟」と述べているのは、(47)自己を正当化する為の弁とは言え、訴訟当事者の一般的な認識であったと思われる。また、同年正月には、同じ東大寺の学侶等が、幕府法廷において「折中之法者、訴論人両方相互得失、各平等相兼之儀也」とも主張していた。(48)結果の損得を示すこと、つまり利益調整を行ない、双方から譲歩を引き出すのが裁判権者の力量と考えられていたのであろう。裁判権者はそれだけでなく、道理を以て当事者を説得したり、関連法規や判例などを挙げて敗訴したときのリスクを示し、和解に導いたはずである。

三　泰時執政期の審理手続きについて

ところで、もし判決により確定された内容を幕府が実現できなければ（つまり執行力がなければ）、和与判決も意味をなさなくなる。それ以前の問題として幕府裁判所に訴訟を繋属させ、是非を明らかにする意味がわからなくなる。

『梅尾明恵上人伝記』には、泰時が、証拠判定を踏まえた厳格な審理を行なったことにより、厳罰に処せられるのを恐れた理無き者が、厳罰に処せられるのを恐れ、和解したという記事を載せるが、厳格な審理がなされ、なおかつ執行力が担保されていなければ、当事者に和解を促すことすらできなかったはずである。

泰時にはじまる執権政治期の審理手続きは、これまでどのように評価されてきたのであろうか。鎌倉幕府の所務沙汰研究のパイオニアである石井良助氏は、全期を通じて、「幕府は当事者が欲せざる限り自ら進んで訴訟手続きを進展せしめざらんと努めた」こと、(49)或いは「幕府の欲した所は当事者の相論が判決によつて落着する事に非ずして、当事者相互の和解によつて終了する事」であったこと等から、(50)所務沙汰の訴訟手続きは、「当事者追行主義を以て主調」としたと論じられた。(51)

また、政治史との関連を重視し鎌倉幕府訴訟制度の変遷を考究された佐藤進一氏は、鎌倉幕府の政治を三段階に区分され（①将軍独裁＝専制→②執権政治＝合議→③得宗専制＝専制）、(52)それに対応するように、合議体制期には当事者主義的性格が、専制期には職権主義的性格が色濃くなったと指摘された。(53)しかし近年西村安博氏が、「「専制」の質的相違、あるいは「合議」の実質が必ずしも有意義に究明されていない」と指摘するように、(54)大まかな三段階区分論を前提とする理解には問題がある。

訴訟手続きの展開において、当事者が主導権を握る場合を当事者主義と言い、裁判所が権限としてこれを主導する場合を職権主義と言った。現在の民事訴訟手続においても、訴訟の開始と終了、審判対象の特定と訴訟資料の収集については当事者主義が、訴訟手続きの進行や訴訟要件のチェック等は職権主義がとられている。我が国の訴訟制度の変遷を振り返って見ても、どちらか一方というのではなく、当事者主義と職権主義のいずれかに重点を置きながら、発展してきたというのがその歴史であった。そのような変遷のなかで、執権執政期の審理手続きを単純に当事者主義であったと評価することができるのであろうか。

泰時執政期の裁判においては、執権と評定衆からなる評定沙汰を経て、執権の最終的な決断のもと判決が下された。これは嘉禄元（一二二五）年十二月の評定衆設置後の変化であった。従前は、幕府問注所が審理段階で重要な役割を担っていた。このことは問注所勘状をそのまま引用する幕府裁許状が散見することからも窺い知ることができる(55)。ところが評定衆設置後は、執権と評定衆が理非を判断することとなり、問注所は、その為の争点整理や、問注記の作成を行なう役所となった。それにともない事後、問注所勘状は姿を消すこととなる。評定沙汰の結果は、評定事書にまとめられ、それに基づいて下知状が下されたのである。ここでは、審理にあたっても泰時がイニシアチブを取る体制が作られたことをまず確認しておきたい。

審理手続きにおいて争点や証拠の整理等、その準備手続きを行なったのは六波羅と問注所であった。東国の事案は問注所において、九州を含めた西国の事案は六波羅において、証拠をもとに争点が整理され、必要であれば当事者を召喚・尋問し問注記が作成された(56)。問注記が作成された場合は、関係資料とともに評定衆へ提出された。泰時が、六波羅に対し、問注記の記載内容（必要十分な内容(57)）や関係資料の提出方法（正文を原則提出すること、文書目録記載以外のものを提出しない等(58)）を細かく指示したのも、厳格な審理を行なうためであった(59)。評定沙汰には、当事者のみならず、問注所や六波羅の担当奉行人も出席したはずである(60)。

それでは、執権政治の典型とされる泰時執政期の審理手続きについて、その特徴を具体的に見てゆこう。

(1)　訴訟の開始と訴訟要件のチェック

訴人が、訴人・論人・訴訟物を特定した訴状を提出することにより訴訟は開始されるのであり、裁判所が職権で開始することはなかった。ただし、訴訟要件のチェックは、裁判所が主体的に行なった。石井良助氏は未成年には訴権がなかったと指摘されている(61)。当事者適格のない者による訴訟提起は勿論却下されたであろう(62)。また『式目』第六条に規定せる様に、本所からの挙状(推薦状)を帯さぬ沙汰雑掌の訴えを受理しなかったし、訴訟繋属中に別の奉行人を通じて二重に提訴する、いわゆる一事両様の訴えについても『式目』二十九条で厳しく禁じている。所定の手続きを経ない違法な提訴は「越訴」として取り締まったのである。東国の事案は問注所で受理され、西国の事案は六波羅探題で受理されたと思われる。

泰時は、所領や官途を望み、讒訴する者を厳罰に処する方針を『式目』二十八条で明示し、濫訴・謀訴に対しては厳格に対処した。また、境相論や所領所職相論といった権利関係が錯綜する事案を幕府裁判所に繋属させる場合には、もし主張に偽りがあれば、所領を収公されても構わないという「請文」＝誓状(所領無き場合は罪科を担保に)を当事者双方から提出させる様に命じている(文暦二年七月二十二日令＝追加法168条)。『梅尾明恵上人伝記』の中に、泰時の審理方法に言及した下りがあるが、それによると、泰時は、訴訟当事者を前にして、当事者双方に対し当事者のどちらか一方は「奸謀」の人であるはずだから、証文を提出させた上で、審理を尽くし、「奸謀不実」が明らかとなった時点で、その者を死罪にも流罪にも処す旨、公言したという。そうしたところ、これを聞いた当事者が、訴訟を起こしても何の益もなく、却って罰せられるかもしれないと当事者間で「和談」し、「僻事」のある方はおのれの非を認め論所を去り渡すことで相論を解決させたという。「虞芮ノ訴訟」を理想とした泰時に相応しい説話となっているが、奸謀を許さぬ泰時の立場が、訴訟を抑制し、当事者間の和与を促すことに繋がったのではないだろうか。

(2)　弁論手続きについて

訴状が受理されると、論人に対し弁駁を求める問状御教書が幕府から発給された。問状が発せられることによつて、訴は裁判所に繋属したことになる。[63]泰時執政期に整えられたのが、書面審理手続きであった。

石井良助氏が指摘される様に、問状御教書は、訴人みずから或いはその代官の手で、裁判所へ提出した訴状、具書（証文等）とともに、論人のもとに送達された。これを受け取った論人に法廷で争う意志があれば、訴人の主張に反駁を加える為の陳状を作成し、その根拠となる証文と共に裁判所へ提出したのである。[64]裁判所を介しての訴状・陳状の応酬は、通常往復三回（三問三答）までとされたが、一問答で結審となる場合や、時に往復四回以上、訴陳状が交換されることもあった。これまでの通説は、書面審査の際の当事者の役割を高く評価してきた。たとえば石井進氏は、三問三答を行なう際に、書類を往復させるのは原告・被告双方の役割であり、裁判所はこれを仲介するだけであった、と評価している。[65]すなわち三問三答の制が当事者追行主義が執られていた証のように理解されてきた感がある。しかし、石井良助氏が、「三問三答の訴陳を番へるのは、当事者主張の事実及び法律関係を順次に裁判所に展開して、裁判官の判断に資せんとする」ためであったと指摘されている点が肝要なのである。[66]所務沙汰の訴訟手続きは当事者追行主義を主調としていたと氏が評価する点は問題を残すが、三問三答制の目的については異論はない。つまり、高橋一樹氏も近年強調されたように、訴状陳状はともに裁判権者に捧げ奉り、判断を仰ぐ為の上申文書であったのである（「謹言上」という書き出し文言）。訴訟当事者に訴陳状の送達を命じたが、これは当事者自身に手続き進行の責務を負わせたもので、論人に対しては訴状を、訴人に対しては陳状を、「下シ預ケ」たに過ぎなかった。[67]三問三答に至らず、一問一答や二問二答で打ち切られたり、また逆に四問四答に及ぶことがあったのも、その手続きを管掌した関東や六波羅探題の奉行人の意向による所が大きかったはずである。[68]担当奉行人は、関係資料が揃い、当事者の主張が出尽くしたと判断した時点で、当事者を直接対決させるか、あるいは、当事者を召喚せずに、証文にもとづき判決を下すべきか、判断したのである。幕府裁判所が口頭弁論さえ行なわずに、判決を下すことがあったことは、次掲の『式目』第四十九条からも明らかである。

『式目』四十九条

一、両方証文理非顕然時、擬遂対決事

右、彼此証文理非顕然之時者、雖不遂対決、直可有成敗歟。

すなわち、当事者から提出された「証文ノ理非」が顕然であると裁判権者が判断したときには、当事者からの言い分を直接聞くこともなく、判決が下されたのであった(69)。

また、召文による出廷命令に論人が応じない場合は（召文は三ヶ度までは下すとする）、裁判所が、論人不在のまま、書面審理の結果を踏まえ、判決を下すことを『式目』第三十五条で宣言している。訴人に道理があれば勝訴としたが、論人に理ありという結論になれば、幕府は論人に「召文」違背の咎を科し、論所を没収することとした。かくの如き方針も訴訟追行過程における幕府の主体的役割を物語るものであろう(70)。

ところで、当該期の訴訟上の和解も、幕府主導で審理が進むなかで、論点が明白となり、「落としどころ」が発見されていったものと考えられる。通常の判決に至る場合も和与判決に至る場合も審理手続きは同じルートで進んだ可能性が高い。当該期において書面審理が終了した後、直接対決を前にして、或いは直接対決後に当事者が和与契約を行なう事例が散見するのも、そのことを裏付けていよう。

(3)　証拠の蒐集について

当該期の証拠の蒐集方法について先学は特に言及していない。鎌倉幕府訴訟制度全般をつうじて証拠蒐集の方法について言及したのやはり石井良助氏であった。氏は次の様に説明された。

証拠は当事者が自ら之を裁判所に提出し、或は之を特定してその蒐集を裁判所に申請する例で、当事者の申出に係わらざる証拠を裁判所が職権をもって蒐集することはなかつた様である。唯この原則に対する明瞭な例外は、境相論における故老人の尋問及び実検であつた。(71)

証拠法に関するこの石井良助説は定説となった様で、中世史家の石井進氏も次のように論じている。

（書面審理の）つぎの段階が裁判所での両者の対決、口頭弁論であり、そのあと判決がくだされるのだが、そのさい裁判所は当事者の申し立てた事項についてのみ判断をくだすのであって、裁判所が職権を利用して独自の証拠を集めることも、原則的には行われなかった。(72)

判決の基礎となる法的事実は、証拠から導き出されるものであったから、もし、両氏が指摘される如く、証拠の取捨選択が当事者の判断に委ねられていたのであれば、所務沙汰の訴訟手続きが当事者追行主義を主調としていたと言えるであろう。

しかし少なくとも泰時執政期においては、証拠の取捨選択が当事者に一任されていたとは考えられないのである。たとえば、仁治元（一二四〇）年閏十月十一日付の関東下知状（『鎌倉遺文』第八巻五六四六号）には次の如く記されている。

仁治元（一二四〇）年閏十月十一日付「関東下知状写」（小早川家文書）

鴨御祖社領安芸国都宇・竹原両庄領家使刑部丞康憲与地頭前美作守茂平代官刑部丞親康相論条々

（中略）

一、公文職事

右、一向地頭沙汰之間、社家使庄務之条、可為何事哉之由、康憲雖申之、被補地頭之根元、依公文京方之咎也。且見于寛喜二年三月廿一日関東御教書、仍地頭兼帯公文職之条、不及異儀歟。但如康憲申者、信広者、為地頭依有内縁、出書状者也。且放免等申状顕然之由、雖申之、図守等出変々申状於両方之間、難被指南之上、康憲所進者私執進、親康所進者以御教書被召之状等也。争無用捨哉者。公文職地頭進止之条、勿論也。但従領家之所務、恒例課役等、任先例可致其沙汰矣。

（以下略）

ここでは、領家使康憲と地頭代親広との間で地頭の公文職兼帯の真偽が争われている。領家使は、公文職まで地頭の進止となっては庄務を行えないと訴えている。地頭康憲は、もともと、公文の京方与同の罪により、地頭職を得たのであり、その事は「寛喜二年三月廿一日関東御教書」で明らかであると主張した。それに対し康憲は、公文が地頭と内縁関係にあったから書状を出したのであり（領家側が進止を認めたということか？）、公文が京方与同の者でないことは放免等の申状によって明らかであると主張した。この両者の主張に対して、裁判権者である泰時は、康憲の提出した証拠資料は、「私ニ執り進メタ」ものであるのに対して、地頭代親広が提出してきた証拠資料は、御教書をもって提出を命じられたものであるので、証拠の優劣は明らかであると述べている（傍線部）。おそらく審理の途中で証拠の追加提出を裁判所が地頭代に命じたのであろう。ところで証拠提出の期限であるが、石井良助氏は、鎌倉時代末期の訴訟関係史料から、三問三答の過程で提出するのが原則で、反証に限りその後の提出が認められたのではないかと推測されておられるが(73)、当該期にどうであったのか確証を得ない。しかし、問注が行なわれる前までに提出資料を揃えなければならなかったことは当然である（追加法160条・164条）。ただし、審理の過程で必要に応じて裁判権者が追加資料の提出を当事者や関係者に求めることがあったのであろう。その際も勝手な提出は許されず、御教書が下されるのをまって提出するのが原則であった。

また、泰時は証拠法を次の如く定めていた（追加法93条）。

一、諸人相論事　嘉禎四　八　五　斉藤兵衛入道（長定）奉行

右、証文顕然之時者、不及子細。若証文不分明者、可被叙用証人申状也。又証文顕然之時者、証人申状不能叙用歟。又証文与証人共不分明者、可及起請文歟。証文証人顕然之時者、不及起請文也。

「証文顕然」のときは、「証人申状」の証拠価値を認めず、「証文」「証人」とも「不分明」なときだけ「起請文」の提出を命ずるとしている。「証文」や「証人」が「顕然」なときは、起請文の提出を求めないというのが泰時の方針であった。訴訟当事者に起請文の提出が命ぜられたのは、証拠不備の場合、もしくは証拠能力に問題がある場合に限られたのであろう。文暦二（一二三五）年七月六日付関東下知状（『鎌倉遺文』第七巻四七九一号）には、訴訟当事者の言葉として「証文顕然之上、不可被問証人之由、有被定置之旨歟」と記されている（この主張に対し裁判権者は「以胸臆之詞、難破証文之由、時直所陳、聊雖似其謂」と述べている）。これにより遅くとも文暦二（一二三五）年七月段階で、証拠法が立法され周知されていたことが窺える。鎌倉期以前から在地社会では、証拠を補う手段として神判が用いられてきたが、泰時は訴訟手続きを調えるなかで、証拠法のなかに神証を組み込んだのである[74]。泰時の没後約一年後の事例であるが、寛元元（一二四三）年十二月二十三日付の関東下知状によると、京の綾小路京極の土地をめぐる叔父相良蓮佛と甥相良頼重との相論のなかで、次にような駆け引きが為されている。即ち、蓮佛が頼重から証文を乞い取り、頼重が伝領していた該地を押領したことについて、頼重は、起請文の提出を申し出て、蓮佛にも起請文の提出を要求してきた。それに対して蓮佛は、頼重の主張は事実無根だとした上で、「於起請文者。一人雖書之、不可及合論起請歟」と述べ、起請文の提出を拒絶している[75]。蓮佛のこの主張を佐藤雄基氏は、「起請文は一人が書くものであり、相

論の当事者双方が書くものでない」という意味であると解釈されている[76]。穏当な解釈である。佐藤氏も指摘される如く、院政期の事例では、相論の当事者双方が、己の正当性を主張し起請文を提出する事例が確認されている[77]。泰時執政期の仁治二（一二四二）年段階においても、裁判所に訴訟を繋属させた当事者双方が幕府裁判所に対し、自らの正当性を主張するために、神判をもって担保とする「懸物押書」を提出し（起請文に非常に近いもの）裁判権者を困惑させているので（追加法168条）、泰時執政期に至っても、在地社会では相論の当事者双方が裁判権者へ起請文を提出するようなことが為されていた可能性は高い。

しかし、泰時が定めた証拠法では、所務相論の中で、当事者に起請文の提出が命ぜられるのは、証拠能力に問題がある場合に限られていたのであり、しかも、当事者の判断で勝手に提出することは許されなかった。あるいは、直接対決の際に、当事者双方から「起請文」や「賭物押書」が提出され審理が滞るようなことが実際にあった為に、泰時が右の如く証拠法を定めたのかもしれない。右の事例で蓮佛が起請文を提出しなかったのは、勿論自身が罪を自覚していたからであろうが、証文が顕かなときには起請文を提出しないという証拠法を逆手にとっての主張であったと考えられる。

泰時は、証拠の優先順位のみならず起請文の判定方法についても次の様に立法化している（追加法73条。日付が近いので、右の証拠法を立法する過程で定められたものと思われる[78]）。

定

起請文失条々

一、鼻血出事

一、書起請文後病事　但除本病者

一、鵄鳥尿懸事
一、為鼠被喰衣裳事
一、自身中令下血事　但、除用楊枝時幷月水女及痔病者
一、重軽服事
一、父子罪科出来事
一、飲食時咽事　但、以被打背程、可定失者
一、乗用馬斃事
右、書起請文之間、七箇日中無其失者、今延七箇日、可令参籠社頭。若二七箇日猶無失者、就惣道之理、可有
御成敗之条、依仰所定如件。
文暦二年閏六月廿八日
右衛門大志清原《（清）》季氏
左衛門少尉藤原《（二階堂）》行泰
図書少允藤原《（斎藤）》清時

右の定書（問注所定書か？）は、起請判定の方法を明示している。ここでは判定基準たる「失」の内容が明確に定められている。最初の七日間は通常の生活の中で、次の七日間は、社頭に参籠して、「失」の有無を確認するという。もしこれらの「失」が十四日の間、発生しなければ、起請文提出者の主張は真実と見なされたが、当該期間中に何れかの「失」が発生したならば、証言は偽りと見なされた。注目すべきは、この神証による判定が「惣道之理」と表現されている所である。書証、人証と共に神証が理非究明の手段とされたのである[79]。これは、自らの潔白を表明する際

に行なわれた、いわゆる参籠起請についての規定であるが、所務相論の際に、当事者や関係者から提出された起請文の判定基準にも準用されたに違いない。

佐藤雄基氏は、参籠起請や訴訟当事者の起請文提出が院政期の在地社会（本所法）において始まることを指摘している。[80] ただし、鎌倉期にはいっても「失」の内容や、判定期間は、地域や本所によって区々であったのである。[81] 泰時は、各地の本所法を参考としながら、「失」の基準を制定したはずである。ここでは証拠調べを主体的、合理的に行うために、泰時が証拠法を整備したことをここでは確認しておきたい。[82]

以上、泰時の訴訟への関わり方について、検討を加えた。その結果、審理段階、即ち、（1）訴訟の開始と訴訟要件のチェック、（2）弁論手続き、（3）証拠の蒐集等において、幕府裁判所が指導的役割を果たしていたことを指摘した。勿論、訴えの開始や終了、訴訟物の対象や範囲の特定等は、当事者の意思にもとづくものであったから（処分権主義が採られている）、職権主義が貫かれていたとは言えないが、審理段階において裁判権者が主導権を握っていたことは如上の説明から明らかであろう。

(4)　判決の効力について

以上、当該期の幕府裁判所が審理過程において、指導的な態度をとってきたことを概観した。次に我々が検討しなければならないのは、判決の効力、すなわち、既判力、執行力、形成力についての問題である。従来の研究では、鎌倉幕府の判決の効力については、これを否定的に評価するのが一般的であった。たとえば石井良助氏は判決の既判力を疑問視され、[83] 石井紫郎氏はさらに執行力についても、その観念さえ存在しなかったと評価されたのである。[84] 不易法や幕府の政策（越訴の禁止）により、限定的に制限を受けただけで、訴訟当事者はいつでも「第一の訴訟と原理的には質的差違のない訴訟を「重」ねて提起しえた」(85)以上、既判力があったとは言えないというのが両氏に共通する見解であった。また笠松宏至氏も、史料を博捜された上で、幕府判決に既判力、形成力の無かったことを検証された(86)。

また、近年では、古澤直人氏が、弘安年間まで所務の強制執行は為されなかったが、当該期以後、守護や両使によって強制執行が為されようになる、と指摘された(87)。氏は、弘安年間以前の執権政治期の所務沙汰の特徴を整理され、「たとえ強制執行を行なおうとしても軍事警察以外の所務の問題については、手足となるような権力機構、すなわち強制力を備えた地方支配のシステムを欠いていた」と述べられ、その上で「当該期の幕府裁許が本所―地頭間の紛争ひいては在地の紛争解決一般に果たした現実的役割・実行力は従来考えられているより、相対的にいってよほど限定的に考えるべきである」と評価された(88)。

ただし、石井良助・石井紫郎両氏が指摘せる如く、「所領を自力で侵奪すべきでなく、権利実現は訴訟によるべきだ(89)」という認識を当時の人々が共通して持っていたとするならば、判決通りに権利を形成、行使する手段と、それを第三者がサポートする体制（公的か否かは問わない）が必ずや存したはずである（もし、それすらなかったとするならば、判決を勝ち取る意味すらなくなってしまうからである）。古澤氏は、判決執行の問題も「自立的秩序を前提として」考えるべきではないかと指摘されたが(90)、仮にそうであったとしても自立的秩序がどの様に機能して当事者の権利を実現させてゆくのかそのプロセスを明らかにすることが求められよう。判決の効力を論ずるのならば、やはりまず当時の実態を明らかにする必要がある。

古澤氏は、執権政治期の所務沙汰裁判手続きについて論及され、「幕府裁許不履行に対し、有効な制裁がなされなかった状況が看取されるとともに、在地での所領押領に対しても「厳格な姿勢でのぞんだ」とは実際には必ずしもいえなかった」と述べられた(91)。

仮に氏の所論が首肯されるとしても、氏がその根拠として挙げられた制裁事例は経時執政期以降のものであり、泰時執政期の事例が検討対象となっていない点は問題を残す。

勿論史料上の制約があることは承知しているが、幕府訴訟制度の礎を築いた泰時が、判決不履行に対し、どのような態度で臨んだのかという点は明らかにしておくべきであろう。

そこで判決の執行について泰時の発した法令を挙げ、検討してみたい。

寛喜二（一二三〇）年十一月七日付関東御教書（追加法19条）

一、西国庄公新補地頭、并本補輩之中、依領家預所訴訟、或遂一決被裁断、或証文加下知事等、重時朝臣時盛雖令施行、正員及代官、不承引之族有其数云々。且御成敗似不事行、且諸人之訴訟不落居之条、旁以不便也。於自今以後者、令下知之上、猶不叙用者、可被注申也。傍輩向後相鎮之様、可有御計、定後悔出来歟之由、兼遍可触仰之状、依鎌倉殿仰執達如件。

寛喜二年十一月七日　　武蔵守（泰時）　在御判
相模守（時房）　在御判

駿河守（重時）殿
掃部助（時盛）殿

右文は寛喜二（一二三〇）年十一月七日付の六波羅宛御教書である。その大意は次のようになる。

西国庄公の新補地頭、本補地頭の別なく、領家預所からの訴訟により、対決の上、裁許に預かった際も、或いは提出された証文に基づき下知が下された際も、六波羅探題の二人が判決を施行しようとすると、地頭正員や地頭代が、これを受け入れないケースが多いという。御成敗が事行かず、訴訟が落居しないのは、諸事不都合であるので、今後判決を下した後、これに従わない場合は、その事を関東に注進した上で、御家人（傍輩）を現地に派遣し、沙汰付するように手配せよ。下知に従わない場合は、後悔することになると触れ仰せよ。

この追加法から、本補地頭、新補地頭の別なく、六波羅の下知に従わないことがままあったこと、泰時はそれに対処するため、御家人による沙汰付（判決の執行）を六波羅に命じたことがわかる。鎌倉末期には、両使に沙汰付が命ぜられることが多くなるが、泰時執政期においても傍輩＝御家人に判決の執行を命じていたのである(92)。ところが改善が見られなかったらしく嘉禎四年には次のような決定が為されている。

嘉禎四（一二三八）年九月九日評定事書（追加法94条）

一、新補幷本地頭不叙用御下知事

右、新補地頭者、云本司跡、云新補率法、不可混領両様之由、被下知之処、不叙用其状、猶令違犯者、改易其所、可被充行勲功未給之輩也。次本地頭之輩、或背先例、或違父祖例之由、訴訟之時、不従御下知者、召其所、可被充行官仕忠労輩幷所知之替也。（以下略）

業を煮やした泰時は、判決を叙用しない者に対する処罰を右のように決定した。即ち、両様混領の下知に従わない新補地頭の場合は所領を「改易」し、該所領を「勲功未給之輩」に与え、先例や父祖の例に従わない本補地頭の場合は、所領を召し、該所領を「官仕忠労輩幷所知之替」として与えるというものであった。新補地頭の没収地は、やはり新恩者に、本補地頭の没収地は、承久以前から忠労を積んできたものに与えるといった、具体的なものとなっている。

ところが泰時は、それから二年余り後、判決を叙用をしない者の罪を次の如く減軽した。

『吾妻鏡』仁治元（一二四〇）年十一月二十三日条

廿三日壬子。為清左衛門尉《清原満定》奉行、洛中未作篝屋等事有議定。被省充其用途於御家人等。而本新補地頭不叙用御下知者、可被召所領之旨、先日雖被載式目、召所領者、就之所々訴訟無尽期歟。仍可被召篝屋用途也。（後略）

所領を没収するとなると、かえって在地社会を混乱させ、その為の訴訟が繰り返されることとなるので、洛中の篝屋用途の徴集に改めるというものであった。右の追加法94条が発令されてから、僅か二年後に右のように改定されていることをもって、古澤直人氏は、立法者は当初から追加法94条を適用できないことを認識していたのであり、「「所領没収」の制裁を以て処理する能力」すらなかったと評価された(93)。だが、むしろこの立法は、実効性を考え、現実的に対処したものと評価すべきではないだろうか。

判決の執行については次の史料も参考となる。

文暦二（一二三五）年七月二十三日付「関東御教書」（追加法81・84条）

（中略）

一、依諸人訴訟、被下御教書於六波羅、施行之上、可返給本御教書否事

右、為訴人後代之証文、尤可返給之。

（中略）

一、依諸人訴訟、直被成御教書於守護人地頭等之上、可成給六波羅施行否事

右、雖非可遣六波羅之状、為後日之証文、可成給之。

（後略）

前条の追加法81条は、幕府判決の執行を命ずる六波羅宛の御教書も訴人にとっては後代の証文となるので、執行の

後にこれを与えよ、といった内容であり、後条の追加法84条も訴訟の結果、守護人や地頭に判決の執行を命ずる御教書が直接下された場合でも、当事者にとっては後日の証文となるので、六波羅からも施行状を新たに発給せよ、といった内容となっている。以上の追加法は傍証に過ぎないが、六波羅や守護、地頭が判決の執行に関わり、その責務を負わされていたことが看取できよう。史料不足の為、執行手続きの手順等、具体的なことは何も知り得ないが、少なくも泰時が執行力を担保しようとしていたことだけは、右の史料からだけでも窺うことができよう。

また、本所側が敗訴した際の、判決の執行については、次の史料が参考となる。

延応元（一二三九）年四月廿四日付「関東御教書」（追加法113条）

一、諸山神人狼藉事、就甲乙之訴訟、糺明之後、罪科難遁之時、雖相触本所、不事行之間、有煩于成敗云々。尤不便也。狼藉輩無遁方者、解却其職、随召給其身、可被進関東也。凡三ヶ度相触之後、猶不叙用者、可令注進給。依他事雖訴訟出来、永不可有御沙汰也者、可被存其旨之状、依仰執達如件。

延応元年四月廿四日

前武蔵守（泰時）　判
修理権大夫（時房）　判

相模守殿（重時）
越後守殿（時盛）

右の延応元（一二三九）年四月二十四日令は、幕府裁判所の審理の結果、、神人の狼藉行為が明らかとなった場合、当該神人を罰する様に本所に三度申し入れても本所側がこれを叙用しないならば、事後、この本所からの提訴を一切受理しない、という方針を六波羅に伝えたものである。本所と地頭を対等な当事者として扱った泰時は、預所等の荘官等に非法があった場合は、彼等を解職すべきことを文暦二（一二三五）年七月二十三日に本所側へ申し入れていた（追加法87条。本書二三二頁前掲）。これは幕府裁判所の審理により「諸国庄公預所」等の「非拠」が明らかとなった際にも、本所側が、幕府裁判所の判決を蔑ろにし、非法を行なう「預所定使」等を処分（別沙汰）しないことを重くみたものであった。この文暦二年令に実効性をともなわせる為に、右の延応元（一二三九）年四月二十四日令が発せられたことは明らかである。本所敗訴の判決についても泰時はその執行を問題としたのである。

法制度の整備を進め、何事にも積極的な泰時が、判決の執行に無関心であったとは考え難い。さて当該期の判決の既判力と形成力については、これを論ずる為の史料を得なかった。これについては後考を期したい。

以上、審理段階においては、当事者ではなく、裁判権者がイニシアティブを取ってきたこと、また、判決の執行にも重きを置いていたこと等を考察した。従来、鎌倉政治史の三区分論にもとづき、執権政治期＝合議＝当事者主義、といった単純な図式で理解され、定説化しているが、執権政治の典型例とされる泰時執政期でさえ、当事者主義を主調とするとは言えないという結論に至った。

おわりに

承久の乱後、国家権力の担い手となった幕府は、みずからの手で秩序の安定を図らねばならなくなった。承久の乱後の在地社会の混乱は、幕府の戦後処分と承久新恩地頭の入部によって惹起されたものであったので、幕府としては、まずこれらの問題に積極的に取り組み、解決策を打ち出してゆく必要があった。

泰時が、『式目』十六条で承久の乱の戦後処分を「寛宥」なる処分に改めたのは、大事な第一歩であった。また、承久新恩地頭の非法を取り締まる為に、新補地頭と本補地頭とを明確に分け、前者に対しては下地進止権を認めず、後者にはあくまでも先例を遵守するよう命じたのであった。

そして訴訟手続きを整備し、裁判規範を調えながら、本所からの提訴も幕府裁判所は積極的に受理していった。だが鎌倉幕府自体が地頭御家人からの支援なくして成り立たない組織であったから、地頭御家人からも不満が出ないように、幕府は公正中立な立場を内外に示す必要があった。信賞必罰を宣言し、『式目』を制定したのも、幕府の公的な立場をアピールする意味があったのであろう。

当事者間の和解（和与）契約を幕府裁判所が推奨したのは、当該期の幕府の立場を考えれば当然のことであった。和与状にもとづき裁許状が下された当該期の事例を追うと、いずれも幕府裁判所の審理を経て、和与状が作成されているのであり、裁判権者の役割が重要であったことが窺える。(94) おそらく裁判権者が当事者双方に対し理非を明らかにし、その上で「折中の理」を示すことで和解（相互和与契約）を促したのであろう。

院政期以降、契約の安定を求めて「和与物不悔還」の法理が創出された。(95) これによって在地社会では、不悔還の意思をもって権利の譲渡を行なう際には「和与」契約が結ばれていたのであるが、泰時は、この当事者間の和与契約を、法廷における紛争の解決手段として利用し、相互に和与状を交換させることで、訴訟の終結を図ったのである。もともと契約の際に和与の語を用いれば「和与物不悔還」の原則のもと、契約の際の当事者の意思を明確にすることができたわけであるから、和与状を認可する裁許状を下しておくということは、訴訟の蒸し返しを防ぐという意味でも合理的な方法であった。

ところで、鎌倉末期に成立した幕府奉行人の裁判手引き書である『沙汰未練書』の奥書には、奉行人の心得が次のように記されていた(96)。

一、以前条々、関東六波羅御沙汰之次第、就令見聞、私記之。自他調練人者、皆以所知也。一向未練若輩者、以是可心得歟。凡於法則者、以貞永御式目可明鏡。至故実者、以古御下知并訴陳状等案、可稽古也。能沙汰人者、勘合根本之理非、可思惟始終之落居、或耽一旦之利潤、或依当時之確論、無左右不可出沙汰、不親疎、不論貴賤、就根本之理非、可仰憲法上裁、縦雖存理運至極之由、敵方有寛宥之儀者、閣是非和談、何況於非拠之沙汰哉。能々可思案之。恐権門扶貧賤、負親類憚他人、就諸事不可好諍論、偏存穏便之儀、可専正理、如此輩者、預神明加護、叶仏陀冥慮、就諸事不可好非道之沙汰、所詮故実沙汰人者、以和与為本、非拠沙汰人者、以裁断為先。沙汰人才学者、法者雖破下知、御下知者不破法則、本文云、為一人不枉其法云々。是寔哉。沙汰者、法則為眼目。沙汰者取益之理也。不可致無益相論。以一人才学、不可評大事、就多聞之儀、可定是非也。沙汰者、依人之運否、有得失之儀。大小事沙汰落居時者、相構而可祈誓申仏神。努々不可有等閑之儀。仍条々以私愚案注之。不可有外見之儀之状如件。

弘安元年閏十月　　　　相模守平朝臣時宗(97)

右文によると、よき沙汰人は、「根本ノ理非」を斟酌した上で、絶えず「落としどころ」を見定めて、目先の利益や眼前の議論に振り回されることなく、軽率に判断を下さないという。そしてさらに「親疎ヲ限ラズ、貴賤ヲ論ゼズ、根本ノ理非ニ就イテ、憲法ノ上裁を仰グベシ」という。この一文は、『式目』付載の起請文の文言「凡評定之間、於理非者不可有親疎、不可有好悪、只道理之所推、心中之存知、不憚傍輩、不恐権門、可出詞也」と同趣旨である。よき沙汰人は、当事者との血縁関係や当時者の社会的地位や身分を考慮することなく、根本の理非に照らして審理結果を上申し、道理にかなった「上裁」を仰ぐものであると右の奥書は記している。

また奉行人の心得として、当事者の是非が明白であっても、理のある当事者に譲歩の兆しが認められれば、是非をさしおいて、和解にもってゆかねばならないという。もし両者に非理があればなおさらよく思案し和解に誘導せねばならないという。

これに関してはさらに付け加えて、沙汰人は、権門を恐れ憚り、あるいは逆に「貧賤」に同情し、また親類や知人からの強い要請により、争いを顕在化させてはならないとする。絶えず「穏便ノ儀」を志向し、「正理」すなわち根本の理非を求めるのが正しい姿勢であるという。かくの如き沙汰人は「神明ノ加護」に預かり、「仏陀ノ冥慮」にも叶うという。

奥書は、経験ある有能な沙汰人と無能な沙汰人との違いを示し、前者は和与に導くことを基本とするが、後者はとかく是非を明らかにしようとするという。

また、沙汰人は法に精通することが大切であるとした上で、法は下知、すなわち裁判権者の理非の判断を破ることはあっても、下知は、必ず法に基づかねばならないという（「以貞永御式目可明鏡」と記す）。奥書は、「本文」に「一人の裁判権者の判断で法を枉げてはならない」と記されていることをその根拠としている。

さらに、沙汰は法を根本とするけれども、ただし、「守益ノ理」に叶うことが求められるのであり、「無益ノ相論」を回避せねばならないと言う。おそらく、利益考量を行ない（当事者のみならず裁判所の負担等も含め）、訴訟を長引かせないように「和与」に誘導するのが沙汰人の腕の見せ所であるという意味であろう。奥書はこの文の後に、是非は独断で判断せず衆議により判断すべし、という一文を加えている。

沙汰とは、その人の運の良し悪しによって、損得を生じさせるものであるから沙汰人は、その事を心して日夜神仏に誤審なきよう祈ることが肝要であると奥書は最後に記している。

右の『沙汰未練書』の奥書は、『式目』付載の起請文や、嘉禎四（一二三八）年六月付の泰時起請文とを併せたような内容となっている。おそらくこれらを参考に鎌倉後期の有能な奉行人が書き記したものと思われる。たとえば「如之輩。預神明加護、叶仏陀冥慮」、「相構而可祈誓申仏神」という奥書の一文は、嘉禎四（一二三八）年の起請一文において、泰時が「虞芮ノ訴訟」と「呉楚之諍論」とのバランスを思案し、判決に誤りなき様、真摯に日夜思案することで神仏の加護を得るという部分とオーバーラップするし、奥書後半の文章（「以一人才学」以下）は、独断で異なる見解を示すことを禁じ『式目』にもとづいた沙汰を一揆して行なうことを神仏に誓った式目起請文に通ずることは言うまでもない。

『沙汰未練書』奥書に記された「能キ沙汰人」・「故実ノ沙汰人」像は、やはり北条泰時をモデルとしたものであった可能性が高い。鎌倉後期に至っても、泰時の裁判を理想とする風潮があったのであろう(98)。

「故実ノ沙汰人」は、根本の理非を斟酌しながら、幕府法にもとづいた審理を進め、その過程で、当事者双方がどこまで譲歩できるのかその「落としどころ」を発見し、和解に誘導したのである。

傍線部にある様に、泰時をモデルとする「能キ沙汰人」は、(1)「根本ノ理非ヲ勘合」しながら、(2)「始終ノ落居ヲ思惟スル」のであるが、この(1)(2)の関係を第二節で前述した「因准」と「折中」との関係に置き換えて考えてみると、(1)が「因准」に、(2)が「折中」にあてはまることがわかる。つまり、「以因准之文、可案折中之理」という明法家の法解釈理論を用いて、泰時が裁判にあたっていたことを示唆するものではないだろうか。それは明法道の目安を毎朝読んで、明法道を学び、日々研鑽を積んだ泰時であったからこそ、成し得たことだったのではなかろうか。

平山氏の如く、和与を「理によらない裁判」「例外的手段」と評価することが泰時執政期には妥当でないことを上述したが、平山氏の見解は、石母田正氏や、古澤直人氏によって継承されているのである。たとえば石母田氏は、

「幕府法の規範から逸脱することがあっても」和与ならば「それを認可することが法によって認められていた」と指摘されているし、(99)古澤氏も「和与状が式目の《理非の概念》からはずれたところに成立する」といった評価を下されている。(100)当該期の和与契約は、在地での所務法、つまり特別法を制定する際の有効な手段であったから、石母田氏等のような評価に繋がったのかもしれないが、それは決して「幕府法の規範から逸脱」したものでも、「理非の概念からはずれた」ものでもなかったのである。

註

（1）この点について工藤敬一氏は、「鎌倉期は、もはや勧農機能などが、国家権力の不可欠の条件となっている段階ではなく、領主相互間の対立の調整などをふくめて、武力こそが国家権力の不可欠の要件となる段階であった」、「武力があからさまに国家権力を実際に発動させる中心となるにいたることは当然であろう」と指摘されている（同氏『荘園制社会の基本構造』第三編第七章「鎌倉幕府と公家政権―権力編成を中心に―」、校倉書房、二〇〇二年、初出は一九七〇年、二五〇頁）。また、貫達人氏は、「承久変論」において承久の乱に勝利した事により北条宗家が獲得したのは、治天の君の権限であったと指摘する（高柳光壽博士頌壽記念会編『戦争と人物』吉川弘文館、一九六八年）。

（2）上横手雅敬氏『日本中世国家史論考』第一篇、八「鎌倉幕府法の限界」（塙書房、一九九四年、初出は一九五四年）二一九頁には次の如く記されている。

荘園体制を維持しつつ、反荘園的な地頭御家人を組織した幕府の存在形態は、承久の変の前後を通じて本質的には変化していない。しかし御家人の支援によってつくられ、その限りにおいては王朝（院政）政権を中核とする公家寺社勢力に対立する姿勢をとっていたため、承久以前の幕府には御家人の保護の色彩が濃厚であった。承久の変の成果は院政政権を中核とする保守諸勢力の結集関係の打破であったが、その結果幕府（執権政治）の統治者的性格は、相対的に向上し、幕府を軸とする荘園領主と御家人の均衡関係が定着せしめられる。そこに生まれる幕府（法）のイデオロギーこそ

「道理」であり、「公平」であって、幕府は自らを軸として均衡を保つ二勢力の調停者としての性格を一層明確にするのであった。

（3）　註（2）に同じ。

（4）　瀬野精一郎氏「鎌倉幕府裁許状の分析」（『論集日本歴史4　鎌倉政権』有精堂出版、一九七六年、二九〇頁、初出は一九六八年）。

（5）　『小学館　日本国語大辞典』（第二版）は、「本所」を「平安末期・中世、荘園領主（本家・領家）や国司などの上級諸職所有者をさす。当初は国司あるいは国衙に対比して荘園領主をさす用語としてもちいられたが、鎌倉以降、地頭を中心とする武家勢力の進出にともない、荘園公領制の職の体系下における地頭職以下の中下級諸職に対比して、国司を含めた上級諸職一般をさす用語としてもちいられるようになった」と説明する。

（6）　古澤直人氏「鎌倉幕府法の成立―御成敗式目成立の歴史的位置―」（『鎌倉幕府と中世国家』校倉書房、一九九一年、六〇頁、初出は一九八五年）。

（7）　『中世法制史料集　第一巻 鎌倉幕府法』には、追加法9条として掲載されている。

（8）　貞応元（一二二二）年には、関東から諸国へ「御使」が派遣され、彼等が、直接国衙に下って在庁を指揮し、乱後の処理から守護・地頭の非法調査、本司の有無やその得分まで調査したらしい（石井進氏『日本中世国家史の研究』岩波書店、一九七〇年、一八七頁）。この年には泰時が全国規模で大田文の作成を命じていることから、この御使の調査をもとに土地の基本台帳たる大田文が作成された可能性が高い。

（9）　安田元久氏『地頭及び地頭領主制の研究』（山川出版社、一九六一年、二一二頁）。

（10）　石井良助氏は、『沙汰未練書』の成立を「元応元年以降、元亨二年以前」とする（同氏「中世の訴訟資料二種について」『大化改新と鎌倉幕府の成立　増補版』創文社、一九七二年、二九五～三二一頁、初出は一九三一年）。

（11）　『中世法制史料集　第二巻 室町幕府法』（岩波書店、一九五七年、三六一頁）。

（12）　「新補地頭」の語は、「新たに補任された地頭」の意味で一般的に用いられ、承久の乱後は、特に承久新恩地頭すべてに対する呼称として広く用いられていたことを安田氏が明らかにされている（安田元久氏註（9）所引『地頭及び地頭領主制の研究』二一三〜二二〇頁）。

(13) 安田元久氏註（9）所引『地頭及び地頭領主制の研究』二一四頁。

(14) 『式目』制定以前の嘉禄年間頃には、私領の売買も制限する動きがあったようであるが（本書第二章の註（86）参照）、『式目』四十八条においては私領の売買は定法と明記されている。これは東国御家人の根本所領である相伝私領に関しては、幕府も介入しない方針を示したものと思われる。

(15) 安田元久氏註（9）所引『地頭及び地頭領主制の研究』二九三頁。

(16) 貞永元（一二三二）年七月二十六日付「関東下知状案」（『鎌倉遺文』第六巻四三四八号）。

(17) 「地頭所務内、百姓犯科跡」については、天福元（一二三三）年頃までは、地頭の「一向進止」であったが、当該期以降、「半分沙汰」に改められた（「就天福元年八月十五日六波羅御註進十七ヶ条、被加関東押紙内」第三条「地頭所務内、百姓犯科跡事」＝追加法58条）。

(18) 宝治元（一二四七）年十月二十九日付「関東下知状」（『鎌倉遺文』第九巻六八九三号）。

(19) 寛元元（一二四三）年七月十九日付「関東下知状」（『鎌倉遺文』第九巻六二〇四号）。

(20) 石井良助氏『中世武家不動産訴訟法の研究』（弘文堂書店、一九三八年、二五〇頁）。

(21) 平山行三氏「武士勢力の庄園伸張と鎌倉幕府の法治主義」（『歴史学研究』第七巻第五号、一九三七年、八七頁）には次の如く記されている。

證據が　備はり理非が明にして、しかも相論の性質上司法の原則を行ふのが事情に適しない場合があった。かゝる時司法を行ふ幕府の立場として法に背いた裁判を行ふ事は出来なかつたので、こゝに例外的手段として、理非によらない、訴論人の譲歩精神を待つ和解の方法がとられたのである。卽ち、當時「和與」と稱した制度がこれであつたが、かゝる手段の採用もその源は鎌倉以前にあつたのである。

(22) 古澤直人氏「鎌倉幕府の法と権力」（笠松宏至氏編『中世を考える　法と訴訟』、吉川弘文館、一九九二年、二八頁）には次の如く記されている。

（前略）和与にはいくつか特徴的な性格があった。第一は《理非をさしおく》という点である。和与状に記された「理非をさしおき、永く訴訟を止めおわんぬ」（「詫間文書」）、「理非を顧みず和与すべし」（「広峰神社文書」）、「理非を番うといえども、所詮和与の儀をもって」（「坂方文書」）等々の文言には、和与が式目の《理非》の概念からはずれたところに成立するものであるという性格がはっきり示されている。（後略）

（23）瀬野精一郎氏註（4）所引論文二八九頁には次の如く記されている。

最後に和与について考察すれば、前期において三例であったものが、中期には一一例、後期には九一例と飛躍的に増加している。このことは鎌倉幕府が自己の体制の諸矛盾の表面化によって、調停者としての自信を喪失し、和与による訴訟の解決を奨励したことを裏付けている数字といわなければならない。

（24）平山行三氏『和与の研究』（吉川弘文館、一九六四年、七八頁）には次の如く記されている。

承久の乱後、荘園における地頭の攻勢が顕著となり、領家地頭の相論が発生し訴訟において和与が成立する場合にも、相互の力関係が作用し、領家方の譲歩によって妥協が成立する事件が多くなったことである。

（25）稲垣泰彦氏『日本中世社会史論』（東京大学出版会、一九八一年、三七六頁）に「地頭の庄園侵略について、庄園領主はしばしばそれを幕府にうったえたが、地頭の侵略はますます激しくなるばかりであった。和与と呼ばれる制度はこれに対応する庄園領主の妥協である」と記されている。

（26）江藤恒治氏『高野山領荘園の研究』（臨川書店、一九七二年（復刻）、四三五頁、初出は一九三八年）には　次の如く記されている。

地頭が所務上の非法を働き領家との間に所務相論を生じた場合には、領主方に於てはその非法の停止を六波羅乃至は関東へ訴え出づるのが普通であつた。そこで幕府は訴人・論人の雙方に訴状・陳状を徴し、更に雙方を召出して事情を糺明し、さて判決を下す順序であるが、この際幕府の判決を俟たずして、裁判の進行中に双方の間に妥協が成立することがある。妥協の申込は多く地頭方より為され、この場合地頭は将来その非法を停止し、且つ一定の権益を割譲すべきを誓約する。領主方はそれを条件として訴訟の撤回を行ふのであるが、これがここにいうところの所務の和與である。所務の和與とは要するに所務上の相論を和談によって解決することに他ならない。

(27) 下地中分については、さしあたり安田元久氏の註(9)所引『地頭及び地頭領主制の研究』附論第三「下地中分論」を参照されたい。

(28) たとえば、佐藤進一氏『日本の中世国家』(岩波書店、一九八三年、一五九頁)を参照されたい。

(29) 『鎌倉遺文』第五巻二七一九号。

(30) 『鎌倉遺文』第七巻五〇三一号。

(31) 『鎌倉遺文』第八巻五六二六号。

(32) 右の三例は、和与確認判決に至る過程がわかるものを取り上げた。たとえば、本所との和与の事例としては、他に年未詳の「山門院地頭所務和与状」(比志島文書)を挙げることができる(『鎌倉遺文』第五巻三五五四号)。

(33) 坂本賞三氏「司法制度から見た鎌倉幕府確立の一過程」(『史学研究』第59号、一九六二年)。なお古澤直人氏は、『式目』制定をその画期とみる(同氏註(6)所引論文)。また、近藤成一氏は、下知状(裁許状)様式の変化に着目され、寛元二(一二四四)年を境に変化をみせることをもって、相論の性格の変化を読みとろうとしている。(同氏『鎌倉時代政治構造の研究』第一部第三章「鎌倉幕府裁許状の事書について」校倉書房、二〇一六年、初出は一九九八年)。

(34) 『日本古典文学大系85　沙石集』巻第三(二)「問注ニ我ト劣タル人事」(岩波書店、一九六六年)。

(35) 註(21)に同じ。

(36) 西村安博氏「鎌倉幕府の裁判における和与について―和与の理解をめぐって―」(二・完)(『法政論叢』第33巻4号、二〇〇一年、一七三頁)。ただし西村氏が、公式・非公式の区別を是としたわけではない。

(37) 『中世法制史料集　第一巻 鎌倉幕府法』五九―六〇頁所載。

(38) 上横手雅敬氏『日本中世政治史研究』(塙書房、一九七〇年、三七五頁)。

(39) その点については入間田宣夫氏が明快に論じておられる(「鎌倉時代の国家権力」『大系・日本国家史2　中世』東京大学

出版会、一九七五年、一四五頁）。

中世は庄園制の時代であり、幕府をふくむ諸権力はもちろんのこと北条・足利等の諸氏にいたるまで、庄園制あるいは庄園制類似の大土地所有制のうえに立脚していたのである、その意味で、中世国家の存立する社会的階級的基盤は庄園制のうえにおかれていたといえよう。

(40) 工藤敬一氏は、承久の乱後の状況を次にように説明する（同氏註（1）所引『荘園制社会の基本構造』一五二頁）。

承久の乱は、たしかに本質的に東国政権であった幕府の西国への支配力を著しく増大させた。しかし、それは新補地頭がすべて東国御家人であり、しかも一律に十一町に一町の給田と反別五升の加徴米を給与したものであったことから明かなように、地頭制度（新恩給与）の拡大であっても、かならずしも御家人制（本領安堵）の発展ではなかった。むしろ幕府が御家人に編成していくべき畿内西国の在地領主層を院政政権とともに没落させたのだった（上横手雅敬「承久の乱」岩波講座『日本歴史』中世Ⅰ）。荘園体制は本質的打撃をこうむらなかったのみならず、幕府支配の発展は、いよいよ国家機構や公田体制に依存していかざるをえなかったのである。

(41) 小林宏氏「因准ノ文ヲ以テ折中ノ理ヲ案ズベシ―明法家の法解釈理論―」（『日本における立法と法解釈の史的研究　古代中世』、汲古書院、二〇〇九年、一二七頁、初出は一九九一年）。

(42) 『法曹至要抄』下巻処分条十六条「僧尼遺物弟子可伝領事」（『中世法制史料集第六巻　公家法　公家家法　寺社法』岩波書店、二〇〇五年、一二六頁）。なお『法曹至要抄』の性格については拙稿「『法曹至要抄』の基礎的研究」『日本中世法書の研究』汲古書院、二〇〇〇年）を参照されたい。

(43) 註（41）に同じ。

(44) 小林宏氏註（41）所引『日本における立法と法解釈の史的研究　古代中世』一二八頁。

(45) 小林宏氏註（41）所引『日本における立法と法解釈の史的研究　古代中世』一三五頁。

(46) 小林宏氏「折中の法について」（註（41）所引『日本における立法と法解釈の史的研究　古代中世』五五頁、初出は一九八五年）。

(47)『鎌倉遺文』第一八巻一三六八四号、弘安二（一二七九）年八月日付「東大寺重申状土代」（東大寺文書四ノ十二）。
(48)『鎌倉遺文』第一八巻一三四〇二号、弘安二（一二七九）年正月日付「東大寺学侶等越訴状案」（東大寺文書四ノ十二・東京大学文学部所蔵文書）。
(49) 石井良助氏註（20）所引『中世武家不動産訴訟法の研究』六二八頁。
(50) 註（49）に同じ。
(51) 石井良助氏註（20）所引『中世武家不動産訴訟法の研究』一一〇頁。石井氏は所務沙汰の訴訟手続きが、当事者主義を以て主調としたことの論拠を次のように説明する。

（1）訴訟の開始に就ては、常に訴人の訴状提出がなければならず、裁判所は自ら進んでこれを開始し得なかった。（2）審理手続の進行に就ては、（甲）当事者は三問三答以前に於て、一問答或は二問答の訴陳を以て直に對決に移らん事を請求できたが、裁判所は大體この請求に従つた様である。（乙）論人が陳状を提出しない場合に、裁判所の出す催促の書下及び更にその違背に対して発する召文の如きは何れも訴人の請求によって出された。（3）訴訟の終了に就ては、（甲）召文三箇度違背の場合にも裁判所は必ずしも直に他方当事者勝訴の判決を言い渡す譯ではなく、その者より相手方の召文違背の咎を擧げ、その篇を以て沙汰あらん事の請求があって、始めて之を言渡すを常とした。（乙）訴論人は和與（和解）状を作成し、裁判所より之に對する下知状を受け、之を以て訴訟を終結せしめる事が出来たが、この下知状には裁判所は当事者に於て和與する上は異議に及ばない旨を付記する例であつた。訴人は亦何時でも訴を取下げる事によつて訴訟を終結せしめる事が出来た。

(52) 佐藤進一氏「鎌倉幕府政治の専制化について」（『日本中世史論集』岩波書店、一九九〇年、初出は一九五五年）。
(53) 佐藤進一氏『鎌倉幕府訴訟制度の研究』（岩波書店、一九九三年（再刊）、二一九―二二〇頁、初出は一九四三年）。
(54) 西村安博氏註（36）所引論文一八八頁。
(55) 問註所の活動ならびに問註所勘状については、佐々木文明氏「鎌倉幕府前期の問註所について」（『中世公武新制の研究』吉川弘文館、二〇〇八年。初出は一九八七年）を参照されたい。なお佐藤雄基氏は、問註所勘状について、東国以外の案件で作成されたとし次のように述べている（佐藤雄基氏『日本中世初期の文書と訴訟』山川出版社、二〇一二年、二二〇頁、初出は二〇一二年）。

問註所勘状は、大宰府・六波羅で作成された問註記を幕府問註所が審理して作成した文書であった。これは東国以外の地域、幕府の影響力の強くない地域において、訴訟当事者に幕府裁許の理由を説明し、説得力を担保する役割を果たしていたのであろう。

(56) 佐藤雄基氏註（55）所引『日本中世初期の文書と訴訟』二二一―二二二頁を参照されたい。なお、六波羅での問註を拒絶し、関東での問註を求める地頭、地頭代を処罰する旨、泰時は六波羅に伝えている（文暦二（一二三五）年七月二三日付関東御教書、追加法82条）。

(57) 追加法160条、164条。

(58) 追加法160条、165条。

(59) 問註所や六波羅の奉行人に対しても、泰時は精勤を求めた。嘉禄元（一二二五）年九月二十日には、奉行人を集め、賢不肖により賞罰を加えることを宣言している（『吾妻鏡』同日条）。また、仁治二（一二四一）年十二月十三日には、問註を担当する六波羅の奉行人の緩怠を戒めている（『吾妻鏡』同日条）。

(60) 『吾妻鏡』宝治二（一二四八）年十月二十三日条を参照。

(61) 石井良助氏註（20）所引『中世武家不動産訴訟法の研究』一五頁。

(62) 当時の当事者適格については、石井良助氏註（20）所引『中世武家不動産訴訟法の研究』四〇―四九頁。

(63) 石井良助氏註（20）所引『中世武家不動産訴訟法の研究』八一―八二頁。羽下徳彦氏「訴訟文書」『日本古文書学講座5中世編Ⅱ』雄山閣、一九八〇年、七七頁）。

(64) 石井良助氏註（20）所引『中世武家不動産訴訟法の研究』一二三―一三三頁。

(65) 石井進著作集刊行会編『石井進の世界②中世武士団』（山川出版会、二〇〇五年、八二頁、初出は一九七四年）には次の様に記されている。

幕府の不動産訴訟の進行の手続きをみるとき、もっとも註意されるのは当事者である原告・被告双方の果たす役割が非常に大きいことである。まず原告から訴状が出され、裁判所がこれを受理すれば、「誰々が、何々のことについて訴え出ている。その訴状を送るから陳弁せよ」との命令が文書で出される。これを問状とよぶが、それを被告のもとにとどけるのは裁判所ではなくて、原告の任務である。これに対して被告が回答書を提出すれば、原告はまたそれに応戦して再度の訴状をだし、被告もまた再度の陳弁を行なう。文書による回答は往復三回までくりかえされるが、これを三問三答とよぶ。書面審理の段階である。このさい書類を往復させるのは原告・被告の任務であった。裁判所はこれを仲介するだけだといってよい。

(66) 石井良助氏註（20）所引『中世武家不動産訴訟法の研究』一三四頁註（一二三）。

(67) 高橋一樹氏『中世荘園制と鎌倉幕府』第三部第十章「訴陳状の機能論的考察」（塙書房、二〇〇四年、初出は二〇〇一年）を参照されたい。

(68) 石井良助氏は、訴訟手続きの進行に就いて、「当事者は三問三答以前に於て、一問答或は、二問答の訴陳を以て直に対決に移らんことを請求出来たが、裁判所は大体この請求に従った様である」と指摘し（註（20）所引『中世武家不動産訴訟法の研究』一一〇頁）、当事者追行主義を主調としていた一つの証とされるのである。勿論、当事者が迅速な裁許を求め、書面審査の打ち切りを裁判所に求めることはあったはずだが、その判断を下すのはあくまでも裁判所であった。なお羽下德彦氏も石井氏と同様に、当事者の意思により一問答あるいは二問答で打ち切られたと理解されている（同氏「訴訟文書」『日本古文書学講座5中世編Ⅱ』雄山閣、一九八〇年、八三頁）。

(69) かくの如き裁許方法は、幕府法中に「証文ニヨリ下知ヲ加フ」と表現された。古澤直人氏は、追加法19条の「依領家預所訴訟、或遂一決被裁断、或証文加下知」を取り上げ、後者について当事者一方の申請のままに下された「一方的裁許」方法を示すものと理解されておられるが、これは誤りであろう（古澤直人氏註（6）所引『鎌倉幕府と中世国家』一〇一頁）。また、これとは逆に証拠不分明な場合、幕府は処分保留という結論を出すこともあった（『鎌倉遺文』第八巻五六四六号、仁治元年閏十月十一付「関東下知状」）。また論人側に反駁の余地がなければ、最初に問状御教書が下された時点で、訴人側の主張を認諾する請文を裁判所へ提出し、結審した。

(70) 鎌倉幕府法の召文違背の咎については、古澤直人氏の詳細な研究がある（同氏註（6）所引『鎌倉幕府と中世国家』第一部Ⅱ「鎌倉幕府法の展開―訴訟制度における「理非裁断」の成立・展開とその変質―」）。氏は、北条貞時執政期まで『式目』三十五条の適用例がないことを指摘され、「慎重な理非裁断の姿勢ゆえに逆に三五条の規定は無視され続けたので」はないかと推測された（『鎌倉幕府と中世国家』一二三頁）。「無視」という表現に語弊はあるが、裁判権者が慎重な審理を行なわんが為に、三十五条の適用を敢えて回避したという指摘は首肯しうる。古澤氏も註目された文永期の裁許例（文永七年十月十日付関東裁許状）であるが、四ヶ度の召文に違背した者の罪が問題となった際に、最終的に召決し、この者に理があることがわかった以上、召文違背の罪を阻却するのが「傍例」であると裁許状に明記されている。これは『式目』三十五条がどのように運用されていたのかを知る手がかりとなる。また、『式目』は、地頭代の非法を取り締まるために、十四条を立法しているが、その中で、所務をめぐる相論において地頭代が裁判所からの召喚命令に応じないときには、主人である地頭正員の「所帯」を没収するという重科を定めている。地頭代が幕府の命に従わず、非法を「張行」し続ける、という事を特に重くみたものと考えられる。この『式目』十四条からも、泰時が召文違背を軽く考えていたわけではないことが窺えよう。

(71) 石井良助氏註（20）所引『中世武家不動産訴訟法の研究』三五五頁。

(72) 石井進著作集刊行会編、註（65）所引『石井進の世界②中世武士団』八二頁）。

(73) 石井良助氏註（20）所引『中世武家不動産訴訟法の研究』三〇〇頁。

(74) 石井良助氏は、「而して鎌倉時代を通じて見る時は、神證は比較的希に行はれたに過ぎないから、此時代の證據方法は所謂合理的證拠方法が支配して居たものと云つて差し支ないであろう」と指摘する（註（20）所引『中世武家不動産訴訟法の研究』二九六頁）。しかし、神証を手続法のなかに組み込んだことこそ歴史的な意味があるのではないだろうか。それは決して形式的なものではなかったのである。

(75) 寛元元（一二四三）年十二月二十三日付「関東下知状」（『鎌倉遺文』第九巻六二六六号「肥後相良家文書」）。

(76) 佐藤雄基氏註（55）所引『日本中世初期の文書と訴訟』二四三頁。

(77) 佐藤雄基氏註(55)所引『日本中世初期の文書と訴訟』二四八―二五四頁。
(78) この署名者三名は、文暦二(一二三五)年閏六月廿一日付「評定時可退座分限事」(追加法72条)においても連署している。笠松宏至氏は、この三人を問注所奉行人と推測する(『中世政治社会思想上』「頭註」岩波書店、一九七二年、五九頁)。
(79) 『吾妻鏡』文暦二年閏六月廿八日条には「以上九ヶ条、是於政道以無視為先、而論事有疑。決是非無端。故仰神道之冥慮可被糺犯否云々」と記されている。
(80) 佐藤雄基氏註(55)所引『日本中世初期の文書と訴訟』二四八―二五四頁を参照されたい。
(81) たとえば嘉禎三(一二三七)年十一月の周防国石国荘沙汰人と安芸御領関所御使との相論の中では、沙汰人側が「於起請文失者、限三七日者歟」と主張している(『鎌倉遺文』第七巻五一九五号、嘉禎三年十一月日付「周防石国荘沙汰人等重申状」)。ここで主張された三七日＝二十一日という「失」の判定期間は、或いは当該期における普遍的な基準であったのかもしれない。少しでも迅速に訴訟を処理しようとしていた泰時であったから、あるいは「失」判定期間を七日短縮させ十四日間とした可能性も否定できない。
(82) 泰時執政期の下知状には「依無証拠之状、暗難決理非歟」(『鎌倉遺文』第六巻四三七九号、貞永元(一二三二)年九月二十四日付「関東下知状」)、「両方不備証文之間、暗難被是非」(『鎌倉遺文』第八巻五六四六号、仁治元(一二四〇)年閏十月十一日付「関東下知状」)といった裁判権者の文言が散見する。これなども泰時が証拠を重視していた証左となろう。
(83) 石井良助氏註(20)所引『中世武家不動産訴訟法の研究』二三八―二四六頁。
(84) 石井紫郎氏『日本国制史研究Ⅱ　日本人の国家生活』(東京大学出版会、一九八六年、八七頁、初出は一九七一年)。
(85) 石井紫郎氏註(84)所引『日本国制史研究Ⅱ　日本人の国家生活』八四頁。
(86) 笠松宏至氏『中世政治社会思想上』解題「幕府法」(岩波書店、一九七二年)を参照。
(87) 古澤直人氏註(6)所引『鎌倉幕府と中世国家』第一部Ⅲ「鎌倉幕府法の効力」。
(88) 古澤直人氏註(6)所引『鎌倉幕府と中世国家』二〇八頁。
(89) 石井紫郎氏註(84)所引『日本国制史研究Ⅱ　日本人の国家生活』八六頁。

(90) 註(88)に同じ。

(91) 古澤直人氏註(6)所引『鎌倉幕府と中世国家』一九〇頁。

(92) 仁治二(一二四一)年には、高野山領紀伊国名手庄「沙汰人百姓等」が苅田狼藉を行なった件について、地頭がこれを訴え、六波羅において問注が行なわれたが、六波羅探題は、問注後に、「越前法橋頼円、富田入道西念」の二人を「六波羅御使」として下向させ、参考資料として絵図を持ってこさせている(『鎌倉遺文』第一一巻八一三七号、正嘉元(一二五七)年八月日付「紀伊丹生屋村地頭品河清尚訴状」)。これなども御家人が六波羅御使として証拠収集や遵行等に従事していたことを示すものであろう。

(93) 古澤直人氏註(6)所引『鎌倉幕府と中世国家』二二六頁。

(94) 石井良助氏は、幕府が当事者主義をとっていたため、相論を「判決によって落着」させることよりも、「当事者相互の和解によって終了」させることを幕府が望んでいたと指摘された(註(20)所引『中世武家不動産訴訟法の研究』六二八頁)。しかし、泰時執政期について述べれば、裁判所が訴訟追行を主導しながら、和与を奨励していたと評価できよう。

(95) 「和与物不悔還」の法理については、拙著註(42)所引『日本中世法書の研究』第三章「和与概念成立の歴史的意義―『法曹至要抄』にみる法創造の一断面―」を参照されたい。

(96) 『中世法制史料集 第二巻 室町幕府法』(岩波書店、一九五七年、三七四頁)。

(97) 近年、後藤紀彦氏は、内閣文庫所蔵の写本の奥書から『沙汰未練書』が政所執事職を相伝した二階堂氏行貞によって元亨三(一三二三)年頃に著されたのではないかと推測された(同氏「沙汰未練書の奥書とその伝来」『年報中世史研究』第2号、一九七七年)。なぜ北条時宗に仮託して著されたのか疑問も残るが、石井良助氏(註(10)参照)や後藤紀彦氏等が指摘される通り、現在の形に調えられたのは、一三二〇年前後であったと考えてよいであろう。

(98) 陸奥白河藩第八代藩主松平定邦(定信の父)に仕え、後に藩校立教館初代教授となった朱子学者本田東陵が、天明四(一七八四)年に地方統治論ともいうべき「治地略考」を著しているが、その中で、訴訟・裁判に携わる役人のノウハウが詳細に記されている。小林宏氏は、当該部分を翻刻され、紹介された(小林宏氏『國學院法学』第五三巻第二号「白河藩立教館

初代教授　本田東陵について―「治地略考」「北越官舎学矩」のことなど―」)。その内容は以下のようになっている。すなわち、天に代って是非を明らかにする決意で私心なく裁許にのぞむこと（2条)、先入観なく公平な立場で審理に臨み、しかも当事者双方を勝たせるつもりで事にあたるべきこと（3条)、双方の主張する理非の軽重を計り、それにもとづいて「落とし所」を発見し、和解・示談に持ち込むこと（6条)、当事者の心情を洞察するために、裁判官には仁愛の情が必要であること（7条）等が事こまかく記されている。なかでも注目されるのは、敗訴人に対する配慮を記した所である。裁判官は敗訴人の身になって、十分の負けも、八・九分の負けと感じるように沙汰し、証拠・証文の理に拘束されることなく「本理」を求める裁判を行なうように記している（5条)。この心得は、証拠・証文の理や目先の議論に拘泥せず、あくまで「正理」を求めよと主張した『沙汰未練書』の奥書とも一致するもので、これが我が国の裁判官の伝統的な心得となっていたことが「治地略考」からも看取できる。

またこれも既に小林氏によって指摘されていることであるが、「治地略考」の当該部分（「訴訟」）の内容に、寛保元（一七四一）年に著された私選の幕府法律書『律令要略』「公事吟味之心得」からの影響が窺える（たとえば、「正理を知る事かたし。彼に問、是に求め、双方に尋ねて自然と本理をしるべし、唯邪を鎮めて、整理に和睦し、内証にて済ます事を専とせんか」「証拠書物に強てかゝはらす、本理を求め、其書物のむかしに立返る様に有たし」といった内容)。ただし「公事吟味之心得」の末尾に、「右に記す所は私の作意にあらず、古人の智言なり」と記されている様に、これとて著者の創見であったわけでなく古来から継承してきた叡智を記したものであったのである（石井良助氏校訂『近世法制史料叢書2』創文社、一九五九年、三〇〇頁)。なお、『律令要略』については、高塩博氏『江戸幕府法の基礎的研究』《論考篇》第一部第三章「『律令要略』について―「公事方御定書」編纂前における私撰の幕府法律書―」（汲古書院、二〇一七年、初出は二〇一四年）を参照されたい。

(99)　石母田正氏『日本中世政治社会思想　上』「解説」（岩波書店、一九七二年、五七八頁)。

(100)　註（22）に同じ。

第七章　寛喜飢饉時の北条泰時の撫民政策

はじめに

南北朝期に活躍した広学博覧の公卿北畠親房は、南朝の正統性を主張する為に著した『神皇正統記』（後嵯峨）において鎌倉幕府の政治についても論及し、北条泰時を次の様に評している。

大方《おほかた》泰時心タダシク政《まつりごと》スナヲ（ホ）ニシテ、人ヲハグクミ物ニオゴラズ、公家《くげ》ノ御コトヲオモクシ、本所《ほんじょ》ノワズラヒヲトドメシカバ、風ノ前ニ塵ナクシテ、天ノ下スナハチシヅマリキ。カクテ年代ヲカサネシコト、ヒトヘニ泰時ガ力トゾ申伝ヌル。陪臣《ばいしん》トシテ久シク権ヲトルコトハ和漢両朝ニ先例ナシ。其主《しゅ》タリシ頼朝スラ二世ヲバスギズ。

（中略）彼泰時アヒツギテ徳政をサキトシ、法式をカタクス。己《おのれ》ガ分ヲハカルノミニアラズ、親族ナラビニアラユル武士マデモイマシメテ、高官位ヲノゾム者ナカリキ。其政《まつりごと》次第ノママニオトロヘ、ツヰ《（ヒ）》に滅ヌルハ天命ノヲハスルガタナリ。七代マデタモテルコソ彼ガ余薫《よくん》ナレバ、恨トコロナシト云ツベシ。

凡《およそ》保元・平治ヨリコノカタノミダリカハシサニ、頼朝ト云人モナク、泰時ト云者ナカラマシカバ、日本国ノ人民イカヾナリナマシ。此イハレをヨクシラヌ人ハ、ユヘ《（エ）》モナク、皇威ノオトロヘ、武備ノカチニケルトオモヘルハアヤマリナリ。所々ニ申ハベルコトナレド、天日嗣《あまつひつぎ》ハ御譲《ゆずり》ニマカセ、正統ニカヘラセ給ニトリテ、用意アルベキコトノ侍也。神ハ人ヲヤスクスルヲ本誓《ほんぜい》トス。天下ノ万民ハ皆神物《じんもつ》ナリ。君ハ尊クマシマセド、一人《いちにん》ヲタノシマシメ万民ヲクルシムル事ハ、天モユルサズ神モサイハイ《（ヒ）》セヌイハレナレバ、政《まつりごと》ノ可否ニシタガイ《（ヒ）》テ御運ノ通塞《トウソク》アルベシトゾオボエ侍ル。マシテ人臣トシテハ、君ヲタウ《（フ）》トビ民ヲアハレミ、天にセクグマリ地ニヌキアシシ、日月《ひつぎ》ノテラスヲアフギテモ心ノ黒《キタナク》シテ光ニアタラザランコトヲ《（オ）》ヂ、雨露《あめつゆ》のホドコスヲミテモ身ノタダシカラザルシテメグミニモレンコトヲカヘリミルベシ[1]。

北畠親房は、右文の如く泰時の「徳政」を賞賛している。その上で幕府を立ち上げた頼朝と執権政治体制を構築した泰時、この二人が「徳政」を心がけたからこそ、その余薫によって鎌倉幕府は長く持ちこたえることができたのだと述べている。この「徳政」が撫民政策を中心とした仁政のことを指し示している事は言うまでもない。

北条泰時が撫民を心がけたことは、『御成敗式目』（以下『式目』と略称）制定の趣旨を彼自身が説明した文章の中に「人の心の曲がれるをば棄て、直しきをば賞して、おのづから土民安堵の謀り事にてや候とてかように沙汰候」とある事からも窺うことができる（貞永元年八月八日付北条重時宛書状）。彼は儒教道徳（道理）を重んじ、その理念に基づき幕府の基本法たる『式目』を立法したのであった[2]。

仁治三（一二四二）年に死去した際には、公卿の藤原経光から「性稟廉直、以道理為先。可謂唐堯・虞舜之再誕歟（性稟廉直、道理ヲ以テ先トナス。唐堯・虞舜ノ再誕トイウベキカ）」とまで評された泰時であったが（『民経記』仁治三年六月二十日条）、その泰時が寛喜の大飢饉の折には、良民の人身売買を認める法令を発しているのである。人道主義者であり、身分秩序を重んじた泰時が、なぜ人身売買を認めたのであろうか。どうやらこのあたりに卓抜した政治家としての北条泰時を知る手がかりがあるように思われるのである。

良民の人身売買は、律令法で固く禁ぜられていた（賊盗律45略人条、同46略奴婢条、同47第二等卑幼条）。それは鎌倉時代に至っても、些かも変わることのない原則であり、天下の大法というべきものであった[3]。そのことは泰時の執政期に公布された嘉禄の新制からも確認できる。これまで先学は、泰時が良民の人身売買を認めたことを、飢饉の惨状に対処する為の例外的処置[4]、或いは超法規的処置等[5]と評価してきた。しかし、如何なる事情があったにせよ、道理を重んじ、遵法精神旺盛な泰時が、天下の大法を平然と破るような事をするであろうか。もし仮に泰時が、例外的処置である、あるいは超法規的処置であると主張したとするならば、それは泰時が立法の根拠を示すことができなかったということになる。だが明法道（律令法学）にも精通した泰時が、何の根拠もなく、国家公法に抵触するような立法行為を行なうはずはない。必ずやそれを合法化する法的ロジックがあったはずである。当該期の泰時は、未曾有の大飢饉に対処する為、次々と撫民政策を実施していったのであり、人身売買を容認したのも撫民政策の一環であった。したがって泰時が人身売買を認めたその意味を考える為には、立法に至る経緯をまず確認しておく必要がある。そこで本稿では、当該期に泰時が行なった諸政策の関連性を明らかにし、泰時の仁政の内実に迫ってみたい。

一　建仁元年の泰時の徳政

泰時の撫民と言えば、入間田宣夫氏が紹介されて以来、[6]建仁元（一二〇一）年の飢饉の際に若き泰時が伊豆北条で行なった徳政が著名であるので、まずはこの事例から検討し、その後の泰時の徳政との繋がりを考えてみたい。

『吾妻鏡』建仁元（一二〇一）年十月六日条

江間太郎殿昨日下着豆州北条給、当所、去年依少損亡、去春庶民等粮乏、央《ナカバ》失耕作計之間、捧数十人連署状、給出挙米五十石、仍返上期、為今年秋之処、去月大風之後、国郡大損亡、不堪飢之族已以欲餓死故、負累件米之輩兼怖譴責、挿逐電思之由、令聞及給之間、為救民愁、所被揚鞭也。今日、召聚彼数十人負人等、於其眼前、被焼棄証文畢。雖属豊稔、不可有糺返沙汰之由、直被仰含、剰賜飯酒幷人別一斗米、各且喜悦、且涕泣退出、皆合手願御子孫繁栄云々。如飯酒事、兼日沙汰人所被用意也。

稲の私出挙（私的債務契約）は、春に富裕農民や領主から播種用の籾等を借り受け、その年の秋に五割程度の利息を加えて返済するのが一般的であった。春に良質な種籾を借り受ければ、収穫量は多く、年利五割といっても農民にはさしたる負担となるものではなかった。[7]しかし、右の記事中に「去年少シキ損亡ニ依リ、去春、庶民等粮乏シク、央バ耕作ノ計ヒヲ失フノ間、数十人連署状ヲ捧ゲ、出挙米五十石ヲ給ハル」とある様に、前年が凶作となると、春に貸与されるはずの出挙米も減り、夏端境期の食糧にも事欠く有様で、農民は新たに出挙米を借り受ける必要があった。右のケースにおいても、秋に通常の収穫があれば問題はなかったはずなのだが、八月の台風で、農作物が大被害を蒙った為に、農民達は餓死せん程に窮乏し、累積した負債の返済もできなくなったので逐電を図ったというのが、泰時が伊豆に下向するまでの状況であった。八月の台風は、鎌倉にも被害を及ぼし、鶴岡八幡宮寺の門が倒壊していた。台風は諸国に飢饉をもたらし、九月二十日には、月や星の如きものが天から降る天変まで起っていたので、関東ではその対応策が図られていた。『吾妻鏡』同年九月二十二日条には、天変地異が生じているのに、速やかに徳政を実行しない将軍頼家を北条泰時が批判する記事を載せている。

当時の社会においては、公武を問わず、為政者の不徳により災異が発生すると信じられていたので、天変・地異が起ったならば、為政者が速やかに攘災の為の徳政（仏神事の興行や撫民政策等）を行なわねばならないと当時の有識者達は考えていた。(8)

災異に無頓着な頼家を批判した十九歳の泰時は、飢饉により困窮せる領民を救済する為に直ちに伊豆北条へ下向した。そして債権者でもある泰時は、債務者の前で「証文」を焼捨てただけでなく（つまり返済を免除した）、食事や酒、さらには一人あたり一斗の米まで下行したのである。すると領民達は、喜悦、涕泣し、皆手を合わせて泰時子孫の繁栄を願ったという。

『吾妻鏡』は、治承四（一一八〇）年から文永三（一二六六）年までの幕府の事績を歴代将軍記の体裁（編年体）でまとめた史書であり、十四世紀初頭に幕府中枢の複数の者によって編纂されたと考えられている。(9)『吾妻鏡』は、政権を担う北条宗家を顕彰する為に曲筆が多いのであるが、なかでも当該記事を載せる「頼家将軍記」は、その最たるものであった。(10)当該期は、北条氏が敵対勢力を排除しながら政治の表舞台に登場してくる時期であり、将軍家を押さえ込もうと暗躍していた時期であった。とくに年若い二代将軍頼家とその外祖父北条時政との対立は深刻であった。『吾妻鏡』は、北条宗家の立場を擁護する立場から、頼家を暗愚で独裁的な暗君として描いている。時政が強引な手法で頼家の姻族である比企氏を滅亡に追い込み、頼家を失脚させるまでの一連の記事は特に曲筆が多い所と思われる。

当該記事の場合も、大風によって飢饉が広がり、さらには天変まで生じているにもかかわらず蹴鞠にふける頼家と、領地へもどり、撫民を行なう泰時という両者の行動の違いを対比させている。(11) 右の『吾妻鏡』の記事も泰時の人格を讃える為の曲筆と評価してしまって良いのであろうか。

ところで若かりし泰時が行なったと『吾妻鏡』が伝える証文焼却＝負債破棄の淵源は中国の「焚券」、「焼券」、「折券」であった。中国古代社会では消費貸借契約書にあたる木牌や木簡の類を債権者が焼き（「焚券」、「焼券」）、折り（「折券」）、削ることによって、債務を帳消しにすることがあった。入間田氏は、仁井田陞氏が示された春秋・戦国時代から唐代に至る「焚券」、「焼券」、「折券」の事例を紹介された上で、戦国時代に活躍した斉の宰相孟嘗君の食客、馮驩による債務破棄の逸話と、北条泰時の逸話の共通点を指摘された。その上で、中国の仁政に憧れる泰時が馮驩の故事にならって債券放棄を行なったのではないかと述べられた。(12) 馮驩の逸話は『史記』孟嘗君列伝によれば、次のようなものであった。即ち、主命を受けて薛の債権回収に向った馮驩は、まず酒肉を振る舞って債権者一同を集めると、彼らの券書を調べ、利息が払える者には返済の期限を定め、貧しくて利息を払えない者については、その券を焼捨て、負債を免除してやったという。そしてさらに彼らに飲食もすすめ、主人である孟嘗君への報恩を説いたという。彼らは、馮驩の言葉を聞くと、一斉に立ち上がり再拝して感謝したと記されている。

右の馮驩の逸話と『吾妻鏡』建仁元（一二〇一）年十月六日条の記事は、領民の反応に至るまで似ており、『吾妻鏡』編者の作為を疑った方がよいかもしれない。確かに皆が手を合わせて泰時子孫の繁栄を願ったという所などは、馮驩の故事を知る『吾妻鏡』編者の脚色があった様に思われるが、泰時の債券焼却までも事実無根として否定する必要はなかろう。菊池康明氏が明らかにされた様に、天変・地異・疾疫・改元・即位等の際に、徳政として負債破棄を行なう慣行は古代以来、我が国においても広く認められており、(13) 泰時もその先例にしたがって、債権者の立場で債券焼却を行なった可能性が高いからである。執権就任後、以下で述べる様な撫民政策を次々に実行していく泰時であれば、飢饉に喘ぐ領民を救済する手段を考えたはずである。当時の泰時は、長子とはいえ、江間義時の庶子であった。高い志を持ちながらも、将来に不安をもつ泰時が行なった撫民策がこの債券焼却であったと評価しておきたい。ただし、経史に明るい泰時であったから債券を破棄することで「義」を買うことができることを馮驩から学んでいたとは思われるけれども。(14)

二　泰時の出挙実施命令

泰時の徳政の特徴が鮮明となるのは、寛喜の大飢饉の際の施策においてである。寛喜の大飢饉（寛喜三・四年を頂点とする）と言えば、一一八〇年代前半の養和の飢饉と比較される、鎌倉前半期を代表する大飢饉であった。鎌倉時代には、天候の不順から「三〜五年の内に一回の割合で、間欠的・集中的に」飢饉と疫病が起こったのであるが、(15)寛喜の飢饉は予想以上の被害をもたらした。この頃、泰時は北条宗家の家督を父義時から継承し、執権—評定衆体制という新たな政治体制をスタートさせたばかりの状態であった。

寛喜の飢饉は、寛喜二（一二三〇）年の極端な冷夏に端を発した。(16)この年の六月に、武蔵国金子郷や美濃国蒔田荘において雪が舞ったのも、飢饉を予測させる前触れであった（『吾妻鏡』寛喜二年六月十一日条）。泰時は、早速「徳政」を行なうと決定し、次のような所感を述べている（『同書』同月十六日条）。

『吾妻鏡』寛喜二（一二三〇）年六月十六日条

十六日。丙子。晴。美濃国飛脚参申云。去九日辰時当国蒔田庄白雪降云々。武州太守怖畏給。可被行徳政之由、有沙汰云々。濃州与武州。両国中間、既十余日行程也。彼日同時有此恠異。尤可驚之。凡六月中雨脚頻降。是雖為豊年之端。涼気過法。五穀定不登歟。風雨不節。則歳有飢荒云々。当時関東不廃政途。武州殊戦線恐々兮。顕善痺悪。忘身救世御之間。天下帰往之処近日時節依違。陰陽不同之条。匪直也事哉。（後略）

泰時は、関東においては正しい政道を行ない、善を讃えて、悪を嫌い、身を忘れ世の人の為に尽くしてきたので、ようやく天下が治ってきたのに、天候が異常で、陰陽が整わないのは、ただごとではないと嘆いている。二ヶ月後の八月には西国で大風が吹き、これが凶作の呼び水となった。予想通り、寛喜二（一二三〇）年の秋は大凶作となり、翌三年は「自去春天下飢饉。此夏、死骸満道。治承以後未有如此之飢饉（去ル春ヨリ天下飢饉。此ノ夏死骸道ニ満ツ。治承以後未ダ此ノ如キ飢饉有ラズ）」（『百練抄』寛喜三年六月十七日条）という有様であった。そして四年になっても飢饉状態はおさまらなかった(17)。それでは、泰時はこの大飢饉の折、如何なる徳政を行なったのであろうか。『吾妻鏡』は、伊豆・駿河地方で行なった施策を次の様に伝えている。

『吾妻鏡』寛喜三（一二三一）年三月十九日条

十九日。乙巳。今年世上飢饉。百姓多以欲餓死。仍武州、伊豆駿河両国之間施出挙米、可救其飢之由、被仰聞有倉廩輩。豊前中務丞（清原実景）奉行之。件奉書被載御判云々。

今年世間飢饉之間、人民餓死之由風聞、尤以不便。爰伊豆駿河両国入出挙之輩、依不始施。弥失計略云々。早可入把馴出挙之由、所被仰下也。兼又後日若有対捍、随注申可有御沙汰之由候也。仍執達如件。

寛喜三年三月十九日　　中務丞実景奉

矢田六郎兵衛尉殿

右の条文については藤木久志氏が的確な解釈を行なっている(18)。泰時は、自らが国務知行権を有する伊豆・駿河両国の裕福な「倉廩ヲ有スル輩」（即ち在地の有徳人）に対して出挙米を貸し出すよう目代矢田六郎兵衛尉に命じたのである。しかし肝要なのは、既に藤木氏が指摘せるように、泰時が権力を用いて、有徳人に出挙米の放出を強制したわけではなく、例年の如きルールで有徳人に出挙米の下行を要請しているという所である。前述せる様に、建仁元（一二三八）年の飢饉の際の泰時は、出挙米を提供する在地領主（債権者）の立場に過ぎなかったが、寛喜の飢饉の際には、国務知行者として、管国内の在地領主や有徳人に出挙米の提供を要請する立場にあったのである。泰時は、凶作を予想する有徳人が貸し倒れを怖れ、春先に必要不可欠な出挙米の提供を躊躇している事が（「出挙ヲ入ルノ輩、施シヲ始メザルニヨッテ、イヨイヨ計略を失フ」）、飢饉を一層深刻なものにしてしまうと考えたのである。そこでその返済を自らが担保することで、在地の窮状を救おうとしたのであろう。

有徳人に対する出挙米提供の要請は、その後も何度か為されたようで、翌四（一二三二）年三月九日にも伊豆国仁科荘の荘民のために、出挙米三十石の下行を矢田六郎兵衛尉に命じている。勿論この場合も泰時が返済を担保している（『吾妻鏡』寛喜四年三月九日条）。在地社会の経済流通に過度に介入することをせず、在地の有徳人も窮貧民も共に利益を得る方法を勘案した泰時の救済策は在地でも歓迎されたはずである。泰時の支配下にあった伊豆・駿河国であったからこそ泰時もこの様な思いきった撫民策を行なうことができたのであろう[19]。その年の十一月までに伊豆・駿河両国において窮貧民救済の為に下行した米は総計九千石にも及んでいた（『吾妻鏡』貞永元年十一月十三日条）。

また、泰時は全国の窮貧民を救済せんと、天福元（一二三三）年には、彼等が「大風」発生以前からの私出挙の利息で苦しむことのないように、「大風以前出挙者、不論上下親疎、停止一倍、以五把利可為一倍（大風以前ノ出挙ハ、上下親疎ヲ論ゼズ、一倍を停止シ、五把利ヲ以テ一倍トナスベキ）」法令を全国に下し、直ちにそれを実施する為の各国の担当奉行人を任命している（『吾妻鏡』天福元年四月十六日条・同年七月九日条）。「大風」とは大飢饉の呼び水となった寛喜二（一二三〇）年八月の大風のことであり、それ以前に貸し付けられた私出挙までも対象として、これまでは、元本と同額（利一倍）となるまでは認められていた累計利息を、元本の五割を上限とするように命じたものであった。[20]古代以来、徳政により公私出挙稲の未返済分が免除される場合は、免除令発令より二・三年前以往の利稲または元利合計が債務打切りの対象となるのが一般的であったから、[21]泰時もこれにならい、三年前の大風以降に累積した利息（利稲）の半減を命じたのであろう。[22]

ところで、私出挙の利一倍と挙銭（銭出挙）の利半倍は当時の常法であり、嘉禄元（一二二五）年十月二十九日に公布された三十六箇条からなる公家新制（嘉禄元年令と略称）のなかにもこの事が規定されていた（「可禁断私出挙利過一倍、幷挙銭利過半倍事[23]」）。嘉禄元年令が発せられると、泰時は、直ちにこれを施行していたが、翌嘉禄二（一二二六）年正月二十六日にも、当該条文を含む三箇条を「厳制殊重」として再施行していた（追加法15～17条[24]）。幕府としてもこの利息制限法を遵守徹底させようとしたのであろう。

この利息制限法が新制＝徳政として公布されていることからもわかる様に、これは利稲で苦しむ窮貧民を救済する為であった。嘉禄元年令には、私出挙の利息が「未経幾歳、忽及数倍（イマダ幾歳ヲ経ズシテ、忽チ数倍ニ及ブ）」という当時の状況が記されている。[25]

かくの如く公武政権によって利息制限が図られたにもかかわらず、寛喜大飢饉という未曾有の大飢饉により債務に苦しむ農民があとを絶たなかった。そこで北条泰時は、飢饉時の非常手段として、さらに利息を引き下げ、私出挙の利半倍という特別法を制定し窮貧民の救済にあたったのである。[26]一方朝廷の方は、寛喜三（一二三一）年十一月三日に四十二箇条からなる新制を公布し、「私出挙」や「挙銭」の利息制限法についても規定したが、その立場は、嘉禄元年令の利息制限法を踏襲するのみで、[27]新たな事態に対応する積極策を示すことはなかった。

十二世紀の保延の飢饉の際に有徳人（「浮食大賈之人」と表現）が「当春時与少分。及秋節取大利（春ノ時ニ当リテ少分ヲ与ヘ、秋ノ節ニ及ビテ大利ヲ取）」ったことにより、「窮民不堪其力、挙家逃亡、又永売妻子、為彼奴婢（窮民ハソノ力ニ堪ヘズシテ、家ヲ挙ゲテ逃亡シ、マタ永ク妻子ヲ売リテ、カノ奴婢ト為ラム）」という状況に陥ったことが藤原敦光の勘文に記されているが（『本朝続文粋』所載「保延元年七月二十七日付藤原敦光勘文」(28)）、寛喜の大飢饉の際も同じようなことが繰り返されていたはずである。

また『太平記』（巻三十五「北野通夜物語事付青砥左衛門事」）には、寛喜の大飢饉の際に、泰時の行なった飢饉救済策が次の様に記されている。

寛喜元年ニ、天下飢饉ノ時、借書ヲ整ヘ判形ヲ加ヘテ、富裕ノ者ノ米ヲ借ルニ、泰時法ヲ被置ケルハ、「来年世立直ラバ、本物計ヲ借リ主ニ可返納。利分ハ我添テ返スベシ」ト被定テ、面々ノ状ヲ被取置ケリ。所領ヲモ持タル人ニハ、約束ノ本物ヲ還サセ、自我方添利分、慥ニ被シ遣サレケル。貧者ニハ皆免シテ、我領内の米ニテゾ主ニハ慥ニ被返ケル(29)。

右の泰時の出挙担保が、実際に行なわれた方法であったか否かは定かでない。右の「借書ヲ整ヘ判形ヲ加ヘテ、富裕ノ者ノ米ヲ借ルニ」という文章からは、泰時が判形を加えた借書と引き替えに全国の有徳人から一括して米銭を借り受け、それを泰時自身が諸国の窮貧民に貸し与えたように解釈できそうであるが、実際の法令には「来年になり非常事態が収束したならば、元本ばかりを借主に返済せよ、利息分については、泰時が借り主に返済する」と記されていたのであるから、泰時が一括して借り受け、それを直接窮貧民に貸し与えたわけではなく、判形を加え保証したのは、やはり有徳人が提供する出挙に対しての保証であったと思われる。これは寛喜三（一二三一）年以降、泰時が度々行なってきた前述せる保証方法と一致するものである。『太平記』の右の記事の中で注目すべきなのは、泰時が出挙を担保しただけではなく、自らの私財をもって、「所領ヲモ持タル人」に対しては、利息分を補塡し、「貧者」に対しては、利息分と元本までも補塡した（つまり全免）というところであろう。そこまで踏み込んだ救済処置が実施されたかどうかは不明であるが、幕府政治を領導する立場に立った泰時が、未曾有の飢饉に対処するため、自らの領民に対してこのような救済処置を実施した可能性はある。

三　人身売買容認の歴史的意味

未曾有の大飢饉に対処するため、荘園領主等も倉をあけ、出挙米を提供したり、年貢の減免等を行なった。農産物を再生産する為には、勧農をより積極的に行なう必要があったからである。しかし、荘園内では地頭と荘官等が少ない収穫物を奪い合い、自らが負担せねばならない公事を百姓等に転嫁し(30)、彼らを下人の如く酷使したので、百姓等は生きるすべを失ってしまった。在地領主の対応が一層被害を拡大させたのである。鎌倉幕府は、飢民救済の為に、山野河海の「草木」「獣類」「鳥類」「海藻」等の分与を地頭等に命じたはずであるが(31)、領主等にもその余裕はなかった。また幕府は、前述せる様に私出挙の利息を半減させる特別法を制定し、これに対処しようとしたが、右のような状況下で、百姓等の債務は累積し自らが奴隷に身を堕とす者、妻子眷属を奴隷として売り渡す者が跡を絶たなかった。餓死・逃散する者も相次ぎ、損田や不作田が次々に生じていた。

泰時は、地頭御家人達の不法行為を厳しく取り締まると共に、自由民の人身売買を容認するようになる（奴婢自体の売買はもともと認められていた）。法を厳守し、道理を重んずる泰時がなぜ、一般人の売買を認めたのであろうか。まずは次の延応元（一二三九）年四月十七日付の追加法112条を見よう。

追加法112条

一、A寛喜三年餓死之比、為飢人於出来之輩者、就養育之功労、可為主人計之由、被定置畢。B凡人倫売買事、禁制殊重。然而飢饉之年計者、被免許歟。C而就其時減直之法、可被糺返之旨、沙汰出来之条、甚無其謂歟。但両方令和与、以当時之直法、至糺返者、非沙汰之限歟。

延応元年四月十七日条

平　判
散　位（太田康連？）　判
前甲斐守（大江泰秀）　判
前山城守　判
前大和守（宇佐美祐時）　判
沙　弥（二階堂行盛）　判

右の追加法112条の大意を示すと次のようになる。

寛喜三年に餓死者が続出した頃に飢人を養育した者には、その功労として被養育者に対する支配権を認める法を先に定め置いた。人倫売買はこれまで厳重に取り締まってきたが、寛喜の飢饉に対処する為、許容してきたのである。いま飢饉の時に安値で売却した者の身柄を、売主が飢饉当時の安値で買い戻したいとの提訴がある様だが、それは認められない。但し売主買主双方が合意の上で今の価値に換算して買い戻すのならば問題はない。

右の追加法112条から、寛喜三（一二三一）年の餓死者続出という事態に対処するため、「人倫売買」を容認していたことが解る（ここでの「人倫売買」とは卑幼の者や臣従する自由民を売買することである）[32]。また傍線部Cの部分からは、大飢饉の被害が終息した延応元（一二三九）年頃には、売却者と買得人との間で被買者の支配権をめぐる争いが頻発していたことも看取できる。当該期の人身売買に関する幕府の対応は次の延応元（一二三九）年五月一日付の追加法114条によって明らかとなる。

追加法114条

一、D人倫売買、禁制重之。而飢饉之此、或沽却妻子眷属、助身命、或容置身於富徳之家、渡世路之間、E就寛宥之儀、自然無沙汰之処、F近年甲乙人等面々訴訟、有煩于成敗、所詮於寛喜以後延応元年四月以前事者、訴論人共以京都之輩者。不能武士口入、至関東御家人与京都族相論事者、任被定置当家之旨、可被下知。凡自今以後、一向可被停止売買之状、依仰執達如件。

延応元年五月一日　前武蔵守《北条泰時》判
修理権大夫《北条時房》判

相模守殿《北条重時》
越後守殿《北条時盛》

右の追加法114条の傍線部Dから、飢饉の際に、同居せる妻子親族等を養えなくなった者が、彼等の命を救う為に売り渡したり、或いは親類筋の「富徳之家」にその養育を依頼することがまま有ったことが窺えよう。追加法112条の傍線部Aにも記されていた通り、養育者に対しても買得者同様の支配権が認められていたのである。

さて右の追加法114条の傍線部Eの部分（追加法112条の傍線部Bも同様）で人身売買を大目に見て幕府法廷においても敢えて取り上げなかったと記すが、『吾妻鏡』や追加法では同じことを言葉を変えて表現している。たとえば『吾妻鏡』延応元（一二三九）年五月一日条には「以撫民之儀、無沙汰之処（撫民ノ儀ヲ以テ、其ノ沙汰無キノ処）」と記されているし、延応二（一二四〇）年五月十二日付の関東御教書（追加法142条）には、「被禁制者、還依可為人之愁嘆、無沙汰之（禁制セラレバ、還ッテ人ノ愁嘆タルベキニ依リ、コレヲ無沙汰トス）」と記されている。(33) 即ち、幕府は撫民の為、飢民救済の為に、人身売買を見逃してきたというのである。

それでは追加法112条傍線部Ａの如き法はいつ制定されたのであろうか。その時期は不明であるが、嘉禎年間（一二三五～一二三八）頃に制定されたのではないだろうか。(34) 非常時に対処する為、自由民の人身売買問題に関しては曖昧にしてきた幕府であったが、これが社会問題となり、頻繁に幕府法廷に提訴される様になると、幕府としても明確な基準を示せざるを得なくなったはずである。養育者の権利を認めた追加法112条傍線部Ａの規範は、その為に立法されたものであった違いない。(35)

生命を繋ぐ為に妻子親族等を他家に預けたり、売却せざるを得ない状況下ではその是非をめぐる争いも少なかったが、日常を取り戻すと、妻子親族等を手放した者達は、養育者にその返還を求めたり、買得者に買い戻しを請求したりするようになったらしい。(36) 債務の形に「妻子眷属」をとられていた者などは、何とか債務を返済し、妻子等を取り戻そうと奔走したはずである。それが、まさしく追加法114条傍線部Ｆの「近年甲乙人等面々訴訟シ、成敗ニ煩有リ」という状況であった。またそれだけでなく、磯貝富士男氏が紹介された事例の様に、(37) 買得者が自分のもとから脱走し、売却者のもとへ逃げ帰った被買者（子供等）の返還を求めて提訴するケース等もあったはずである。かくなる状況に対処するために幕府が新たに制定した裁判規範が追加法112条であった。そしてその適用をめぐって六波羅へ下した指令が追加法114条であった。追加法114条の傍線部Ｆから追加法112条が寛喜三（一二三一）年から延応元（一二三九）年四月に至る人身売買を対象としていたことが確認できる。

追加法112条において売却当時（飢饉時）の安値で買い戻さんとする売却者の要求が退けられている様に、泰時は買得者の権利を擁護している。おそらく泰時は、窮貧民救済の為に果たした有徳人（＝「富徳之家」）の役割を高く評価し、彼等に報いねばならないと考えたのであろう。前述せる様に有徳人に対しては、出挙米の供出等も要請しており、彼等の協力なくして飢饉時の非常事態は乗り切れないことを泰時はよく認識していたのであろう。ただし磯貝氏のように、「幕府が買得者・養育者側の階級的利益を」一方的に擁護したと考えることも問題がある。氏は、追加法112条傍線部Cの「両方和与セシメ、当時ノ直法ヲ以テ、糺シ返スニ至リテハ。沙汰ノ限ニアラザルカ」の部分を解釈され、「被買者を解放する手段としては、唯一、買得者の同意の下で、この時点の相場値段で買い戻すという方法のみが合法とされたのである。これにより、貧しい中で苦労して買い戻し金を整えたとしても買い戻しが可能か否かは最終的には買得者の意志に委ねられるということにな」ると指摘されている。(38) しかし、「両方和与セシメ」という文言からもわかる様に、買得者の一方的な判断で買い戻しの可否が決せられたわけではなく、売却者、買得者双方の合意が必要であった事は言うまでもない。泰時は、売買時の安値で買い戻そうとする売却者の請求を不当なものとして退けた上で、(39) 現在の価値に換算し直したり、養育料を加算したりして、買得者や養育者が納得できる額を当事者間で調整するように指示したのである（勿論支配下に置いている買得者側にイニシアティブがあったことは言うまでもない）。

ところで、右の追加法114条からは、訴訟管轄が異なる「京都之輩」までが、当該問題を解決せんと六波羅に提訴していたことがわかるが、なぜ彼等は敢えて武家の法廷に提訴したのであろうか。(40) それはやはり幕府が独自に良民の人身売買を公認していたからに違いない。当該期の法家問答等を見れば明らかな様に、公家側はこのような状況下においても良民の売買を全面的に禁ずる原則論を貫いていた。(41) したがって当該問題を合法的に解決するためには、それに関連する規範を定めている武家の法廷に提訴するしかなかったのである。(42)

しかし、右の延応元（一二三九）年五月一日付の追加法114条末尾に「凡ソ自今以後、一向ニ売買ヲ停止セラルベシ」とある様に、泰時は、延応元（一二三九）年五月以降の人身売買を固く禁じた。この原則を六波羅探題に貫徹させるために、この追加法114条は発せられたのである。これにより人身売買を認める一連の法規範が、飢人救済の為の臨時法であったことを内外に知らしめようとしたのであろう。

泰時が、国家公法たる律令法の原則に反することを承知の上で、人身売買を容認したのは、人身売買が飢民の命を繋ぐ最後の手段であったからである。まさにそれは未曾有の大飢饉を乗り越える為の非常手段であった。ところで、非常時に特別法を立法しこれに対処するという手法を泰時はどこから学んだのであろうか。結論から述べると、泰時は、国家公法たる律令法からこれを学んでいたと思われる。

たとえば、不測の事態が起って、通常の法律を適用したのでは具体的妥当性に欠けるというような場合、律令法では、法の上に立つ天皇が、臨時の格を発して、律令の条文を修正した[43]。格とは「時を量って制を立つ」ものであり、往々にして「律令を破る」ものであった（「令集解巻首の令総叙」）[44]。しかし格は、非常の断による臨時の処分であって、特別法に過ぎなかったから（勿論永格となる場合もある）、状況が変化すれば、格法は何度でも改廃される運命にあった。

泰時が発令した人身売買を認める追加法は、まさに非常の断であり、臨時の格法的性格を有するものであったと思われる。つまり当該追加法は、飢饉が収束するまでの臨時法として制定されたものであったと言えよう。単なる例外的処置、或いは超法規的な処置として泰時が人身売買を認めたわけではなかったのである。繰り返しになるが、泰時が人身売買を認めたのは、それが家族共に餓死せんとする民を救済する唯一の手立てであったからである。窮貧民は、妻子等を売ることで何とか命を繋ぎとめるとともに、売られた妻子等も買得者のもとで寝食が保障されたのである。泰時であれば、人身売買を認める法を発する際に、被買者の保護を買得者に対して義務づけたはずである。飢饉が収まった後に、安価で買い戻すことを泰時が許さなかったのも、そのような経緯があったからではないだろうか。

藤木久志氏は、寛喜の幕府法以降、我が国では飢饉奴隷の習俗が広く認められるようになると指摘されているが、(45)飢饉奴隷を認める特別法を泰時が史上初めて制定した意義は大きい。古代以来、飢饉に喘ぐ窮貧民を救済する為には、人身売買を認めるべきではないのかという事が繰り返し論議されてきた。(46)しかし朝廷は、如何なる理由があろうとも身分秩序を紊乱させる人身売買は許されないという原則論を堅持してきた。寛喜に起こった未曾有の飢饉に際しても、朝廷はこの姿勢を些かも変えることがなかった。

ところが泰時は、朝廷のこの原則論に不満を抱いた。建前を論じ困窮せる民を見殺しにするのは、人道的にも、また民を撫育する立場にある為政者としても許されることではないというロジックを用いて立法を正当化したに違いない。真の撫民とは何かということを朝廷に問い、自らが信ずる撫民政策を実践したのが北条泰時であった。良民の人身売買を禁ずるのが撫民の為であるように、大飢饉という非常事態に、その売買を認めるのもまた撫民の為であった。未曾有の飢饉に対処する為に人身売買を容認することは、撫民という律令の目的と矛盾するものではないと泰時は確信していたはずである。(47)律令の法理に通暁せる泰時だからこそ、人身売買容認令を発することができたと評価したい。

おわりに

寛喜二（一二三〇）年の異常気象に端を発した類をみない大飢饉に対処するため、公武両政権は、種々の対策（＝徳政政策）を講じた。(48)しかし実施された諸政策を比較すると両者にはかなりの温度差があった。攘災の為の祈禱を盛んに行ない、神仏の加護を求めた点は公武変わることがなかったが、両者が行なった撫民政策を比較するとその違いは顕著である。武家が私出挙の利息制限令や人身売買容認令を発し、積極的に対処したのに対し、公家側は米価の高騰を防ぐ為の価格統制を行なうのみで（『百練抄』寛喜二年六月二十四日条）、有効な飢民救済策を立案・実施することはなかったのである。これは恒例の如き徳政を形式的に行なっておけば事足りると考えた公家側と、民の声に耳を傾け窮貧民を救済する手段を模索した泰時との違いであろう。(49) たとえば公武を問わず、過差禁制を下し、倹約に努め、行事も簡素化されたが、公家社会においてはまったく有名無実化していた。(50) ところが泰時は、御家人達に過差を厳しく戒め、(51) 酒宴等をとりやめると共に、自らがその手本となる様に、畳・衣裳・烏帽子等の新調を避け、夜は燈火を用いず、昼食を抜くなど粗食に耐えたと『梅尾明恵上人伝記』(52) 等は伝えている。歌人藤原定家もその日記に「万邦ノ飢饉、関東ノ権勢以下常膳ヲ減ズルノ由、閭巷ノ説耳ニ満ツト云々」と記しているので事実を伝えたものと言えよう（『明月記』嘉禄元年十月十六日条）。

如上の様に泰時の撫民政策は、貧窮民の立場に立って積極的に行なわれたが、それを特徴づけるのは、やはりバランスの良さであろう。たとえば飢饉の被害が深刻なものとなってきた寛喜三（一二三一）年の春に泰時は、窮貧民を救おうと、伊豆・駿河両国の有徳人に出挙米の提供を命じたが、決して無理強いせずに、その返済を自らが担保することで、在地の有徳人も窮貧民も共に利益を得る方策を勘案していた。また飢饉がおさまった段階においても彼の立場は公正であった。債務奴隷となった妻子等を買い戻そうとする売却者と買得者との間でその価格をめぐり相論が頻発したが、泰時は、双方の「和与」により合意できる額を算出するように命じている。貧窮民の救済だけにとらわれることなく、有徳人の立場をも考慮した撫民政策を泰時は実行したのである。在地経済の健全化には有徳人の果たす役割が大きいことを認識していたからであろう。天福元（一二三三）年に特別法として立法した私出挙半倍法も債権者と債務者との利害を調整したものと評価する事も可能である。

この他に注目される泰時の撫民政策としては、貞永元（一二三二）年十一月に泰時の所領美濃国大榑庄において行なわれた救恤行為を挙げることができよう（『吾妻鏡』貞永元年十一月十三日条）。泰時は、大榑庄等の年貢を免除しただけではなく、近くの株河駅において、流人を招き寄せ施行を実施している。これは領民や流人を救済せんとしたものであるが、あるいは飢えや病から旅行者を守る為に設置された古代の布施屋の如き施設の建設を試みたのかもしれない。この際に流人が望めば彼等を大榑荘に留め置き扶持することを命じていることから、清水亮氏は、流亡民を編成して荒廃田の復興や荒野開発を行なわさせようという狙いが泰時にはあったのではないかと指摘されている(53)。確かに泰時であれば、賑給や課役・負債の減免といった対処療法だけでは満足しなかったはずである。荒廃田の復興や新田開発を積極的に行なわせることにより、生産を向上させ、飢饉の際の被害を少しでも抑制しようと考えたはずである。仁治二（一二四一）年十月に武蔵国で大規模な新田開発が計画されたのも（『吾妻鏡』仁治二年十月二十二日条）、この点から評価すべきものであろう(54)。

註

（1）日本古典文学大系本『神皇正統記　増鏡』（岩波書店、一九六五年、一六二頁）。

（2）拙稿「北条泰時の道理」（日本歴史学会編『日本歴史』第774号、二〇一二年、本書第五章）を参照されたい。

（3）勿論、財産である奴婢の売買は許されていた。それは武家社会でも同様であり、『御成敗式目』第四十一条「奴婢雑人事」に「奴婢」「雑人」の所有権について規定がある。なお中世奴隷制についての研究史は、磯貝富士男氏の『日本中世奴隷制論』の序論（校倉書房、二〇〇七年、一五―九四頁）を参照されたい。

（4）牧英正氏『日本法史における人身売買の研究』（有斐閣、一九六一年、九六頁）。

（5）近年の研究においては藤木久志氏が「飢饉の年だけの超法規の時限立法」と説明しているし（同氏『飢餓と戦争の戦国を

行く』朝日新聞社、二〇〇一年、二二頁)、田家康氏も「超法規的措置」と評価している(同氏『気候で読み解く日本の歴史―異常気象との攻防一四〇〇年―』日本経済新聞出版社、二〇一三年、一一二頁)。

(6)入間田宣夫氏『百姓申状と起請文の世界―中世民衆の自立と連帯―』(東京大学出版会、一九八六年、二七九頁)。

(7)そのことは、井原今朝男氏『中世の借金事情』(吉川弘文館、二〇〇九年、一四頁)に簡潔に記されている。なお菊池康明氏は、私出挙は、財物出挙(銭、酒等)、稲粟出挙を問わず、原則として一年(実質的には春に出挙し、秋冬に返済する)に五割の利息であったことを指摘しておられる(同氏「私出挙」『日本古代土地所有の研究』、東京大学出版会、一九七八年(復刊)二二七頁、初出は一九六九年)。

(8)中世の徳政に関しては、下村周太郎氏が近年、「鎌倉幕府と天人相関説―中世国家論の観点から―」(『史観』第一六四冊、二〇一一年、a論文とする)、「中世前期京都朝廷と天人相関説―日本中世(国家)試論―」(『史学雑誌』第121編第六号、二〇一二年、b論文とす)等を発表され、その実態が明らかになってきた。

(9)五味文彦氏・井上聡氏「吾妻鏡」(『国史大系書目解題　下巻』吉川弘文館、二〇〇一年)を参照されたい。

(10)各将軍記ごとに編纂方針が異なることについては、石田祐一氏「吾妻鏡頼朝記について」(『論集中世の窓』吉川弘文館、一九七七年)を参照されたい。

(11)小林直樹氏「『吾妻鏡』における頼家狩猟伝承―北条泰時との対比の視点から―」(『国語国文』第八十巻第一号、二〇一一年、一一頁)において、当該記事の曲筆を疑う先学の見解を紹介している。

(12)入間田宣夫氏前掲註(6)所引『百姓申状と起請文の世界―中世民衆の自立と連帯―』二八三頁。

(13)菊地康明氏註(7)所引『日本古代土地所有の研究』第三章第五節「不動産質」を参照されたい。

(14)『戦国策』(斉四)においては馮驩が主人孟嘗君に焼券の意味を「君ノ為ニ義ヲ市フ」と説明している。

(15)藤木久志氏註(5)所引『飢餓と戦争の戦国を行く』九頁。

(16)田家康氏は、註(5)所引『気候で読み解く日本の歴史―異常気象との攻防一四〇〇年―』一〇〇頁において寛喜二年の冷夏と暖冬はエルニーニョ現象によるもので、この異常気象は世界的なものであったと指摘する。

(17)　飢饉の具体的な状況については、磯貝富士男氏註（3）所引『日本中世奴隷制論』第二部第二章「寛喜の飢饉と貞永式目の成立」が詳しい。
(18)　藤木久志氏註（5）所引『飢餓と戦争の戦国を行く』二七頁。
(19)　大日方淳氏は、泰時の飢饉対策を、柔軟性のある、誠意あるものと評価されてはいるが、その反面「建仁、安貞、寛喜の飢饉に行われた、証文を焼く（徳政ともいえる）、返済不能分を肩替りする。返済期限を繰り延べする、といった数々の策は、泰時自身の支配する土地に限られ、全国的に行われたわけではない。執権泰時の権力も、当時の荘園制度によって全国各地の荘園の内部にまではとても及ばなかった」と限定的にとらえている（同氏「北条泰時の飢饉対策」『大正史学』第十九号、一九八九年、一七頁）。しかし、泰時は他の領主の見本となる様に、管国や私領において可能な限り撫民策を実行したのであり、この点を立法政策とは別に高く評価しなければならないと考える。
(20)　五割を「一倍」即ち一〇〇パーセントとすると記されている。
(21)　菊池康明氏註（7）所引『日本古代土地所有の研究』二五三頁。
(22)　『吾妻鏡』天福元（一二三三）年七月九日条には「大風以前ノ出挙ノ利倍ノ事、窮民ヲ救ハンガタメニ減少ノ法ヲ定メラレ、畿内近国ノ事ハ六波羅ニ仰セラレヲハンヌ」と記されている。
(23)　笠松宏至氏は、追加法17条の頭註において、この私出挙の利一倍と挙銭の利半倍に関して、利「一倍」を二倍、利「半倍」を一倍と解釈しておられるが（『中世政治社会思想上』（岩波書店、一九七二年、一〇九頁）、中口久夫氏がその誤りを指摘されている通り、利一倍は一倍、利半倍は、二分の一倍であろう（同氏「「一倍」の語義」『國史學』第一三六号、一九八八年）。
(24)　『吾妻鏡』は、嘉禄元年十月二十九日を幕府が嘉禄新制を施行した日とするが、この新制は同日に公布されているのだから、この日に施行されるはずはない。同書編纂上の錯誤であろう。佐々木文昭氏は、翌年正月二十六日に三箇条が幕府によって再施行されたことについて、より徹底化を図るためであったと指摘されている。妥当な見解であろう（同氏『中世武家新制の研究』吉川弘文館、二〇〇八年、一八六頁）。
(25)　追加法17条に引用されている。

(26) 建長七（一二五五）年の追加法306条では、私出挙、挙銭いずれも利一倍を上限としているので、このときの利半倍法は時限立法であった可能性が高い。
(27) 第四十二条「可停止私出挙利過一倍并挙銭利過半倍事」。寛喜三（一二三一）年十一月三日付新制については、水戸部正男氏『公家新制の研究』（創文社、一九六一年）第四章「鎌倉時代の公家新制」を参照されたい。
(28) この藤原敦光勘文は、『古代政治社会思想』（岩波書店、一九七九年、一八一頁）にも掲載されている。
(29) 日本古典文学大系『太平記　三』（岩波書店、一九六二年、三二一頁）。「梅尾明恵上人伝記　巻下」（久保田淳・山口明穂校註『明恵上人集』岩波書店、一九八七年、一九〇頁）にも同内容の文が掲載されているが、『太平記』の文章の方が簡潔であるので、『太平記』の文章を載せた。
(30) 磯貝富士男氏註（3）所引『日本中世奴隷制論』第二部第二章第二節「飢饉状況下の公事・年貢の重圧」を参照されたい。
(31) 寛元二年十月十二日付追加法226条、正嘉三年二月九日付追加法323条からその事は推測できる。そのことは藤木久志氏註（5）所引『飢餓と戦争の戦国を行く』において言及されている。
(32) 「人倫売買」という表記については、牧英正氏註（4）所引『日本法史における人身売買の研究』一〇三頁を参照されたい。
(33) また豊後守護大友氏が発令した仁治三（一二四二）年正月十五日付「新御成敗状」の「人倫売買事」（追加法178条）には、「関東御教書ニ云ク、寛喜飢饉ノ比ハ、固ク禁制有ラバ、還ッテ人ノ煩タルベキニ依り、愁ニ無沙汰トス」とある（原漢文）。
(34) 磯貝富士男氏は、註（3）所引『日本中世奴隷制論』第二部第三章において、傍線部Aの規範を、この追加法112条によって立法されたものと解しておられるけれども、それは失考であろう。
(35) 笠松宏至氏は、註（23）所引『中世政治社会思想上』八七頁頭註において当該法の立法時期を、「参64条（中世法制史料集第一巻）に「飢饉舂養、自寛喜三年至同四年秋、為舂養」とある所からみて恐らく四年（貞永元年）末頃の制定か」と指摘している。
(36) 具体的な事例については、磯貝富士男氏註（3）所引『日本中世奴隷制論』二五七―二六一頁を参照されたい。
(37) 磯貝富士男氏註（3）所引『日本中世奴隷制論』二四八頁。

(38) 磯貝富士男氏註(3)所引『日本中世奴隷制論』二六六頁。
(39) 井原今朝男氏は、飢饉の折に、人の売買価格が通常の十分の一になった事例を紹介されている(註(7)所引『中世の借金事情』一五九頁)。
(40) 磯貝富士男氏は、註(3)所引『日本中世奴隷制論』二四八―二五六頁において、内閣文庫所蔵嘉禄三年大饗次第の記録の紙背文書を紹介され、これが人身売買の当否を問う法家問答であることを指摘された。この明法博士の勘答では、律令法の原則が確認されているだけである。勿論、当該期に良民の人身売買を容認する格などが発せられた形跡もない。
(41) 寛喜二(一二三〇)年六月二十四日の宣旨により、米価の抑制を図ったり(『百練抄』同日条)、寛喜三(一二三一)年十一月三日の宣旨第四十一条「可勒制棄病者孤子於京中路邊事」で捨て子を禁じたり(第四十一条)はしていた(『鎌倉遺文』第六巻四二四〇号)。
(42) 磯貝富士男氏は、註(3)所引『日本中世奴隷制論』二六九頁において、京都の輩が、六波羅法廷に参訴した理由を「訴人にとって、今まで公家政権下で行われていた原則によって裁かれるよりも、四月十七日に幕府から打ち出された買得者の権利を全面的に認めた規定により裁かれる方が、自己に有利であったからに他ならない」と指摘されておられる。ただし、人身売買の合法性を前提とした上で、債務契約の内容を問題とする場合もあったはずであるから、売却者が六波羅へ提訴するケースもあったはずである。また本論でも述べた様に、磯貝氏が、四月十七日の追加法112条を買得者の権利を全面的に認めたものと解する点には疑問がある。
(43) この格は、格法典の意味ではなく、単行法令としての格であることは言うまでも無い。
(44) 令集解巻首の令総叙には「未知。格式何物。答。格者、蓋量時立制。或破律令而出矣」とある(新訂増補国史大系「普及版」『令集解第一』、吉川弘文館、一九八二年、七頁)。なお瀧川政次郎氏の「令集解巻首の令総叙」(律令研究会編『訳註日本律令一、首巻』所収、東京堂書店、一九七八年)も参照されたい。
(45) 藤木久志氏註(5)所引『飢餓と戦争の戦国を行く』二一一―二一七頁を参照されたい。
(46) たとえば、牧英正氏註(4)所引『日本法史における人身売買の研究』第二章「律令における人身売買法」などを参照されたい。

(47) 格法の基本的な性格として大事なのは、表向きは律・令に反する様に見えても、その立法の目的は、決して律・令の目的と矛盾するものではなく、究極的には両者は一致するという点にある。この点については小林宏先生が律令研究会の席上等で常日頃指摘しておられる。

(48) 公武の具体的な飢饉対策については、磯貝富士男氏の研究が詳しい（註（3）所引『日本中世奴隷制論』第二部第三章第二節）。

(49) 安貞元（一二二七）年の飢饉の際の泰時の態度も同じであった。この年朝廷は、飢饉にも拘わらず伊勢神宮役夫工米を全国に課してきた。泰時は、困窮する民の為に一旦これを拒絶するが、朝廷からの度重なる要請を受けると、泰時は、自らが管する駿河・伊豆国においては有徳人に出挙米を提供させてこれに当て、その利子は泰時が肩代わりしていた（『吾妻鏡』嘉禄三年五月二日条）。

(50) 当該期の公家徳政に見る倹約や過差禁制が形式的なものであった事については、下村周太郎氏註（18）前掲論文b五六頁を参照されたい。

(51) 『吾妻鏡』寛喜三（一二三一）年正月二十九日条。

(52) 註（29）所引『明恵上人集』一九一頁。また註（29）所引『太平記　三』三三一頁にも、ほぼ同文が掲載されている。

(53) 清水亮氏『鎌倉御家人制の政治史的研究』（校倉書房、二〇〇七年、一〇七頁）。

(54) 安田元久氏が『鎌倉執権政治―その展開と構造―』（教育社、一九七九年、一一七頁）において既にその点を指摘している。

〔補註〕

不注意な事に、脱稿後、本テーマに関して、藤木久志氏の「飢饉出挙の伝承―北条泰時伝・断章」（『鎌倉遺文研究』第24号、二〇〇九年）があることを知った。併せてご参照頂きたい。

第八章　北条泰時の法解釈について

はじめに

父北条義時の跡を継ぎ、執権政治体制を構築した北条泰時は、貞永元（一二三二）年に武家の基本法たる『御成敗式目』（以下『式目』と略称）を制定した。これは承久の乱後の戦後処分によって在地で生じた混乱や紛争を解決せんとした荘園領主や在地領主が、乱後、国家権力を掌握した鎌倉幕府に対し、こぞって提訴したことが原因であった。承久の乱に勝利したことにより幕府の御家人達は、対等な訴訟当事者として、荘園領主と相対することができるようになり、法廷論争が活発化したのである。(1)しかし、鎌倉幕府には裁判規範がなかった為に、これまでの単行法令や判例を勘案しながら、五十一箇条からなる『式目』を制定し、これに対処したのである。

泰時が、頼朝以来の道理にもとづき『式目』を立法したと公家側に説明していることから、[2]『式目』を裁判規範とする泰時の裁許は、道理や先例にもとづくものであった、と漠然と理解されている様に思われる。また上横手雅敬氏は、『沙石集』所載の説話などを紹介され、泰時が温情ある大岡裁きを行なった事を指摘されている。しかし、たとえ泰時が道理や先例を重んじたとしても、実際に判決を下す場合には、『式目』をはじめとする幕府法を解釈・適用し、論理的に結論を導かねばならなかった。したがって泰時が大岡裁きを行なっていたとするならば、どのようなロジックで法解釈を行ない、具体的妥当性を担保していたのか、それを明らかにする必要がある。

泰時の判例については既に植木直一郎氏や上横手氏によって網羅的に紹介されている。[3]しかし、残念ながらその法解釈の際の論理的プロセスについては詳細に論じられておらず、また、その理解についても見解を異にする部分もあるので、重複を嫌わずに判例を紹介し、泰時がどのような法解釈を行っていたのか、その特徴を検討してゆきたい。

一　泰時の判例

A　豊後国御家人帆足道西遺領をめぐる兄弟相論

延応元（一二三九）年十二月九日付「関東下知状」『鎌倉幕府裁許状集上巻』六三号

帆足清三郎家近与舎弟五郎通経(綱)相論豊後国戸幡・昌(菖)蒲・佐古地頭軄(職)幷斗加利屋敷事

右、対決之処、子細雖多、戸幡・昌蒲・佐古為家近母領之条勿論也。而道西令勘堂(当下同ジ)家近、雖分譲通綱等、(道脱カ)西存生之時者、父子相論之間、可為道西進止之由御成敗畢。但依家近奉公、云道西、云通綱・等(広)道、京方科之処、家近安堵本屋敷之時、令追出道西之由、依愁申、于今無御成敗。然道西已令死去云々。云母領、云道西跡、家近之外雖無知行之仁、家近終不被免道西勘堂歟。然則、於戸幡・昌蒲・佐古者、家近一向可領知之。至道西遺領者、割分五分之一、家近同可領知者。残五分四者、通綱・広道可分領之。京方之科已後之間、就寛宥之儀、如此所有御計也者。鎌倉殿御（仰カ）、下知如件。

延応元年十二月九日

前武蔵守（泰時）　在御判

修理権大夫（時房）　在御判

右の案件は、父帆足道西遺領をめぐる家近と通綱兄弟の相論である。

豊後国戸幡・菖蒲・佐古地頭職並びに斗加利屋敷が相論の対象となっている。戸幡・菖蒲・佐古地頭職は家近の母の所領であることは明らかであるが、家近の父道西は、家近を勘当し、当該地頭職を弟通綱等に分け与えてしまった。道西が存生のとき、家近と相論となったが、道西の進止とすべしとの判決が下されていた。ただし、承久の乱が起こると、幕府方に与みしたのは家近のみで、道西や弟の通綱、広道は京方についた為に、道西の斗加利屋敷は「京方之科」により没収され、家近に安堵されていた。家近は、父道西の追放を幕府に求めていたが、今に至るまで明解な判断は示されなかった。その間に道西は死去してしまったという[4]。

母領といい、道西跡といい、本来であれば家近の外は知行の人はいないけれども、家近はついに道西から勘当を解かれることはなかった。であるからして、戸幡・菖蒲・佐古地頭職は、母領であるから家近がすべて領知すべきであるが[5]、道西の遺領に関しては五分の一を分割して、それを家近が領知し、残りの五分の四は、通綱・広道がこれを分領すべしという判決になっている。

この判決の理由として裁許状は、「京方の科已後の間、寛宥ノ儀ニ就キ、カクノ如キ御計ラヒアル也」と記すが、これは次の『式目』十六条二項によることを示したものであろう。

『式目』十六条

一、承久兵乱時没収地事

（中略）

次関東御恩輩之中、交京方合戦事、罪科殊重。仍即被誅其身、被没収所帯畢。而依自然之運遁来之族、近年聞食及者、綺已違期之上、尤就寛宥之儀、割所領内、可被没収五分之一。但御家人之外為下司庄官之輩、京方之咎、縦雖露顕、今更不能改沙汰之由、去年被議定畢。者不及異儀。

右文の大意は次のようなものである。即ち、承久の乱の際に、京方に就いた者に対しては、厳罰に処し、その身を誅し、所領所職も没収してきた。現在も運良く関東の追求を遁れてきた者もあると聞くが、すでに罪を追求するには、時期を失しているので、今後は、寛宥の処分として、所領内の五分の一を没収するにとどめることとする。ただし、御家人以外の下司荘官等については、今後京方の咎が露顕したとしても、罪を追求することはしない、というものである。裁許状末尾の「京方之科已後之間、就寛宥之儀」が、『式目』十六条の「綺已違期之上、尤就寛宥之儀」に対応することは言うまでもない。延応元（一二三九）年十二月九日の裁許状は、弟達が、「京方之咎」に処されず、関東からの追求を遁れてきたことを理由に、父の遺領の五分の四の相続権を認めているのであるが、兄に五分の一の相続権を認める根拠については明示していない(6)。

B　伊豆国狩野荘内牧郷地頭職をめぐる兄弟相論

『吾妻鏡』文暦二（一二三五）年八月二十一日条

廿一日辛亥。相州。武州被参御所。各令着御厩侍上東蔀間給。評定衆参上。（中略）就伊豆国狩野庄内牧郷地頭職相論事。遂一決。兄被召南方末席、舎弟在同北対座。為図書允清時《(斎藤)》奉行、被問子細。景義《(加藤)》訴申云。当郷者、伯父故伊勢前司光員所領也。承久三年五月卅日、亡父景廉拝領之。但依仰暫令叔父覚蓮領知者也。彼一期之後者、任景廉契状景義可領掌之処、景朝《(加藤)》不顧義絶之身恣企押領、早可被糺返者。景朝陳申云、当郷者、二位家御時、可令景朝相伝之趣、預兼日御書之上、知行有何事哉。為亡父、被義絶事景義狂誕也。可被処過言之科者。被凝評定景義所申有子細之旨、衆議令一揆。而景朝進覧二位家御遺書、於狩野牧者、覚蓮房之後、可給景朝之由、任分明之旨、所被付景朝也。二位家御時御教書、被棄置之条、有其恐之由、泰時朝臣依申請、被補任景朝之旨、即被載御下文云々。

将軍頼経臨席のもと、将軍御所で開催されたこの評定は、伊豆国狩野荘内牧郷の地頭職をめぐる兄弟の相論を裁定せんとするものであった。当事者も出席し双方の主張を述べている。兄景義は次のように主張した。即ち、当該地頭職は、承久三（一二二一）年五月三十日に亡父景廉が拝領していたが、将軍家からの仰せによってしばらく叔父覚蓮が知行する事となった。ただし、覚蓮一期の後は、父との契状にもとづき、景義が知行する予定であった。ところが弟の景朝が義絶の身でありながら当該地頭職を押領していると訴えたのである。これに対し弟の景朝は、当郷地頭職は、北条政子（「二位家」）から賜ったものであり、亡父から義絶されたという景義の主張は「狂誕」であり、「過言の科」に処せられるべきものであると反論した。当事者双方の主張を聞いた評定衆は、景義に道理ありという見解で一致した。しかし、泰時は、景朝が提出してきた北条政子の遺書に狩野牧は覚蓮の後は、景朝が知行すべしと明記されている以上、景義の主張を認めるわけにはいかないとして、景朝を地頭職に補任する下文を発給した。ここでの泰時は、義絶の有無には言及せずに、『式目』七条を根拠として、政子の御書に従うべきであるとしている。『式目』七条とは、次のような内容である。

『式目』七条

一、右大将家以後、以代々将軍幷二位殿御時所充給所領等、依本主訴訟被改補否事

右、或募勲功之賞、或依宮仕之労拝領之事、非無由緒、而称先祖之本領於蒙御裁許者、一人縦雖開喜悦之眉、傍輩定難成安堵之思歟。濫訴之輩可被停止。但当給人有罪科之時、本主守其次企訴訟事、不能禁制歟。

（後略）

右の『式目』七条第一項は、頼朝から政子の時代に拝領した所領所職に関しては、たとえ本領の回復を求める本主（旧知行者）からの提訴であっても、今後一切これに応じないことを宣言したものであった。当該裁許も、政子の御書さえ賜われば、たとえ本主からの正当な訴えであっても棄却できるという解釈にもとづくものであろう。

C　出羽国秋田郡湯河沢内湊地頭職をめぐる相論

次に掲げる延応元（一二三九）年十一月五日付の関東裁許状は出羽国秋田郡湯河沢内湊地頭職をめぐる、橘公員とその父公業（公蓮）の娘婿頼定朝臣との相論に関する裁定である。まずは当事者双方の主張をみよう。

延応元（一二三九）年十一月五日付「関東下知状」『鎌倉幕府裁許状集上巻』六二号

可早任前薩摩守公業（橘）法師法名公蓮後判譲状、令男公員（橘）領知出羽国秋田郡湯河原内湊地頭職事

右、如公蓮今年六月日譲公員状者、件所者、奥州合戦之時、依軍功、自故大将殿所給也。雖譲給伊豆守（頼貞朝臣）妻公蓮二女薬上、不孝公蓮死去畢。彼女房子共非可知事、悔返之、立公員於嫡子、所譲給也。被載式目畢。公蓮計定事、聊不可有相違云々、以和字略漢字 如頼定（若槻）朝臣所進状者、公蓮元久元年九月廿九日成給下文於亡妻藤原氏女、承元四年七月二十九日藤原氏譲女子薬上頼定妻助局状者、公蓮所加判也。就彼状、貞応元年十二月廿三日言上二位殿（北条政子）之間、不可相違之

由給御返事、寛喜三年四月所給御下文也。爰助局去四月八日俄令他界畢。雖無譲置之状、三人子息見存也。尤可相伝之処、公蓮忽譲他子之条、難治之愁也。二位殿御時被定置事、不可改之由有御沙汰歟。何限此事可有相違哉云々者。如被定置状者代々将軍・二位殿御成敗事、本領主与当給人事也。更非父与女子之篇。凡処分男女子等事、可依後状之旨、具載同状畢。然且任定置状、且任傍例、可任公蓮後判譲状、令公員領知湊地頭職之状、依仰下知如件。

延応元年十一月五日

前武蔵《（北条泰時）》守平朝臣御判
修理《（北条時房）》権大夫平朝臣御判

橘公員は、延応元（一二三九）年六月日付の父公蓮の公員宛の譲状（『鎌倉遺文』第八巻、五四四六号）を根拠として当該地頭職の相続権を主張した。その譲状とは以下の様な内容である。当該地頭職は、奥州合戦の際に、軍功により頼朝から拝領したものであり、当初は、公業の二女で、若槻頼定の妻である薬上に譲与したのだが、薬上は公業に不孝な行ないをし、しかも死去してしまった。従って、薬上の子供達が相続して知行すべきものではない。これを悔還して、嫡子とした公員に譲与するものである。所領処分については『式目』十八条に規定のある所であるから、公蓮の計らい定めたことに違うことのない様にせよ、というものであった。

対する若槻頼定は、申状を進め、次の様に主張する。公蓮は、元久元（一二〇四）年九月九日に亡妻藤原氏女に下文を与え当該地頭職を譲与しており、その後、承元四（一二一〇）年七月二十九日に藤原氏女が娘薬上に与えた譲状には、公業も加判していた。しかもこの譲状については、貞応元（一二二二）年十二月二十三日に二位殿北条政子に言上し、寛喜三（一二三一）年四月に安堵の下文を賜っている。薬上は四月八日に俄に他界してしまったので、譲状等はないが、三人の子息が残されている。当然彼等が相続すべき所、公業が悔還し、公員に譲与するとは難儀なことである。二位殿が御時に定め置かれたことは改めないというのが、『式目』七条にもとづく原則であるはずなのに、なぜ当該事案に限りその例外となるのか、という主張であった。

如上の当事者双方の主張に対し、泰時が下した判決は、『式目』七条において不易化された代々将軍と二位殿の御成敗は、本領主と当給人との関係について下された判決に対するものであり、父と女子との間のことは対象としていない。親が男女の子に処分したものは、後状によることを『式目』二十六条は具に規定している。したがってこの『式目』の規定と傍例に従い、公業後判の譲状に任せ公員が当該地頭職を知行せよ、というものであった。

D　肥後国大町荘地頭職をめぐる相論

『吾妻鏡』仁治二（一二四一）年五月二十三日条

廿三日甲戌。肥後国御家人大町次郎通信与多々良次郎通定相論当国大町庄地頭職事。以御恩地、不可売買之由、治定畢。然而為別御計、所賜通信也。是其心操無私曲歟之由、前武州日来内々御覧置之上、於被召放当所者、可失活計之由、依令愁嘆、殊被申行之云々。

右の『吾妻鏡』の記事は、肥後国大町荘地頭職の売買をめぐって、泰時が下した裁許の内容を簡略に記したものである。当該事案は次の『式目』四十八条の法解釈が問題となっている。

『式目』四十八条

一、売買所領事

右、以相伝之私領、要用之時令沽却者定法也。而或募勲功、或依勤労預別御恩之輩、恣令売買之条、所行之旨非無其科、自今以後慥可被停止也。若背制符令沽却者、云売人云買人、共以可処罪科。

関連史料がなく、経緯の説明もない為に、なぜ相論となったのかという点さえ具体的に知り得ないのであるが、『式目』四十八条の適用の可否を問題としている所から考えると、事の推移を次の様に考えることができるのではないか。即ち、大町通信は、多々良通定から御恩地を購入したのであるが、その事実が幕府に発覚し、双方共に罪を問われ、幕府に論所を収公されそうになる。その為に買主である大町通信は、『式目』四十八条によって所領を没収されたのでは、御家人役の負担は勿論のこと、生活もままならなくなると泰時に訴えたのではないだろうか。

それに対して、泰時が下した判決は次の何れかであったはずである。一つは、原則通り『式目』四十八条を適用し、一旦恩領を没収する。その上で、通信に当該地頭職を特別に下賜するという判決。もう一つは、『式目』四十八条をそのまま適用せずに、例外的な措置として、通信に下賜するという判決である。いずれにしても判決の理由は、a当人に「心操私曲」無き所、つまり心がけに邪な所がないという点と、当人が主張した様に、b所領を没収されては、生活さえ覚束なくなる、という事であった。

恩領の売買は『式目』四十八条によって厳しく禁じられていた上、この前年の延応二（一二四〇）年には、恩領の質入れに対しても禁令が発せられていた（追加法139条）。したがって、本来であれば売買された恩領は、没収対象となるはずであったが、通信は、泰時の温情によって、特別に没収を免れたのであった(7)。

E「問注に我れと負けたる人の事」（『沙石集』巻三(8)）

弘安六（一二八三）年に無住によって著された『沙石集』には、、泰時の判例が二例紹介されている。勿論、『沙石集』は説話集であるので、五十年余りまえの出来事を正確に伝えているとは言えないが、その内容から史実に基づくものと思われるので、それをE、Fとして参考に示しておこう。

最初の説話は、年貢滞納をめぐる下総国御家人と領家代官（沙汰雑掌であろう）との間での法廷闘争の話である。訴陳状の交換を繰り返したのち、「事ユカズシテ、鎌倉ニテ対決」という事になった。鎌倉の法廷（評定会議）においても、両者が問答を行ない、領家方が「肝心ノ道理」を述べると、地頭が泰時に向かって、「アラ負ケヤ」と申し述べたという。これに対し泰時は、己に理がないと思った者でも、釈明をし、周りから負けにされることはあっても、一言も弁明せずに自らの負けを認めた者は聞いたことがないと地頭を賞賛した。これを受けて、領家代官は、「日来ハ道理ヲ聞ホドキ給ハザリケル、事サラノヒガ事ニハナカリケリ」（道理が解らない地頭かと思っていたが、故意に非法行為を行なっていたわけではない事が解った）と述べて、六年の年貢未進分を、三年分に減債したという。著者の無住は、領家代官を「情ケアリケル人ナリ」と評し、「サレバ、人ハ物ノ道理ヲ知テ、正直ナルベキ物也。咎ヲ犯シタル者モ道理ヲ知テ、我僻事ト思テ正直ニ咎ヲアラワシ、ヲソレツヽシメバ、其咎ユルサルル事也。咎トモ不思隠シ、ソラ事ヲ以テ、アヤマタヌ由ニイフハ弥咎重シ」と結論づけている。つまり、無住は、道理を知り、正直であることが肝要であるとする。

しかし、これが史実に基づいた話であるとすれば、数度の訴陳状の交換で決着が着かず、直接対決に及び、ようやく和解に至っているのであるから、領家代官が積極的に譲歩したとは考えがたい。泰時が仲介することにより、互譲を促したと考えるのが自然であろう。

地頭の年貢抑留については『式目』五条に、次のように規定されている。

『式目』五条

一、諸国地頭令抑留年貢所当事

右、抑留年貢之由、有本所之訴訟者、即遂結解可請勘定。犯用之条若無所遁者、任員数可弁償之。但於少分者早速可致沙汰。至于過分者三ヶ年中可弁済也。猶背此旨令難渋者、可被改易所職也。

右の『式目』五条では、幕府法廷において、本所（荘園領主）からの訴えにより、年貢抑留の事実が明らかになった場合、「少分」ならば直ちに納め、「過分」ならば、三ヶ年中に「弁済」せよと規定し、これに従わない地頭職を改易すると厳しい規定を設けている。承久の乱以後、地頭が年貢を「抑留」し、そのことを荘園領主が幕府に提訴するというケースは非常に多かった。該事案を幕府が審理する過程で、地頭に対しては、未進分の完済と適法な徴税行為を義務付け、荘園領主に対しては、減債や、弁済期間の猶予等を促すことがままあったはずである。このような裁判（和解）の積み重ねが『式目』五条の立法化につながったと考えられる。

F「訴訟人の恩を被る事」（『沙石集』巻三）(9)

九州の貧しい御家人が窮して何度も所領を売却したが、その嫡子は、たびたびこれを買い戻して、父に知行させた。ところが父が死去すると、残された譲状には、嫡子ではなく、次男に当該所領を譲与すると記されていた。その為、嫡子は鎌倉に提訴し、法廷で対決することとなった。泰時は兄である嫡子を不憫と思ったが、弟が譲状を帯する以上、如何ともしがたいと考え、とりあえず判決を先送りにし、明法家へ意見を求めた。明法家は「兄には嫡子たり、奉公たりといへども、子として父に仕ふるは孝養の義たり、奉公は他人に取りての事なり。然れば、父已に子細ありて弟に与ふるにこそ。されば弟が申す所、その道理あり」と勘申してきた。この明法勘申を受けて鎌倉幕府は弟に安堵の下文を発給したが、兄を不憫に思った泰時は、闕所が生じたならば兄に与えようと、自分のもとに留めて衣食の世話まで面倒をみた。そして、二・三年後に、本国に父の遺産よりも大きな闕所が生ずると、泰時はこれを嫡子に与え、

下向する際には、本人のみならず、糟糠の妻の分の馬鞍用途までも手配し下賜した。(10)

二　泰時の法解釈　―因准と折中―

以上、『沙石集』所載の説話まで含め、泰時の判例を紹介した。そこで泰時がどのような法解釈を行なっていたのか、整理してみよう。なかでも最も興味深いのはAの判例であるので、Aの事実の経緯と、判決の論理について考えてみよう。

〔事実の経緯〕

承久の乱の際に、京方についた道西の所領はすべて没収されて、幕府方についた家近に安堵されていた。しかし、承久の乱以前に帆足家近が父道西から勘当されていた事実を、弟の通綱等が指摘して、家近の相続は無効であると幕府に訴えた。それを受けて幕府は、道西の遺領を分割し、その五分の一を家近に、その五分の四を通綱等に与える判決を下した。

〔判決の論理〕

㈠ 幕府により安堵されてはいるが、父道西によって勘当されている以上、道西の遺領を相続する事は許されない。

㈡ 道西の遺領は『式目』十六条の「自然ノ運ニヨッテ遁レ来ル族」の所領と見做し、同条を適用し、道西の遺領の五分の一を幕府が没収し、その五分の四を通綱等に相続させた。

㈢ 幕府は勲功ある家近に対し、『式目』二十二条に因准し、幕府が没収した五分の一の所領を家近に与えた。

右の如き、判決が下されたのは、それが延応元（一二三九）年の裁許であったからかもしれない。『式目』においても、十八条で親の悔還権を全面的に認め、二十二条で勘当処分を受けた者の相続権を否定したのであるが、延応年間に至ると、泰時は、この政策をさらに一歩進め、親権を一層強化させる政策を打ち出した[11]。そして延応二（一二四〇）年五月には、ついに祖父母父母を告言すること自体を全面的に禁じたのである（追加法143・159条）。親権の絶対化が図られる中で、弟通綱がこれを好機として、勘当されている兄に相続権のない事を主張したとも考えられよう。

また、『式目』十六条において、京方与同の罪が大幅に減軽されたことも通綱にとっては大きな意味があったはずである。『式目』十六条は、所領所職に関する規範群の冒頭に配されていることからもわかるように、政策的にも重要な規範であった[12]。幕府の戦後処理がいまだに社会不安を生じさせているという認識があったからこそ、泰時は、既に罪を追求する時期を失した（「繂已違期之上」）と宣言し、在地社会の静謐を図ったのであろう。通綱は、この「寛宥ノ儀」に乗じて提訴したものと思われる。

Ａに見る法解釈で特に注目されるのは、［判決の論理］㈡㈢であろう。親権を重んずる泰時は、父から勘当された兄に相続権を認めなかったのであるが、それでは幕府に忠節を尽くす兄が余りに不憫と思ったのであろう。㈢の如く、『式目』二十二条を援用して、弟達から没収した五分の一の遺領を兄に与えたのである。そこで『式目』二十二条を掲げて、その法意を明らかにしておこう。

『式目』二十二条

一、父母所領配分時、雖非義絶不譲与成人子息事

右、其親以成人之子、令吹挙之間、励勤厚之思、積労功之処、或付継母之讒言、或依庶子之鍾愛、其子雖不被義絶、忽漏彼処分。侘傺之条、非拠之至也。仍割今所立之嫡子分、以五分一可充給無足之兄也。但雖為少分於計充者、不論嫡庶、宜依証跡。抑雖為嫡子無指奉公、又於不孝之輩者、非沙汰之限。

右の『式目』二十二条は、幕府に忠勤を盡す、本来嫡子となるべき者が、継母の讒言によって、或いは親が弟を溺愛したことによって、義絶されたわけでもないのに、所領配分から漏れてしまった場合は、譲状によって嫡子に立てられた子の相続分から五分の一を割き取り、知行する所のないその兄に与えよという規定である。『式目』二十二条の後段から明らかな様に、兄に五分の一の相続分が認められるのは、イ　相続分が皆無である。ロ　幕府に忠勤を尽くしている。ハ　不孝の輩ではない、という三つの条件が揃ったときである。したがって、Aの如く勘当された兄の相続分を『式目』二十二条からそのまま導き出すことはできないはずである。おそらく泰時は、その事を十分に認識していながら、『式目』二十二条から、「廃嫡され無足となった忠義の御家人の相続分を嫡子の五分の一とする」という命題を抽出して（つまり二十二条の本来の趣旨と切り離して）当該事案に援用したと思われる。この法解釈は、「法適用の正当性の根拠を様々な諸法規、理論、原理からなる既存の法体系に何らかの形で関連づけ」説明しようとする「因准」（ここでは比附）という明法道の解釈技法を用いたものであり[13]、注目されよう。泰時は、『式目』十六条の没収分と二十二条の相続分とを結びつけ「因准」しているのである。

Aの判決の際に泰時は、弟に対しては「寛宥之儀」を強調し、兄に対しては、本来であれば「無足」である所を『式目』二十二条に「因准」して相続分を創出し、両者を和解させることで、共に幕府に恩義を感じさせる様に仕向けている。泰時の政治家としての手腕が垣間見られる判決となっている。この判決は、当事者双方を納得せしめる人情にかなった判決、即ち、明法道の言うところの「折中」にかなう判決であった[14]。ここで特に強調しておきたいのは、この「折中」の判決が、「因准」の手法によって導かれている点である。当時の明法家の「因准ノ文ヲ以テ、折中ノ理ヲ案ズベシ[15]」という金言からも明らかな如く、明法家は法を解釈・適用する際に、「一方では「折中」にかなった妥当な結論を導き出すことを視野に入れながら、他方では既存の法体系との整合性をはかる操作を進めて行かなければならな」かったのであるが、その事を泰時も裁判実務で実践していたということになろう。[16]

「折中ノ理」に関して言えば、泰時執政期に、訴訟上の和解がなされるようになるのも、泰時が、「和与・折中」の理を重んじ、これを訴訟当事者に説いたからに違いない。泰時は、当事者に互譲を促し、双方が納得しうる「落としどころ」を積極的に提案したのであろう。[17]

Eの事例も、訴訟上の和解の一事例と考えてよいと思われるが、このケースを例に考えれば、領家側の主張の論理に、地頭方が承服しているという点が肝要なのである。和解とは、当事者双方が論理を尊重しなければ成立しないものであった。泰時が賞賛したのも、まさにこのような当事者の姿勢であり、「道理程面白キ物ナシトテ、道理ヲ人申セバ、涙ヲ流シテ感ジ申サレケルトコソ、聞エタル」という『沙石集』（巻第三）の泰時評も誇張ではないように思われる。

ところで、寛喜の大飢饉の際に、泰時が行なった施策も、「折中ノ理」にかなうものであった。寛喜の大飢饉は未曾有の被害をもたらしたのであるが、泰時は民が餓死することを防がんと人身売買を認めた。律令法の原則（賊盗律45略人条、同47第二等卑幼条）では、良人の人身売買は如何なる場合でも許されるものではないとして、朝廷は鎌倉時代に至っても一貫してその態度を貫いていた。しかし、泰時は、民が餓死するのを見過ごすのは撫民の精神に悖るとし（つまり妥当性を欠くとして）、非常時における「非常の断」として人身売買を限定的に容認したのである。これにより食無き貧窮民は妻子を売ることで共倒れを防ぐことができ、売られた妻子も買得者のもとで命を繋ぎとめるができたのである。かく非常時に発せられた人身売買容認令は、労働力を求める買手側にとっても勿論のこと、売手側にとっても益をもたらすものであり、人情にかなった「折中」策であったと評価できよう。撫民という大義のもと、導き出された「折中」策であったのである。[18]

上横手氏は、本稿で紹介したようなＡ～Ｆの判例をいずれも「大岡裁き」であると評されたが[19]、果たしてそうであろうか。以下、その点について言及しておきたい。

たとえば、ＢとＣはいずれも『式目』七条を解釈、適用したものであったが、Ｂの文暦二（一二三五）年の八月段階では、弟の加藤景時が二位家（北条政子）の下文を帯する以上、たとえ兄景義に譲与せんとする父景廉の意思が明確であったとしても（しかも、兄景義は弟が父から義絶されていたことを主張していた）、七条にもとづき弟の相続権を認めざるを得ないとしていたのに対し、Ｃの延応元（一二三九）年段階では、七条において不易化された対象は、本領主と当給人との関係について下された判決に限られるとして、親子間（父と女子の間）のことは七条の対象とならないとして、親の悔還を無条件に認めているのである。

上横手氏は、Ｃの法解釈こそ厳格な正しい解釈であり、Ｂの法解釈は「誤解乃至は曲解」であると評価されているが[20]その理解は正しいのであろうか。まずは、Ｂ、Ｃともに立法者である泰時自身の法解釈であるということを確認しておく必要がある。法源となっている七条第一項は源家三代並びに政子から拝領した所領所職に関し、たとえ旧知行人（本主）から道理ある意義申し立てがあったとしても一切これを受理しないというものであり、当知行者を保護する事が目的であった（この点は勿論上横手氏も了解されている）。ただし、拝領した当給人が罪を犯し、所領等が没収される場合には、本主が旧領回復を求め提訴しても構わないというものであった。つまり、誰であろうと前鎌倉殿等から安堵された所領所職については異議申し立てを認めないというのが立法の趣旨であり、例外を認めなかったはずである（だからこそ不易法となった）。したがってＢの解釈は、七条の法解釈として至極当然のものであった。

ところが、Ｃの解釈の場合は、旧知行者であった親が当給人である子から悔還す場合には、七条の対象とはならないと明言し、代わりに『式目』二十六条を適用しているのである。Ｃにみる七条の解釈は立法当初とは異なる意味での解釈、即ち、立法的解釈というべきものである。

なぜCの判決が導き出されたのか、その理由は、前述した通り、延応年間に泰時が親権の絶対化を図った為であろう。右で示したA、C、Fの判例はいずれも当該期の判決であり、いずれも政策的な狙いがあったはずである。文暦二（一二三五）年のBの場合は、親の意向に従うべきであると主張した評定衆の一致した見解を不易法のまえに一蹴し、『式目』七条の厳格な適用を命じた泰時であったが、延応元（一二三九）年のCの場合は、親権を絶対視し、親子間の契約を対象とした安堵については、七条の適用対象ではないとその立場を変えているのである。BやCの法解釈は、ともに「時宜」によるものと評価せざるを得ない。

「時宜」（「時議」とも）によるとは、状況に応じた適切な判断を下すということであった。ときに為政者の政治的判断を「時宜」と言ったのは、この決定が最終的に為政者に委ねられるものであったからであろう。(21) 諸状況から実定法をそのまま適用しては不都合な場合、あるいは判例に従うべきでないと判断した場合、明法家は「時宜」による法適用を主張した。泰時も政策的観点から、BやCの如き法適用を時には強引に行なったのであり、これこそ「時宜」による判断であった。(22)

人々を納得せしめる、人情味ある公正な裁定を「大岡裁き」とするならば、A、D、E、Fの如き泰時の裁定こそこれに該当しよう。だが、泰時の裁定のすべてが「大岡裁き」であったわけではなく、Cの様に為政者としての強引な裁定も時にはあったはずである。傑出した政治家であった泰時はその案配が絶妙であったのであろう。

おわりに

『式目』を編纂した北条泰時は、毎朝「明法道目安」に目を通し、研鑽を積んでいたことが『吾妻鏡』に見えている。[23] その「明法道目安」とは、『法曹至要抄』や『裁判至要抄』といった明法家の法書を指すのであろう。[24]『裁判至要抄』の選者で、十二世紀末から十三世紀初頭に活躍した明法博士坂上明基が、家説の集大成である『法曹至要抄』の抄録本を、幕府からの要請を受けて幕府に進めていることからもわかるように、幕府法曹も当初から明法道＝律令法学に関心を寄せていたのである。

拙稿で已に指摘したように、『式目』は、裁判の際に争点となる問題を具体的に例示し、その規範を明示するという形式面でも、また条文配列においても『法曹至要抄』の影響を色濃く受けている。勿論これは編纂者である泰時の意向が強く働いたものと思われる。[25] ただし、泰時が『法曹至要抄』から学びとったのは、その体系性だけではなかったはずである。『法曹至要抄』の各条文には、明法勘文作成の虎の巻となるように、各事案ごとにその法源（律令格式、義解、学説等）が示され、さらにそこから導かれる所の法解釈の筋道も按文という形で示されていた。泰時が日々法書を読み学んだとするならば、その対象は法解釈の方法であったに違いない。院政期に原形ができ上がったと思われる『法曹至要抄』には、律令法と現実との齟齬を埋める為に明法家が行なった論理解釈の具体例が示されていた。

律令法とは異なる武家の基本法（幕府の裁判規範）を制定せんとした泰時であったが、結局の所は、律令法の特別法（鎌倉幕府の「式条」）という形で制定せざるを得なかった（但し、それを朝廷以外の武家が制定したことに特別の意義がある）。つまり武家法と雖もたえず、上位規範である律令法との関係を意識せねばならなかったのであり、その点からも『法曹至要抄』から学ぶ所は多かったはずである。しかも『法曹至要抄』には、「時宜」、「因准」、「折中」といった伝統的な明法家の法解釈技法も例示されており、これらのテクニックを本書から学び取ることができたのである。

註

（1）詳細は、拙著「本所訴訟から見た北条泰時執政期の裁判構造」（本書第六章）を参照されたい。

（2）「北条泰時消息」（『中世法制史料集第一巻、鎌倉幕府法』（岩波書店、一九五五年、五六頁）。

（3）植木直一郎氏『御成敗式目研究』（名著普及会〈復刊〉、一九七六年、初出は一九三〇年）、上横手雅敬氏『北条泰時』（吉川弘文館、一九五八年）。

（4）植木氏や上横手氏は、家近の幕府に対する奉公の功労によって、父や弟の「京方之科」は問われなかったとするが、これは誤読であろう（植木氏註（3）所引『御成敗式目研究』二六四頁、上横手氏註（3）所引『北条泰時』一〇五頁）。また植木氏は、父道西が追却処分の免除を幕府へ愁訴したと氏は説明されるが、愁訴したのは家近であり、望んだのは父の本屋敷からの追放であった。

（5）上横手氏は、家近に母領の単独相続が認められた判決について、父の義絶と母の義絶とを区別することができるのかどうか、或いは、「母の譲状がなく、故人の遺志が明かでないものを、長子なるが故に家近に譲ることが妥当であるか」どうかといった問題が残されていると指摘された（上横手氏註（3）所引『北条泰時』一〇五頁）。兄家近と弟達の母が同一人であるのかどうかもわからず（家近母といった表現から弟達とは母を異にする可能性が高い）、母の遺志もわからないので、その問題については保留にしておく。

（6）植木氏は、『式目』十六条にもとづき、父の遺領の五分の一が幕府から家近に宛行われたと説明する（植木氏註（3）所引『御成敗式目研究』二六七頁）。幕府が、弟達の相続財産の五分の一を没収したのは『式目』十六条によるものであるが、幕府が、その没収財産を兄に与えたのは、『式目』十六条によるものではない。その点については上横手氏も『式目』十六条は

「単なる没収規定であり、没収所領の処分まで規定していない」と指摘されている。ただし、泰時が如何なる法解釈を用いて、没収分を兄に宛行ったのかそのロジックについては、不明とされている（上横手氏註（3）所引『北条泰時』一〇六頁）。

（7）『式目』四十八条が、相伝の私領すなわち本領と恩領とを区別し、前者の売買を認め後者の売買を禁じたのは、上横手氏が註（3）所引『北条泰時』一二一頁で指摘せるように、御家人の領主権に対して幕府と雖も容易に介入できなかった事を示すものであろう（七条不易法とも関係する）。幕府が新補地頭に下地進止権を認めなかった事からもわかる様に、幕府は、恩領を公職に付帯するものと理解し、御家人役を奉仕する為のものと考えていたのであろう。勝手な売買を禁じたのもその故であろう。穿った見方をすれば、泰時は、「御家人役の確保」という『式目』四十八条の立法上の理由付けを示した上で、邪な気持ちではなく、御家人役を勤仕せんとする目的で恩領を売買したのであるから、これを特別に認めてやる余地はある、といったレトリックを用いたとも考えられる。

（8）日本古典文学大系『沙石集』（岩波書店、一九六六年）によった。

（9）日本古典文学大系本の底本である「梵舜本」には、この表題はない。しかし「米沢本」にはこの表題がある。

（10）上横手氏は、註（3）所引『北条泰時』一〇八頁において、Fの説話は、場所が同じ九州であることからAの話のモデルとなったのではないかと推測されておられるが、訴訟内容は異なっているので、敢えて関連付ける必要はないであろう。

（11）泰時が御家人の家秩序を回復させんと、親権を保護した事については、拙稿「北条泰時の道理」（日本歴史学会編『日本歴史』第774号、二〇一二年、本書第五章）を参照されたい。

（12）拙稿「御成敗式目の条文構成」（『國學院大學日本文化研究所紀要』第九十四輯、二〇〇四年、本書第二章）。

（13）小林宏氏「因准ノ文ヲ以テ折中ノ理ヲ案ズベシ―明法家の法解釈理論―」（『日本における立法と法解釈の史的研究　古代中世』汲古書院、二〇〇九年、一二七頁、初出は一九九一年）。小林氏は当該論文において「因准」と「折中」との関係を明快に論じられている。

（14）近藤成一氏も、泰時の当該判決を次の様に「折衷案」として評価しておられる（同氏『鎌倉時代政治構想の研究』校倉書房、二〇一六年、四〇三頁、初出は一九八九年）。

この場合、道西とその譲りを受けていた道綱・広道は承久の乱で、京方についた罪科があり、一方、道西から勘当された家近が関東方について奉公した功績により本屋敷を安堵された経緯があるため、家近と道綱・広道のいずれも道西遺領の知行者としては難点があった。家近が勘当を受けているにもかかわらず遺領五分の一の知行を認められたのは、道綱・広道が承久京方の罪科を宥されて残り五分の四の知行を認められたこと（これは『式目』一六条に対応している）と抱き合わせの一種の折衷案としてであったと思われる。

(15)『法曹至要抄』下巻処分条十七条「僧尼遺物弟子可伝領事」按文（『中世法制史料集第六巻　公家法　公家家法　寺社法』岩波書店、二〇〇五年、三三一頁）。

(16)小林宏氏註（13）所引論文一二八頁。なお小林氏はこの事を別言し、「立法作業や法適用の操作における法的決定の形式的理由づけと実質的理由づけとが、ほどよく調和している関係」が大事であったとも述べられている（同論文一二九頁）。

(17)泰時執政期の和与裁判については、本書第六章を参照されたい。

(18)寛喜の大飢饉の際に泰時が実施した政策の評価については、拙稿「寛喜飢饉時の北条泰時の撫民政策」『身延山大学仏教学部紀要』第14号、二〇一三年、本書第七章）を参照されたい。

(19)上横手雅敬氏註（3）所引『北条泰時』一〇五―一一二頁。

(20)上横手雅敬氏註（3）所引『北条泰時』一一一頁。

(21)時宜の語義については、佐藤進一氏「時宜（一）」（『ことばの文化史　中世1』平凡社、一九八八年）を参照されたい。なお、小林宏氏が近世の「権」として解説されたものがまさに「時宜」である（同氏『日本における立法と法解釈の史的研究　近世』所収「新井白石における法的弁証」汲古書院、二〇〇九年、一二七頁。初出は一九九六年）。

(22)『式目』条文のなかにも「任先例且依時議」（九条）、「至其軽重者兼難定式条、尤依時宜歟」（五十条）と「時宜（議）」に従うべきことが記されているが、『式目』自体が時に宜しきに従って立法された法典であることを我々は認識しておく必要がある。

(23)『吾妻鏡』元仁元（一二二四）年十二月二日条。

(24)『法曹至要抄』と『裁判至要抄』の法書としての性格については、拙著『日本中世法書の研究』(汲古書院、二〇〇〇年)を参照されたい。

(25) 本書第二章を参照されたい。

収録論文発表年次・収載書誌名一覧

二〇〇四年　『御成敗式目の条文構成について』（『國學院大學日本文化研究所紀要』第九十四輯）＝第二章
二〇〇五年　『御成敗式目』成立の背景―律令法との関係を中心に―」（『國學院大學日本文化研究所紀要』第九十五輯』）＝第三章
二〇〇八年　「『御成敗式目』編纂試論」（林信夫・新田一郎編『法がうまれるとき』創文社）＝第一章
二〇一一年　「北条泰時の政治構想」（『身延山大学東洋文化研究所所報』第十五号）＝第四章
二〇一二年　「北条泰時の道理」（日本歴史学会編『日本歴史』第774号）＝第五章
二〇一三年　「寛喜飢饉時の北条泰時の撫民政策」（『身延山大学仏教学部紀要』第14号）＝第七章
（書評）新田一郎著「律令・式目―「法」テクスト注釈の非「法学」的展開」［前田雅之編『中世の学芸と古典注釈』竹林舎］（『法制史研究』62号）＝第一部附録
二〇一七年　「北条泰時の法解釈について」（『法史学研究会会報』第20号）＝第八章
新稿　「本所訴訟から見た北条泰時執政期の裁判構造」（平成二十八年六月十一日開催の法制史学会第68回総会研究報告「北条泰時の法思想」をもとに成稿）＝第六章

あとがき

昨年六月、法制史学会総会の研究報告を終えた帰り道、恩師である小林宏先生は、私の報告に対する感想を述べられ後に「歴史上の人物を評価するならば、その人に迫る学識を持たなくてはダメだ、と久保正幡先生がよく語っておられたよ」と笑いながら一言付け加えられた。まさに「燕雀安んぞ鴻鵠の志を知らんや」である。おそらく表層的で不十分な私の泰時論に対し、警鐘を鳴らしてくださったのであろう。

本書を刊行する為に、今までの論文をまとめてみた所で、泰時という人物像にどれだけ迫れたか心許ない。本書は立法者である泰時の思想に焦点をあてながら、御成敗式目の編纂という歴史的事業を再評価してみようという試みであった。

緒論でも触れたが、泰時は、激動の時代のなかで、困難な事態に直面しながらも解決策を見出し、その苦境を乗り越えるだけではなく、一歩も二歩もより良い方向へ前進させているのである。それが可能であったのは泰時が確固たる信念をもって政治に臨んでいたからに相違ない。泰時の和歌に荀子の一節を引用したものがある様に、泰時は荀子の思想に共鳴していたと思われる。社会のゆがみを、礼と法、そして正名によりただそうとしたまさにその手法こそが荀子の思想であった。

荀子は、理想の政治に公平と中和（中庸）を求めたが、それはすなわち、為政者の判断や行動に偏りがなく、目配りが行き届いた政治を実現することであった。

裁判実務にあたった泰時が、訴訟上の和解を積極的に促し解決を図ったのも、泰時が中庸の精神を重んじていたことの現れであろう。だが、権利を主張しあう訴訟の場合は、たとえ最終的に和解に至るケースにおいても、判断の基準となる規範の存在が求められた。和解の場合は、それを基準としながら、ケースに応じて「落としどころ」が模索されたはずだからである。当該期に御成敗式目が編纂された意味をそのように評価することも必要なのではないだろうか。

穂積陳重は『法典論』において、御成敗式目の立法を「守成策」と評価された。確かに、荘園制の秩序や従前からの幕府体制を維持せんとする立法であったことは間違いない。だが、それと同時に北条泰時は、「執権―評定衆」制度や惣領制といった新体制の構築も目論んでいたのであり、「守成策」という評価は一面的であるように思われる。伝統的な倫理観（儒教倫理）や慣行（頼朝の先例）にもとづく立法であるように装いながら、その実、泰時は新たな法理を創出したのである。

最後となったが、研究発表等を通じて、法制史学会、律令研究会、法史学研究会、護符・起請文研究会の会員諸氏から貴重なご意見を賜っている。特に恩師である小林宏先生からは折に触れ、いわゆる高所からの御批判を頂いている。浅学非才により、学恩に報いることができていない事を憂慮している。

本書は処女論文集である『日本中世法書の研究』に続き、二冊目の論文集となるが、この度も汲古書院にお引き受け頂いた。本書出版に御尽力頂いた三井久人社長、編集担当大江英夫氏に対して心より御礼申し上げる。

なお本書の出版は、身延山大学から平成二十九年度出版助成金の交付を受けている。

平成二十九年仲秋

長　又　高　夫

御成敗式目編纂の基礎的研究　索引

＊「鎌倉幕府法令索引」は、本文中に引用した式目と追加法を採録した。特に説明を加えた箇所は、その頁数をゴチック体で表記した。

＊「人名索引」、「事項索引」、「研究者名索引」は漢字単位の五十音順に排列した。

＊「人名索引」、「事項索引」は、頻出する項目を割愛した。

鎌倉幕府法令索引

御成敗式目

式目追加

人名索引

ア　行

カ　行

サ　行

タ　行

ラ　行

ワ　行

事項索引

ア　行

カ　行

サ　行

タ　行

ナ　行

ハ　行

マ　行

ヤ　行

ラ　行

ワ　行

研究者名索引

ア　行

カ　行

サ　行

タ　行

ナ　行

ハ　行

マ　行

ヤ　行

著者紹介

長又　高夫（ながまた　たかお）

昭和39年　埼玉県生まれ
昭和62年　國學院大學文学部史学科日本史学専攻卒業
平成９年　國學院大學日本史学専攻博士課程後期単位取得退学
平成13年　國學院大學より博士号（法学）を授与される
現　　在　身延山大学仏教学部教授・同大学図書館長、
　　　　　明治大学法学部兼任講師、國學院大學文学部兼任講師
専　　攻　日本法制史

主要著書

『日本中世法書の研究』（単著、汲古書院、平成12年）
『律令論纂』（共著、汲古書院、平成15年）
『律令法とその周辺』（共著、汲古書院、平成16年）
『井上毅と梧陰文庫』（共著、汲古書院、平成19年）
『法がうまれるとき』（共著、創文社、平成20年）

御成敗式目編纂の基礎的研究

平成二十九年十月十八日　発行

著　者　長　又　高　夫
発行者　三　井　久　人
整版印刷　富士リプロ㈱

発行所　汲　古　書　院
〒102-0072 東京都千代田区飯田橋二-五-四
電　話　〇三（三二六五）九七六四
FAX　〇三（三二二二）一八四五

ISBN978-4-7629-4218-1　C3021

KYUKO-SHOIN, CO., LTD. TOKYO.